JOURNAL OF WORLD CONFEDERATION OF INSTITUTES
AND LIBRARIES FOR CHINESE OVERSEAS STUDIES

世界海外华人研究与文献收藏机构联合会会刊

华侨大学华侨华人文献中心
俄亥俄大学邵友保博士海外华人文献研究中心　联合主办

华侨华人文献学刊

第一辑

张禹东　庄国土　主　编
陈景熙　何　妍　副主编

社会科学文献出版社
SOCIAL SCIENCES ACADEMIC PRESS (CHINA)

《华侨华人文献学刊》
编辑委员会

学术顾问：

饶宗颐（Jaotsung-i）

王赓武（Wang Gung-wu）

周南京（Zhou Nan-jing）

滨下武志（Takeshi Hamashita）

包乐史（Leonard Blussé）

名誉主编：

李华伟（Hwa-wei Lee）　郑力人　张秀明　张应龙

主　　编： 张禹东　庄国土

副 主 编： 陈景熙　何　妍

编辑委员（按拼音排序）：

安焕然（马来西亚南方大学学院）

蔡静芬（马来西亚砂拉越大学）

蔡增聪（马来西亚砂拉越华族文化协会）

陈琮渊（华侨大学）

陈景熙（华侨大学）

陈来幸（日本兵库大学）

陈益源（台湾文学馆）

丁克顺（越南汉喃研究院）

高　柏（荷兰莱顿大学）

何　妍（美国俄亥俄大学）

黄汉坤（泰国法政大学）

姜抮亚（韩国汉阳大学）

金文坚（汕头大学）

黎道纲（泰国泰中学会）

李榭熙（美国佩斯大学）

廖文辉（马来西亚新纪元大学学院）

沈俊平（新加坡国立大学）

宋怡明（美国哈佛大学）

王　华（暨南大学）

张　行（华侨大学）

张长虹（厦门大学）

郑炜明（香港大学）

本辑责任编辑（按拼音排序）：

敖梦玲　邓进升　林伟钿　王格格　肖　潇　杨剑亮

创刊贺辞

新加坡国立大学　王赓武[*]

华枝春满，天心月圆。欣闻世界海外华人研究与文献收藏机构联合会（World Confederation of Institutes and Libraries for Chinese Overseas Studies, WCILCOS）会刊《华侨华人文献学刊》应运创刊，我由衷觉得喜悦，谨撰此以贺。

犹忆1992年11月，在美国举办的"落地生根：全球华人问题国际研讨会"的主题演讲中，我曾指出："我们不可能寄希望于海外华人研究轻而易举地成为一个重要的学术领域。……不过，在海外华人经济上获得成功和中国近年来改革其经济结构的道路上，还会有重大的变化。"同时认为，在海外华人研究领域，我们"还有大量的事情要做"。

二十多年来，在世界海外华人研究学会（International Society for the Studies of Chinese Overseas, ISSCO）和世界海外华人研究与文献收藏机构联合会的组织之下，各国师友的共同努力之下，海外华人研究领域逐步拓展其研究的深广程度，与此同时，学界同人也逐渐认识到海外华人研究领域进一步发展的若干问题，譬如在学科基础建设方面，我们需要以学术刊物等方式，逐步建立学科培育与增长的坚实基础。

所以，在中华文明的"中央性"（centrality）逐渐回归的今天，当我得知《华侨华人文献学刊》即将创刊的消息，我即以电子邮件方式向《华侨华人文献学刊》主编张禹东教授、庄国土教授恭喜。因为我认为，《华侨华人文献学刊》一方面能鼓励世界各地的海外华人研究与文献收藏机构及相关研究者、工作者收集和保存海外华人社会与侨乡社会史料；另一方面又可以为不同学科背景、不同价值观立足点的学者们，在多元的学术视野下，

---

[*] 王赓武，新加坡国立大学东亚研究所理事会主席，《华侨华人文献学刊》学术顾问。

通过对于一手资料的相对系统全面的考察与分析，进一步深入探讨海外华人社会的历史与现状的研究工作，提供学术积累。同时我也相信，在主编的带领下，由来自世界各地的海外华人研究与文献收藏机构的研究者、工作者组成的《华侨华人文献学刊》编委会，可望担荷海外华人研究国际学界的热切期望，在海外华人研究学术增长的路上，共襄盛举，嘉惠学林。

Congratulation to the First Issue

Wang Gung–wu

(National University of Singapore)

（责任编辑：陈景熙）

创刊贺辞

世界海外华人研究学会　陈志明[*]

早期华人移民海外，大多依靠书信、侨批、侨汇与家乡亲友保持联络，而在寓居之地生活、发展时，也会签署各类文件，如身份证明、商业合同、房产地契等。这些记录着华侨华人来来往往的文字资料，如今甚为珍贵。此外，华人的寺庙、会馆、私人建筑和墓碑等的碑文和牌匾也是珍贵的文化遗产。通过这些关于华人移民生活、风俗与文化的记录，我们得以从不同层面探究海外华人的移民历史、创业经历、生产生计、宗教活动、文化传承及其与祖籍国家乡的联系。

如今，海内外博物馆收藏以及存留民间的族谱、侨批、信件、日记、地契等相关文物均为研究华人移民史、文化适应、地方化进程以及华侨华人与侨乡之关系的宝贵资料。尽管海内外华人对这些文献与档案的解读各有侧重，但种类繁多的文献的确生动地展现出华人移民的历史记忆、故乡情结与生活图景。

无疑，华侨华人文献研究已成为海外华人研究的重要组成部分，而文献本身所体现的历史价值，从记忆遗产的保护而言，也甚为重要。通过对不同时期、不同类型的文献研究，我们可以更为深入细致地考察华人移居海外的生命故事与奋斗历程。同时，对于华侨华人历史文献的探讨，在丰富海外华人研究叙事与论事的同时，也将有助于促进中国与世界各地华人的交流与互动。

谨此祝贺《华侨华人文献学刊》创刊。

---

[*] 陈志明，世界海外华人研究学会会长，中山大学特聘教授。

Congratulation to the First Issue

TanChee – Beng

(International Society for the Study of Chinese Overseas)

(责任编辑：陈景熙)

创刊辞

华侨大学　世界海外华人研究与文献收藏机构联合会
张禹东　庄国土[*]

2015年10月15日至18日，由美国俄亥俄大学与华侨大学、厦门大学联合主办的第六届海外华人研究与文献收藏机构国际会议将在华侨大学厦门校区及厦门大学隆重召开。

为迎接这次国际学术盛会，华侨大学华侨华人文献中心与"世界海外华人研究与文献收藏机构联合会"及其秘书处俄亥俄大学邵友保博士海外华人文献研究中心友好磋商，三方一致赞同由华侨大学华侨华人文献中心与俄亥俄大学邵友保博士海外华人文献研究中心联合主办"世界海外华人研究与文献收藏机构联合会"会刊《华侨华人文献学刊》（*The Journal of World Confederation of Institutes and Libraries for Chinese Overseas Studies*），于第六届海外华人研究与文献收藏机构国际会议前夕公开出版创刊号，向本届国际会议献礼，并将以半年刊方式，赓续梓行于世。

《华侨华人文献学刊》的应缘而生，是海外华人研究领域学术增长的需求（王赓武教授、陈志明教授《创刊贺辞》中已作高屋建瓴、言简意赅的揭示，兹不赘），也是世界海外华人研究与文献收藏机构联合会的宗旨、华侨大学的使命使然。

世界海外华人研究与文献收藏机构联合会是一个旨在促进从事海外华人研究与文献收藏的研究机构、图书馆、学术团体、档案馆及各界人士的全球性广泛合作，为海外华人研究提供学术交流，资源分享，探讨合作的高端平台的国际性学会。2000年美国俄亥俄大学邵友保博士海外华人文献

---

[*] 张禹东，华侨大学华侨华人研究院院长；庄国土，华侨大学讲座教授，世界海外华人研究与文献收藏机构联合会副主席。

研究中心成功举办了首届海外华人研究与文献收藏机构国际会议，并创立了世界海外华人研究与文献收藏机构联合会。此后俄亥俄大学邵友保博士海外华人文献研究中心先后与香港中文大学（2003 年）、新加坡国家图书馆管理局（2005 年）、暨南大学（2009 年）、加拿大不列颠哥伦比亚大学（2012 年）等相关单位联合举办了第二至第五届国际会议，为推动海外华人研究与文献收藏国际领域的发展，做出了有目共睹的贡献。世界海外华人研究与文献收藏机构联合会学术事业的发展现状，也对于以纸质文献方式（及由此衍生的数字化方式）创立学会会刊，赓续刊行，以求更为久远地嘉惠学林，提出了诉求。

与此同时，第六届海外华人研究与文献收藏机构国际会议的主办方之一华侨大学方面，主动请缨，自愿承担这一历史使命。

始创于 1960 年的华侨大学，是中国国务院侨务办公室直属高校。华侨大学因华侨而立，以华侨而兴，五十五载弦歌，秉承着"会通中外，并育德才"的校训，传承着"宽容为本，和而不同"的校园文化。近年来，华侨大学高度重视海外华人研究与文献收藏，视其为华侨大学使命所在，积极主动地开展华侨华人研究，建立并健全华侨华人文献中心。目前，华侨大学涉侨研究领域已经具有一定规模，华侨华人研究院及其下属华侨华人文献中心等涉侨机构已经奠定了持续增长的坚实基础，亟待在现有基础上，通过开展国际性学术交流，服务国际学界的方式，拓展学术网络，提升学术水准。因此，华侨大学方面，乐于在参与主办第六届海外华人研究与文献收藏机构国际会议的同时，乘此机缘，为世界海外华人研究与文献收藏机构联合会，乃至海外华人研究与文献收藏的国际学术领域，贡献绵薄之力，并祈望在国际学界的支持下，持续为本学术领域效劳。

嘤其鸣矣，求其友声。《华侨华人文献学刊》筹委会发布征稿启事三个月来，可喜地得到了世界各国学界师友的热情支持：饶宗颐教授、王赓武教授、周南京教授、滨下武志教授、包乐史教授等国际著名学者应邀出任学刊学术顾问，世界海外华人研究与文献收藏机构联合会主席李华伟博士、世界海外华人研究学会（ISSCO）会长陈志明教授、康奈尔大学东亚图书馆馆长郑力人博士，《华侨华人历史研究》主编张秀明教授，《广东华侨史》主编张应龙教授等著名学者应邀出任学刊名誉主编，来自十几个国家与地区的海外华人研究与文献收藏机构的学界俊彦应邀出任学刊编委，王赓武教授、陈志明教授为学刊赐撰《创刊贺辞》，滨下武志教授等世界各国的数十位学者向学刊踊跃赐投论文。

众志成城，功不唐捐。我们终于在第六届海外华人研究与文献收藏机构国际会议召开之际，将由社会科学文献出版社公开出版的《华侨华人文献学刊》创刊号，呈奉至海外华人研究与文献收藏国际领域的诸位师友，特别是与会学者的文几之上，一则铭感诸位师友对于学刊的鼎力支持；二则敬请诸位师友对学刊时赐南针，不吝赐稿，集腋聚沙，以裨《华侨华人文献学刊》日臻进境，以裨海外华人研究与文献收藏的国际学术事业盛于久远。

Preface to the First Issue

Zhang Yu‐donog, Zhuang Guo‐tu

（HuaQiao University　WCILCOS）

（责任编辑：陈景熙）

CONTENTS 目录

华侨华人文献研究

侨批史研究与学科构想
　　——侨汇的经济因素、社会因素、文化因素 ……………… 滨下武志 / 3
侨批档案对中国区域社会史研究的挑战 ………………………… 陈春声 / 24
传统与现代：近代侨批局的信用嬗变
　　——以天一局为个案 …………………………………………… 贾俊英 / 29
从《张榕轩侍郎荣哀录》看张煜南的跨域
　　人际网络 ……………………………………………… 黄贤强　白　月 / 55
泰国国家档案馆藏 1903 年孙中山先生来暹档案解读 ………… 黎道纲 / 70
东南亚在地史料与华人社会：以砂印边境客家聚落为例 ……… 黄建淳 / 98
陈哲明《中国纪游》研究 ………………………………………… 陈嘉顺 / 106

华侨华人社会研究

19 世纪前半期槟榔屿义兴公司的发展 …………………………… 陈剑虹 / 127
马来西亚沙巴"华北人"社群研究 ……………………… 苏庆华　张晓君 / 145
马来西亚沙巴华族族群语言与文化的维护：以当地华文中学的
　　兴办为例 ……………………………………………………… 曹淑瑶 / 168

马来西亚闽南地缘会馆之统计与分析 ………………… 廖文辉 / 186
泰国潮安同乡会的历史考察 …………………………… 杨锡铭 / 200
战时广东商人资本在东亚的回流（1931－1949）……… 姜抮亚 / 225

文献推介

陈里特《中国海外移民史》 ……………………………… 路　阳 / 253
潘醒农《马来亚潮侨通鉴》 …………………………… 林伟钿 / 258
李安山《非洲华侨华人社会史资料选辑（1800－2005）》… 杨柳夏 / 263
槟城三都联络局及漳州会馆文献 ……………………… 陈景峰 / 268
集美传统侨乡社会文化数据库 ………………………… 张恒艳 / 277

机构简介

俄亥俄大学邵友保博士海外华人文献研究中心 ………… 何　妍 / 289
厦门大学东南亚研究中心图书馆 ……………………… 张长虹 / 292
华侨大学华侨华人文献中心 …………………………… 陈景熙 / 294

附录

《华侨华人文献学刊》征稿启事 ……………………………………… / 299
《华侨华人文献学刊》文稿格式 ……………………………………… / 301

CONTENTS 目录

Overseas Chinese Document Research

The Overseas Remittance Studies and Subject Compose: The Economic/Social/Cultural Factors of Overseas Remittance   Takeshi Hamashita / 3

Overseas Remittance Letters: Challenges to the Studies of Chinese Regional Social History   Chen Chun-sheng / 24

The Credit Evolution of Overseas Remittance Bureau in Modern Southern Fujian
——*Taking Tien-It Overseas Remittance Bureau as a Case*   Jia Jun-ying / 29

Discussion on Zhang Yunan's Cross-regional Social Network through Souvenir in Memory of the Late Zhang Rongxuan
    Wong Sin-Kiong, Bai Yue / 55

Archives Regarding Dr. Sun Yat-sen's Activity in Siam in 1903
    Pichai Laiteerapong / 70

Southeast Asian Local Historical Materials and Overseas Chinese Communities: An Exploration of the Hakka Settlement in the Borderland between Sarawak and West Kalimantan　　　　　Huang Jian-Chun / 98

Study on Chen Zhe ming's "Travel in China"　　　　　Chen Jia-shun / 106

Overseas Chinese Social Research

The Development of Ghee Hin Kongsi in the First Half of 19th Century Penang　　　　　Tan Kim-Hong / 127

A Study of Northern Chinese Social Group in Sabah, Malaysia
　　　　　Soo Khin-Wah, Bernadette Teo Siau Jin / 145

The Preservation of Chinese Education and Culture Heritage of the Sabah Chinese: A Study of the Chinese Secondary Schools in Sabah, Malaysia
　　　　　Tsao, Shu-yao / 168

Statistics and Analysis of Village-based Associations of Southern Fujian in Malaysia　　　　　Lew Bon-Hoi / 186

A Review of the History of Teo Ann Association of Thailand
　　　　　Yang Xi-ming / 200

The Circulation of Cantonese Capital in Wartime East Asia, 1931-1949
　　　　　Kang Jin-a / 225

Documents Recommendation

Chen Lite: *History of Chinese Overseas Migration*　　　　　Lu Yang / 253

Phua Chay Long: *The Teo-chews in Malaya*   Lin Wei-tian / 258

Li Anshan: *Social History of Chinese Overseas in Africa: Selected Documents (1800 – 2005)*   Yang Liu-xia / 263

The Documents of Penang Sam Toh Bean Lok Keok and Cheang Chew Association   Chen Jing-feng / 268

The Social Cultural Database of Traditional Home Town of Overseas Chinese: Jimei   Zhang Hengyan / 277

Agency Introduction

Dr. Shao You-Bao Overseas Chinese Documentation and Research Center, Ohio University   He Yan / 289

The Library of Center for Southeast Asian Studies, Xiamen University   Zhang Chang-hong / 292

Overseas Chinese Documentation Center, HuaQiao University   Chen Jing-xi / 294

Appendices

Contributions Wanted   / 299

Presentation Format   / 301

华侨华人文献研究

侨批史研究与学科构想
——侨汇的经济因素、社会因素、文化因素

中山大学　滨下武志[*]

摘　要　香港和新加坡作为近代南洋与华南区域之间的侨批中转据点，它们的形成推动了华侨与东南亚的连接。本文以此为例，对海外华人侨批、侨汇网络的形成进行描述，解释了移民及其侨汇如何加强了华南与东南亚的联系，以及批局、信局和清末邮政业等在金融活动中如何利用海外华人侨汇的网络。同时，本文认为，侨批包含了三层的历史作用，分别是：维持了华侨与侨乡的往来；促进了语言、文化传统等包括在内的地方文化跨区域的来往；推动了跨区域商业、金融网络的形成。

关键词　侨批史研究　侨汇　经济因素　社会因素　文化因素

侨批（侨汇/银信/民信）是华侨对侨乡的汇款，包含三层的历史作用。最基础及最重要的目的是海外华侨华人为了补贴自己的侨乡家人生活，寄给一批钱。这是很明显的家族和宗族里面的来往。这样的地方性的基层（第一层）是侨批的最基本的特色。在家族纽带的作用下，维持了几百年的移民及侨批来往的社会性的网络结合。

第二层是侨批促进了语言、文化传统等包括在内的地方文化跨区域的来往。因此，侨批来往包含地方社会的文化因素。

第三层是商业、金融网络。移民出生地与移居地保持着紧密的关系。久而久之，这种关系又逐渐扩大延伸至商业、贸易层面，形成了一个跨区域的商业网络，使原来只限于两地关系的活动进一步扩大。过去的研究都认为移民产生的原因多为移民出生地经济穷困和不安定，其实移民到达移

---

[*] 滨下武志，中山大学历史系教授，《华侨华人文献学刊》学术顾问。

居地后，并不就此脱离他们与出生地的关系。相反，出生地与移居地的彼此往来变得更为频繁，原有的商业关系更扩展为贸易网络，移民的"因"、"果"关系已转化为商业网络的相互往来。

侨批史是华侨华人史研究的一个主要组成部分。侨汇扩大了南洋跟华南之间的以及北美跟华南之间的金融关系和金融市场，不仅如此，侨汇还是侨乡和海外联系之社会纽带，而且在沟通两地讯息、地方文化方面也起着桥梁作用。

同时，从南洋和亚太区域网络看，侨批史的内容非常丰富，已成为研究东南亚史、华南史、亚太史、邮政史、海洋史、交通史、金融汇兑史和对外经贸史等重要的学科课题。侨批促成了亚太区域网络，推动了邮政、交通、商业网络、汇兑等环区域、环海洋的国际性的公共财产（International Common Goods）的流通，从而推进亚太区域网络的运作。

在此笔者从"新加坡-香港金融关系"、"贸易结算问题"、"侨批的投资作用"、"东南亚-华南汇兑关系"和"侨批与邮政问题"等五个方面，试图描述海外华人侨批、侨汇网络，然后解释移民及其侨汇如何加强了华南与东南亚的联系，并提及批局、信局和清末邮政业等金融活动如何利用海外华人侨汇的网络。同时，我们一定要理解侨批的非市场的和社会、文化的作用。①

---

① 柯木林：《新加坡侨汇与民信业初探（1945－1949）》，学士学位论文，南洋大学历史学系，1971－1972，载蔡德明主编《南洋大学师生著作出版刊物目录》，南洋大学第十二届学生会编印，1975，第157页。吴振强（Ng Jing Kiang），"The Fukienese Maritime Trade in the Second Half of the Ming Period—Government Policy and Elite Groups Attitudes," *The Nanyang University Journal*, Vol. V (1971), op. cit., p. 51. 这两篇文章讨论东南亚跟华南的关系比较早。

柯木林：《新加坡侨汇与民信业研究》，载柯木林、吴振强编《新加坡华族史论集》，南洋大学毕业生协会，1972年；李励图、陈荣照：《南洋与中国》，南洋学会丛书第二十八种，新加坡南洋学会，1987。

夏诚华：《近代广东省侨汇研究（1862－1949）——以广·潮·梅·琼地区为例》，新加坡南洋学会丛书第三十四种，新加坡南洋学会，1992。

Richard J. Coughlin, *The Pattern of Chinese in Thailand*, Vol. 8－1 (June 1952); C. M. Turnbull, *The Johore Gambier and Pepper Trade in the Mid－19th Century*, Vol. 15－2 (December, 1959); G. William Skinner, *Change and Persistence in Chinese Culture Overseas, A Comparison of Thailand and Java*, Vol. 16－1, 2merged（合刊, December, 1960）（南洋学报第一卷至第三十卷总目录，1941－1975）；许苏吾：《南洋学会与南洋研究》，新加坡南洋学会，1977。

一 新加坡-香港金融关系

(一)新加坡的侨批(银信汇兑)史——资金的集散

新加坡是印度和中国之间重要的货物集散地。1824年,英国夺取了新加坡,宣布新加坡成为一个自由港后,中国移民大量流入。在19世纪20年代末以后,新加坡的海运量增加了,人口也达到1万多。至19世纪50年代,中国移民大规模地开采锡矿山,加上后来发展的橡胶园,两者一起奠定了马来半岛的经济基础。1860年,新加坡人口增至8万,加尔各答的几家有实力的银行亦在此设立了分行。1869年苏伊士运河通航后,马六甲海峡成为驶往中国的汽船的主要航道。①

从以上历史,可以看到新加坡的主要作用是贸易和外汇,这也是维系"跟中国关系"的手段。华侨汇款是平衡中国对外贸易入超的重要手段。虽然华侨汇款具有维持一个家庭的生活、回国后的生活保障等非生产性目的,但是大量的白银流入中国,平衡了国内的流通资金和贸易金融资金。

汇款业者(银信局)、外国银行等,利用新加坡分行和厦门行庄其他对外开放港口的分店处理这些华侨汇款。从上述情况看到,对华侨汇款的处理,必然导致各都市间汇款的活动领域得到开拓。这样,新加坡如果接受汇款,在中国的金融地位自然提高。而且,因汇款需要使用外国银行的纸币,使得这些银行在金融市场上的地位得以加强。

从19世纪后半期起,马来半岛的橡胶种植和锡矿开采,在国际市场上发挥了重要的作用,使新加坡作为转口贸易港口的作用更加扩大。在移民剧增的1896年至1904年,新加坡的进出口贸易均大增。而且,在这段时间里,印尼(荷属)、印度(英属)、日本等从银本位改为金本位的国家的进口量剧增,新加坡对亚洲贸易的作用也不断增强。而且,在1904年新加坡的货币制度也改为金本位制后,对欧洲的出口大增,在新加坡本土欧洲贸

---

① Chiang Hai-Ding, "The History of Straits Settlements Trade to 1869," *A History of Straits Settlements Foreign Trade, 1870-1915* (Singapore: National Museum, 1978), pp. 1-9.

易的比重也随之提高了。①

其次,新加坡作为转口贸易地或集散地,其主要商品交易量的变化特征是:从前作为主要交易产品的大米,虽然之后也有所增加,但是,在19世纪末至20世纪初,由于受到国际性鸦片贸易停止的趋势所影响,作为鸦片最大进口国的中国减少了进口量,使新加坡的鸦片进出口增加,在东南亚地区出现了鸦片销售路线。另外,马来半岛的特产——锡和橡胶的生产,也因欧美汽车产业的发展而急速增加。

新加坡的转口贸易,有以下三个主要特征:马来半岛拥有大片的生产地和消费地,其中新加坡拥有出口的地位;因为新加坡有集散地市场、结账市场的作用,所以在亚洲区内可以进行转口贸易;转口贸易加强了新加坡的经济地位,使其成为与西方市场贸易的中转站。

(二) 香港与侨汇网络

从19世纪中期开始,香港取得了金融中间人的重要地位,而新加坡也发展成为欧洲市场橡胶和锡的供应商,这时候,外国银行真正进入了该区域。在同一时期,华人兑换银行也开始在东南亚运营。②这些所谓的现代化银行扩大并改造了原先由信局形成的渠道,围绕新加坡-香港要道创建了一个亚洲金融区域。信局并未被银行排挤掉,它利用外国银行制定的汇率(尤其是汇丰银行的汇率)进入了新的业务活动领域。

外国银行在海外华人建立的商业中心开设了分部。渣打银行在印度和马来半岛是最大的,汇丰银行在香港和中国内地是最大的,东方汇理银行在印度支那是最大的。上述3家机构在东南亚的主要商业中心和贸易港口都拥有分部或代理商,但是,所有这些分部和代理商都是在历史上的贸易和金融中心建立的,而这些贸易和金融中心则继承了朝贡贸易网络以及海外华人贸易和侨汇的网络。

---

① Takeshi Hamashita, "A History of Japanese Silver Yen and The Hongkong and Shanghai Banking Corporation 1871 – 1913," in Frank King ed., *Eastern Banking: Essays in the History of the Hongkong and Shanghai Banking Corporation* (Athlone Press, 1983), p. 321 – 349.
② 20世纪初,新加坡建立了广益银行(广东系,1903),四海通银行(潮州系,1907),华侨银行(福建系,1912),参考陈维龙《注册新马商业银行》,世界书局(私人)有限公司,1975。

在中国香港与美国的关系上，香港与加利福尼亚州交易的商店大致有250家。在大米业上，米铺大约有100家（20世纪40年代的统计），其规模一般都不大。但是，这些米铺从事的都是上等米的交易，毫无疑问，这些都是东南亚的大米。香港是华南大米贸易的中转站，华南生活必需物资的供应地。当华南农作物歉收时，就一定会经香港运去越南、泰国米作补给之用。①

在香港，20世纪80年代，大约有70家店铺在进行大米进口贸易的同时，也处理金银和汇款。这充分表现了香港的特征，也就是所谓的华侨汇款处理店。华侨汇款也是华人资本的一种网络，移民往东南亚的，当初都是以出外谋生的形态出现，把赚取的钱寄回自己国家内的家人。虽然，这是汇寄赚取回来的金钱，但是，由于移民时在家乡借了钱，移民一定要给母国还欠款。汇款业者则遍布东南亚。汇款首先集中在新加坡，然后，新加坡的汇款业者通过香港的汇款业者做媒介，把款项汇往广东、福建等地。

这里的所谓金银汇兑业、金银汇款业，是由于它们处理的是金、银等，所以如此称呼。汇款业者在当地收集了汇款后，投资在金银市场或商品中，购买大米或其他东南亚特产，然后在香港市场尽量以最高的市价卖出，留下所赚的差额利润，把汇款本金汇往华南。

上海作为商业纽带的作用使它的资本增加，并加强了它与东亚和东南亚的联系。香港作为一名重要的贸易竞争对手，越来越成为移民账务和侨汇交易的金融贸易中心。②

20世纪80年代，香港有70家金银汇兑店铺，这些店铺把跟它们同样出身的、东南亚各地的分店、汇款业者联结起来，吸取香港的资金，把香港作为一个外汇或金银贸易中心。

二 贸易结算与侨批问题

（一）潮州贸易网络与曼谷侨批

中国人移居泰国，最早可追溯自13世纪，以福建帮和广东帮为先。17

---

① 禾子：《略谈南北行业中的米业》，载《南北行公所成立一百周年纪念特刊1868-1968》，香港南北行公所，1968，第25~27页。
② 郑林宽：《福建华侨的汇款》，福建省政府秘书处统计室，1939，第67~84页。

世纪以后，潮州帮开始加入，移民人数不断增加，大有凌驾闽粤二帮之势，占华人移居泰国总人口之一半有多。

从康熙六十一年（1722年）起，中国便从泰国进口大量的大米，大米进口对华南的经济发展扮演过重要的角色。为了压抑华南地区米价腾贵，从外地输入平价米粮，有助于稳定社会。康熙六十一年六月九日上谕中谓：

> 谕曰，暹罗国人言其地米甚饶裕，价值亦贱，二三钱银即可买稻米一石。朕谕以尔等米既甚多，可将米三十万石分运至福建、广东、宁波等处贩卖。彼若果能运至，与地方甚裨益，此三十万石米系官运，不必收税。①

如上所述，泰国米和贡品一起被运到中国，不过泰国米此后便成为独立的商品，在中国市场上销售。由泰国开往中国的商船并不像一般的朝贡船，必须在指定的广州港进入，而是经厦门、宁波进入中国。可以说，这种中泰之间的大米贸易，华侨商人作为中介的角色不可少，因为他们洞悉中国市场对泰国米需要量的变化。不过，至18世纪中叶，经厦门商人进行的泰国米贸易逐渐减少，代之而起的是潮州商人。至此，泰国米便成为正常的贸易商品。由于厦门商人在大米贸易上收入不断减少，其注意力逐渐向中国东南沿岸贸易转移，从而使与泰国有移居关系的潮商，有机会填补他们的位置。虽然闽粤二帮与泰国建立关系较早，但由于闽帮向中国沿海贸易转移，粤帮亦将其重点转向以澳门和广州为中心的西洋贸易，潮州帮因有移居泰国的特别背景，在中泰大米贸易中担当了重要角色。此后，泰国米贸易从朝贡贸易中解放出来，泰国米也成为私人的贸易商品。②

（二）泰国汇兑问题

华侨汇款以现金携带方式汇出，可谓最为直接。不过这种汇寄方法若与汇兑方式相比，则在数量上大为逊色了。下面记述的方法尤为普遍：

---

① 《大清实录》（康熙朝，康熙六十一年六月九日）。又参见野田彦四郎《论清与曼谷王朝的国际关系》，载《东南亚历史和文化》1971年第一号；高崎美佐子《十八世纪清泰交涉史——以暹罗米贸易为中心》，载《御茶之水史学》1976年第十号。

② Ng Chin-keong, *Trade and Society*: *The Amoy Network on the China Coast 1683 – 1735* (Singapore: Singapore University Press, 1983); Sarasin Viraphol, *Tribute and Profit*: *Sino-Siamese Trade 1652 – 1853* (Cambridge & Massachusetts: Harvard University Press, 1977).

在暹批局对侨款的吸收及汇拨通常有两种方法。一为先向银号预约期货,然后算价收受侨批,卖出现货。一为先按每日所计算的套汇汇率为基准,逐日收受批款,卖出现货,然后整批买入现货。汇价变动的程度及趋势为其抉择之标准。在批局认为某日的汇价有利时,即日向银号或银行预约某月份的期货若干。其预约的数额,视其依据过去经验每月所经手的侨汇数额而定。其期限普通以两个月为限。约定汇价分电汇及票汇两种,电汇价高而票汇价低。以预购电汇者为多。约定之后,批局即根据逐日银行挂牌及汕头或海口行情电报向侨民收受汇款。在批局之一买一卖间由于时间的耽搁,汇价上的变动,利益或损失因之产生。首先就是暹罗至香港的一段而言,假如预约汇价为 1 Baht = 1.47 港币,银行挂价:1 Baht = 1.475 港币。批局计算套汇汇价时所根据的港汇价格,不能较当天银行汇率相差过远。在此种情形下,预约期货卖出现货的批局,不免亏折。假定银行汇率:1 Baht = 1.465 港币,则批局获利。在实际上,暹罗与香港间汇价比较稳定,是以由汇价变动而生之损益亦较微。次就港汕一段而言,此两地间的汇价,所谓"过汕水",其变动有时至为剧烈。批局在本段间的损益完全看港单价格的涨跌。此项价格的涨落经常为两段间总损益之主要的决定者。假定批局在收进侨款时认为汇价不利,而之后将渐趋有利时,则宁居于空头的地位,以待汇价之好转。当然其所能等待的期限,不能超越侨信到汕的前二日。

批局委托银号汇款的方式有三。第一,电汇或票汇港币至香港联号。其次为电汇或票汇港币至汕头,由该银号的汕头支号或联号付于暹罗批局的汕头往来号以在港取款的汇单一纸。最后,电汇或票汇国币至汕头。其中以第一种最为普遍,第二种次之,最后一种极少见。利用汇票方法时,寄信与汇款常在同时。利用电汇方法时,寄信与汇款在时间上不免有参差,通常是在侨信到汕的前数日将款项电汇至香港。[①]

其实,汇兑交易可分泰国→香港和香港→汕头两部分。由泰国汇出的

[①] 姚曾荫编著《广东省的华侨汇款》,商务印书馆,1943,第23页;台湾银行编《南洋华侨及其本国汇款投资问题》,台湾银行调查课,1941;兴亚院华中联络部编《有关华侨汇款报告》,兴亚院华中联络部,1940。

款项，经香港投资于两地间的商品买卖，批局从中赚取的利润来自货物售出的价格汇率与银行公定汇率之差。米和木材同是泰国出口的两大商品，输往海外不同地方，对于汇款必须在香港进行的汇兑交易，并不要求与商品出售地一致。这样，东南亚的区内贸易便与东南亚和华南地区的交易网连接起来，意味着随着贸易圈的扩展，贸易金融也相应扩大，使资金供给量大为增加。批局利用银号和银行，使汇款变得并不只是汇款般简单，而为华南与东南亚贸易网络不断提供资金，大大刺激了网络内的投资活动，汇款在这方面发挥的作用至为重要。

随着通商关系和汇款、清账关系的紧密化，移民社会进一步发达。潮侨在泰国华人社会人数增加的原因，无疑与这种一出一进的彼此相互关系得到加强有关。可以清楚地看到，在潮州和泰国之间，出现了几个中转据点，并且得到不断加强，香港和新加坡（马来西亚）便是很好的例子。仅从华侨汇兑一项来看，香港和新加坡凭借中转站的地位，将华侨与东南亚连接起来，甚至将泰国和潮州的关系延伸至中国北方，形成了向上海、天津、营口、大连流通的主干路线。毫无疑问，要维持这条流通路线，潮侨穿梭于潮州与曼谷之间，扮演了功不可没的中介和连接角色。[①]

三 侨汇与投资活动

（一）厦门与批信局

负责形成、维持华南—东南亚贸易圈中的以金融为主的机构，是华侨的母国汇款机构——信局。正如银信局、批局、银信汇兑局等称呼的那样，信局兼有邮政局和汇款银行的两种作用。而且，还兼营很多贸易事业，与贸易金融、金银交易的关系都很密切。汇款网络在外国银行渗入前已经形成了，外国银行为了吸取资金，不甘落后地参与到汇款业务的筹划工作中。在大规模的银信局中，比如厦门的"天一局"等，20世纪初在马尼拉、西贡、新加坡、棉兰、巴达维亚、万隆、仰光等地设置了分店或代理店；在中国的泉州、漳州、同安、安溪、金门、惠安等福建各地设有分局，以便

---

① 《香港潮州商会成立四十周年纪念特刊》(1961)；潘醒农编著《马来西亚潮侨通鉴》，南岛出版社，1950。

进行大规模的福建华侨汇款工作。另外，以东南亚为中心场所的银信局为数更多，它们以新加坡、曼谷、马六甲、巴达维亚、马尼拉等为据点，在香港、广东、海南岛、福建各地设有分店、代理店。估计在20世纪初，东南亚的华侨大约有400万人，每年的汇款额大约有5700万银元。①

(二) 侨汇和厦门投资

侨汇的最大金融作用无疑是投资。通常，在海外华人的家乡，商业和诸如运输之类的其他业务要么是由海外华人以某种方式发起，要么就是全部或部分地由他们经营。

在此我们只想描述海外华人资本若干年前在厦门进行的活跃的土地交易，上述土地交易是由个人、公司以及财团管理的。

该财团是由菲律宾的海外华人建立的。从1928年开始，菲律宾海外华人受到经济衰退的影响，越来越多的人返回中国。但是，中国大陆本身并不十分安全，因而海外华人被迫留在厦门。其中一些人在厦门岛买了土地，建了新住宅，决定在那里住下来。这种风气一旦开始，许多人也跟着仿效，其中一些富裕的海外华人组织了财团，在南浦头建设了大南新村，为此投资了20万元资金。10多幢现代的西式住宅建起来了，一方面用于出租，一方面也用来吸引回乡的海外华人租用或购买新村土地来建房。除此之外，益南公司和华侨银行也从事土地交易。个人管理的土地的总投资一度达到了700万元之多。后来，随着厦门土地价值的逐渐下滑以及物价上涨，大部分建设停滞了。

林尔嘉建立的厦门电话公司是福建海外华人回乡投资商务的第一个例子。该公司成立于1907年，最初投资额仅有4万元，但是投资额逐步增加到了100万元。由于战乱或盗匪而遭受破坏的损失每年大约有200万元。但幸运的是，得益于巧妙的管理，它得以弥补损失。该企业被黄奕住继承，月收入超过1万元，除了费用之外，每月可获得0.5%的红利。公司在鼓浪屿、海沧、漳州、石码、泉州以及其他地方都开设了分部，因此福建南部的所有市镇都可以打电话。

投资于福建之外的中国其他地区的海外福建商人为数众多，难以一一

---

① 郑林宽:《福建华侨的汇款》，福建省政府秘书处统计室，1939，第67~71页。

列出。但是，其中影响较大的有胡文虎的永安堂、陈嘉庚的橡胶厂以及黄奕住的酒厂，从中可以窥见海外福建华人对祖国的巨大贡献。

在厦门共有 4 家完全由海外华人资本建立的银行：

中南银行，已付资本 750 万元，厦门分行于 1921 年设立。

华侨银行，在英国注册，已付资本 10000 叻币，厦门分行设立于 1932 年（它有一家同样名字的前身）。

中兴银行，在美国注册，已付资本 570 万菲律宾比索，厦门分行设立于 1927 年。

厦门商业银行，于 1930 年在厦门创办，1935 年关闭。

在经福建私有邮寄兑换系统送达的侨汇中，对用于直接或间接投资的海外华人资本的净比例还没有确切的统计。但是，这些兑换机构发现有必要在海外建立众多分部，以及在东南亚的每个地区建立主要办事处，这一事实表明，这些设施对于海外华人投资是最为方便的。

确实，在 1934 年，由于土地价值下滑的打击，厦门商业圈中海外福建人的投资期望有点破灭了。从那一年开始，大部分海外福建资金被存入厦门和香港的银行，以寻求投资机会。这些资金被存作活期，从厦门一两家主要银行的业务报告中，我们可以推测——从那些年中活期和私人存款比例的年度增长中——这种闲散资金有多少。从经济学角度来看，大量游资是一种不健康的现象，它会无情地发展成为对金融稳定性的威胁。当然，假如有适当的诱因，使得这些游资得以利用的话，它将十分有效。

在农村地区，中产阶级移民家庭把收到的侨汇的一部分用于投资。长期以来，福建的农村经济一直很贫困，所有款项都急需支付，这正是高利贷者的理想环境。在福建西南部的农村地区，除了在通常的商业领域投资海外储蓄之外，增加财富的普遍方式是放债以赚取利息。①

四　汇款/汇兑的方法

（一）东南亚华人的侨批（侨汇）

海外华人出国去挣钱，并把钱汇回家，而不是在新土地上永久定居，

---

① 郑林宽：《福建华侨的汇款》，福建省政府秘书处统计室，1939，第 48~50 页。

个人的工资被看作是家庭收入的一部分。①他们还汇款给代理人,以支付路费。主要来自于福建和广东的移民的汇款有助于为中国－东南亚贸易区的交易提供资金。另外,一些侨汇被用于投资目的。②

侨汇不只用于家庭消费。作为商业付款和投资资金循环,侨汇成为中国国际金融联系中的重要元素。当英国、法国、美国以及日本对东南亚产生重大兴趣的时候,所有这些国家都利用了这一金融网络。

华人移民可以通过五种方式把钱送回中国:邮寄、人员携带、私有的汇款代理人、信局以及外国银行。

邮寄。万国邮联创建于1878年,但是中国政府直到1914年才加入万国邮联。外国在中国建立了邮局的分支机构,但是,海外华人很少利用邮局。③

人员携带。正像莫尔斯所描述的,海外华人亲自带回金银、外国汇票以及当地纸币,或者把现金托回国的人带回。

私有的汇款代理人。代理人提供各种各样的服务:招募移民、提供路费贷款、预订船票,还处理商业交易。他们与移民保持着紧密的联系,每隔几个月就拜访每一个华人社区一次。新来的人肯定会与来自于中国同乡的代理人打交道,带钱和个人信件回家。在没有信局的地方,代理人是主要的渠道。

信局。尽管明朝禁止移居海外,但是东南亚的移民还是在15世纪达到了相当大的比例,并且稳步增长。海外的华人商人把大米、糖、原棉、食料和手工艺品销到中国,同时进口杂物、手工艺品和茶叶。另外,泰国、越南和缅甸通过与中国的朝贡贸易获取利润。朝贡贸易是一种贸易政策,它有助于中国南方和东南亚之间贸易区的形成。17世纪,为了寻求某些亚洲产品,欧洲势力进入了该地区。利用这一业已建立的商业体系,西方商人才得以首次购买了诸如茶叶、丝绸、胡椒以及棉花之类的备受赞誉的货物,并从转口贸易中获取利润。④

---

① 陈达:《南洋华侨与闽粤社会》,商务印书馆,1938。
② 林金枝:《近代华侨投资国内企业史研究》,福建人民出版社,1983,第1~56页。
③ 《新马侨汇与民信业》,载《新马通鉴》,世界书局有限公司,1959,第624~633页。
④ 海关税务司发行通行证(transit pass)。有通行证的(外国)商人,只一次性支付子口半税(2.5%),就可以进入内地市场。Gumpatch Johannes Von., *The Treaty - Rights of Foreign Merchant and the Transit System in China*, Shanghai, 1875.

外国银行。海外华人寄回中国南方的巨大的单向侨汇流应该影响到了汇率。通过抵消金银和进口（例如对上海和香港的债务）的收据，东南亚汇率的下降得到抑制。通过外国银行，这种贸易模式巩固了该地区与日本、欧洲和美国的联系。英国在亚洲的金融利益建基于新加坡和香港，依赖于中国、东南亚和印度组成的区域的趋势。英国的殖民地银行是重要的机构，把金融影响延伸到了日本和欧洲。[1]

（二）银信局的组织与汇款手续

"银信局"是联系东南亚各地与福建、广东沿岸地区，专门负责侨汇的组织。该机构类似"民信局"，仿照"水客"从事经营，有近百年的历史。银信局有各种各样的名称，在东南亚多称为批信局、批局、汇兑信局、汇兑局、银信局、信局、批郊等。外国人大体上称汇兑商，汇兑店，remitting house。

从历史上看，中国的邮政官民分开，官邮设驿站传递公文。民邮称民信局，创始于明永乐年间，至清道光年间繁荣兴盛。最初盛行于宁波一带，渐渐推广至华南区域的重要商港，以至东南亚各地。原本的业务为邮送信件，后来也负责邮送小包裹、货物、贵重品，也汇兑金银。还兼营保镖、保护商人、收款等业务。民信局有"脚夫信局"和"轮船信局"两种。前者利用人力或简单的帆船，营业范围有限。后者在广泛的区域经营代理业务，年底制定总决算。1896年官民的邮政统一起来。1934年，民信局被勒令停止营业。结果，大城市的民信局几乎灭迹，但穷乡僻地依然残留些许。此外，在中国本土的民信局被统一入邮局的过程中，东南亚各国的民信局却大为增加。

"水客"本来是来往于都市与乡村之间的行商。但后来也扩大到海外。19世纪初有不少水客来往于福建和广东沿岸地方与东南亚之间，也有不少水客往返于中国与美国之间。19世纪末，中国与美国之间的往返水客停止了，但与东南亚的来往还在继续。水客分为两种：一种是国内水客，来往于都市与农村之间。在潮州、汕头称此为"吃淡水"，在四邑称此为"巡城马"。第二种是国外水客，在潮州、汕头称之为"溜粗水"，在漳州、厦门

---

[1] 台湾银行编《南洋的华侨——附兑汇关系》，台湾银行调查部，1914。

称之为"客头"。他们的工作是募集"新客"出国,一方面率领"旧客",携带华侨书信和银钱回国。另一方面,在报上登广告寻找工作,住宿于客栈或船头行。每年4、8、12月集中出国,10月集中回国。除这些专门水客以外,还有一些临时水客。在潮州、梅县、琼州、钦州、广州各地区,临时水客在农忙期间到东南亚各地谋生赚钱,回国时就顺便代为转送华侨汇款。

银信局是取代民信局的汇兑金银部门而登场的机构,创始于19世纪末。它代替无组织的水客,以组织性的方法广泛盛行于东南亚。在1934年的法令下,新设银信局不被承认,而且必须向邮局登记注册,这造成银信局更加向海外发展,而且业务范围也由本来的汇款业务扩展到存款、贷款、信托等,类似小银行。①

银信局的组织机构是传统的合伙组织,由家族或亲族组成。而且具有同业组织,形成行会、帮派。新加坡、马来西亚以闽帮为最大,其次是粤帮(与潮汕帮和琼帮分开)。

银信局以其独特方法来处理汇款业务。无论是谁,手头虽无现金,只要想汇款请求银信局即可。一般来说,三天内应缴纳所汇款项,但因为大多是同乡同族,所以也有人延迟至半个月(15天为正期),而且无须付利息。这也许是小款项的信用贷借,它们只是口头信用并无特殊文件,完全是基于信用进行的业务。于发薪日时收款,在这期间先由店主代为支付无利息款项。或者于回信到达时再收款。汕头、海口等地与东南亚之间的书信往返,大约需两星期,所以与上述正期15天大体一致。

(三)寄信与汇款的方法

邮政、电报、银行等事务发达后,民信局的地位并没有降低,相反地,其重要性有增无减。因为以前是由特定人员负责转送信件和金钱,在操作与安全方面可能有万一的情况,但是后来在故乡各地设立了联号信局,只要一委托就算完事。汇寄方面,邮局邮寄电报和信件,银行汇送一定款项的电信汇款,然后故乡的信局在收到电报和书信后,有时未必待银行现金到达,可以先代为预支。电信汇款两天后就能到达,信托也不超过一两周

---

① 柯木林:《新加坡侨汇与民信业研究》,载柯木林、吴振强编《新加坡华族史论集》,第161~167页;《星马通鉴》,世界书局有限公司,1947,第624页。

即能到达。汇兑信局继续保持讲求信用、联络彼此的秩序,汇款人与领款人都欢迎其快速安全的机制。同时,邮局和银行方面也渐渐与民信局保持密切的合作关系。①

寄信、汇款对于银信局来说都是重要的工作。有些银信局将寄信与汇款一起处理,也有一些银信局将寄信与汇款分别处理。但是,银信局的特色之一是,信件如果已到达,而汇款虽然未到也能支付。这是与银行那种如果没有现金准备,即拒绝支付款项的情况不同。这是因为银信业是由出身帮别组成,以排他的信用关系与汇款者有联系的因素。

汇款共分为五个阶段:(1)银信局汇款人接受当地货币。(2)在当地银行购买以港币为原则的汇票,将汇票寄送香港代理店。(3)香港的代理店将所收到的汇票拿到银行或银号去购买中国货币,然后汇往福建、广东等沿岸城市。(4)该城市的代理店将款项送往内地的代理人。(5)最后由该代理人将款项交给领款人。②

与此相异,另有一种以相抵形式的汇款方法。例如,从新加坡把汇款通知汇票寄往香港,香港收到后也以同样方法将汇款通知汇票寄往广州,在广州卖出由新加坡发出的汇票。即由以上三方面负责结算相抵的方法。③

此外,尚有从事从南亚进口商品运到香港,在香港售卖后相抵的方法。那些运输的货物都是容易获得利益的物品,其中以大米为最多。

另外,还有一种方法是在汇寄现款时,先带外国货币到香港,而后视市场情况随时售卖。

总结以上各点,银信局业务中最主要的工作是集合零星的汇款为巨额款项,而后在该地运用:(1)当银行的兑换率低时购入;(2)购入能以高价出售的货币,或者使用该款项购买货物而后完成汇款任务。就这样,汇款的资金具有作为投资资金的功能,那些向银信局或银行提供的资金,在东南亚区域内,由缅甸、泰国、马来西亚、新加坡、印度尼西亚、菲律宾,

---

① 林树彦:《现阶段侨汇之病态及补救办法》,载《新加坡汇业联谊社特刊》,新加坡汇业联谊社,1947,第 70~72 页。
② Takeshi Hamashita, "China and Hong Kong in the British Empire in the Late Nineteenth and Early Twentieth Centuries," in Takeshi Hamashita, *China, East Asia and the Global Economy* (Routledge, 2008), pp. 156 – 163.
③ Ibid.

沿着资金流通网流向香港。

东南亚各地的银信局所接受的汇款资金和汇往中国国内（广州、厦门等地）的汇款，形成了两地间一种债权与债务的关系。结算这种债权与债务关系时，如果加入贸易上的结账，无法相抵两者款项，或者在输送金银无法清算时，只好单方面地使之成为广州、厦门方面的汇款债务。而且，东南亚各地的银信局所接受的是新加坡元或马来西亚元等当地货币，因此未必直接或间接经过外汇市场，而是必须经过银行、银号等金融机关，兑换中国货币后始能汇款。汇款若是通过国外汇调，其过程复杂，且由于经过时间长短不一所产生的情况，造成几点不同的动向，成为外汇市场产生变动的原因。

东南亚各地与广州、厦门之间最单纯的汇款结算方法是，东南亚的银信局对广州、厦门的领取机关（账簿上关系），只要持有由东南亚银信局华侨汇款及同一款额的债务即可。因此，如果在广州、厦门，除了处理汇款以外，还兼营进出口业务，购入东南亚商品，当国内商人要求时，能够将该商品推销出去，由此华侨的汇款额在账簿上就减少了。就是说，其间产生的事物是，作为"无形的汇款形式"，具有从广州、厦门送往东南亚的汇款券同额的效果。但是像这样直线发展的情况不多，不是常情，因为售卖货物的售额未必与华侨的汇款额相等，从时间上来看也未必是同时进行的事。例如东南亚方面，汇款项目的决算并不即时进行，先是向银行存款或投资他处。为了获得利息，如果该资金能够通融，那么广州、厦门方面只损失那些利息金额而已。但是，相当于该利息的资金由东南亚汇往广州、厦门。而后将它运用在存款或其他方面，这正是金融上的调节作用所产生的动力。假设不能直接汇款至广州、厦门，如果香港能发挥这种功能，情况也完全一样。①

其他决算方法是广州、厦门的领款机关兼营处理东南亚的汇款业务。在此经过银行的手办理汇款手续，同时决算债权与债务。

银行办理的汇款手续有几种形式。其中之一为东南亚的银行接收银信局收来的华侨汇款，卖出广州、厦门的汇票，持有该票者即将该票拿到东南亚的银行驻广州、厦门的支店或代理店去换取款项。同时，广州、厦门

---

① 郑林宽：《福建华侨的汇款》，福建省政府秘书处统计室，1939，第 67~84 页。

的银行也直接担保卖给东南亚的汇票,保证能够支付华侨汇款领款人的金额。

作为别的途径,由于广州、厦门所需要的东南亚汇票并不太多,华侨汇款汇票通过香港的外汇市场来决算。同时,有时为了进行有利的"套汇"、"套利",也有通过香港市场来处理的情况。这些情况渐渐扩大。因此,银信局方面对此情况就不直接寄汇款到广州、厦门,而是先寄往香港,以香港汇票卖出。福建、广东购入的外国商品大多也是由香港输入,其款项也以港币支付,因此对香港汇票的需求比供给要多。所以香港汇票的兑换率也比较高。银信局利用汇票运用的方法获得利益。

处理汇款的银行也以同样方法,能把从东南亚获得的外汇在香港推销售卖。在广州、厦门,也马上把收到的华侨汇款拿到市场上销售,将之换为香港、上海两地的汇票。在广州、厦门又将此换算为中国货币支付给领款人。如果他们在香港太迟获得售出的东南亚的外汇时,实际上他们将蒙受损失。①

广州、厦门与东南亚之间,并没有直接处理汇票的业务。有时,只不过以在广州、厦门售出的一部分东南亚汇票作为华侨汇款,其他部分由香港转寄来的汇票来凑数。其结果造成为应付在广州、厦门的香港汇票需求量的均衡变化,其价格上下不一定。这也反映了华侨汇款都是由香港转寄去的。不可否认,广东、福建各地与东南亚之间的汇款方式具有调节的功能:华侨汇款直接汇付的过剩造成东南亚汇票的下落;相反的,在东南亚各地,广东、福建汇票却无法高涨。因此不得忽视平衡两地的差距。

通过信局的汇款方法,有现金汇款、外币汇款及商品汇款。其中,关于外币汇款,会用下列方法进行:汇款人在信局以当地的货币汇寄一定金额的中国货币。信局不会立即汇寄,而是在收集了一定的金额之后才汇寄;或者选择最有利的汇率才汇寄。另外,购入有利的、运往中国的商品或金银,以代替汇款。在此过程中,有直接用中国内地货币计价的,也有用香港的港币计价的;由于港币对中国内地、东南亚的结账功能大,本国汇款就算最终到达家乡的家人手里,在这一过程中也会转化为贸易资金、金融资金等各种投资的形态。这种情况,主要是用外汇的方法,介入了香港的

---

① 郑林宽:《福建华侨的汇款》,福建省政府秘书处统计室,1939,第 82~84 页;吴承禧:《厦门的华侨汇款与金融组织》,载中央研究院社会科学研究所《社会科学杂志》,1936,第 212~217 页。

所谓二重外汇。此外，它不是实际性的汇款，而是在香港以商品交易，抵消要支付的进口货款；另外，利用金银市场，一方面从新加坡和香港的金块价格差中赚取利益；另一方面完成汇款功能，使商品市场和外汇市场有相互促进的作用。

从华侨汇款看资金流动的情况，假如华南地区单方面接收过多，就会影响外汇价格。这时，华南地区要接受金银订购，进行进口等抵消。也就是说，制造一种对上海、香港等的债务关系，以防止因华南地区单方面接收过多汇款而导致东南亚外汇下挫的情况。

五　侨批与邮政问题

（一）海关邮政

海关总税务司赫德1861年对清政府提出有关设立邮政的建议。19世纪70年代赫德已经开始办理海关邮政，1878年在北京及北方港口试办邮政。赫德任命天津海关税务司德璀琳为邮政司，统管各地邮政。

1896年创办大清邮政以后，1897年3月30日海关总税务司赫德于北京发布《海关总税务司署通令第776号》，内容主要有：

> 为官邮政局建立后民局（Native Post Agency）履行手续后可照旧经营事。主要的内容有4项。
> （a）民局几乎全部可照旧经营其业务。
> （b）惟一之变更为，须在官邮政局注册以示认可。至于递送转口信函，注册局须经官邮件水陆运送，缴一定费用并不得超重。
> （c）民局可如其他人一样寄递包裹，亦可照旧作为函件寄递。如作为函件递送，则包裹与信函应分别包封，而在任一包裹中可附民局自己之通知书。
> （d）并未禁止彼等在包裹里寄送银钱。

在这些管理条件下，没有注册的民信局遭遇了严格的管理与竞争。比如：1907年10月27日厦门邮政局报告《致大清福州邮政局函：关于英国法国邮局处理南洋荷印及暹罗包封邮件/南洋包封邮件统计及邮资/鼓浪屿英国邮局运营事》，1908 年 10 月 15 日大清福州邮政局长 W. Slay 报告《关于民局在香港的侨批业务/官局与民局的竞争/民局挂号/民局在通商口岸业务等的交代书》和 1916 年 4 月 10 日福州邮政局报告《邮政备忘录：关于天一民局走私邮件、要求关闭天一民局、取消恒记民局罚银等》。从大清邮政局成立以后，所谓官邮开始跟民邮竞争管理/吸收国内民邮的活动，可参阅福建省档案馆编《福建侨批档案目录》。

1928 年，中国取消所有民间经营邮政业者，民信局遂被淘汰，因而只剩下同时经营华侨汇款和邮政业的侨批局了。《潮州志》中有以下的记述：

> 迨我国加入联邮公约，政府设立邮政局，其民营带信者曰民信局。批馆属民营而专带侨批，故又称批局，以别乎民邮二者。民国十七年，全国交通会议决定取消国内民信局，惟以批局系服务华侨，仍许存在。初拟将名称改特种邮寄代办所，因批业之反对乃改为批信局，制发有批信局执照，批局之名遂成定称。二十年全国工商业组织同业公会，以批局旧有组织系以华侨批业为名，易混于国内之华侨团体，删去华侨字样。则批字嫌于不典，或难明其业务实际，乃当局为定名曰侨批业，各业批商号曰侨批局，沿用至今。①

总而言之，民营批馆于汇款业逐渐走向专业化，但批馆的名称仍维持不变。批局作为小规模的民间汇款组织，其所发挥的重要作用不可忽视。

(二) 侨批与邮政问题

批局的职责是将汇款人交来的信和现金一起寄出，关于这种特别邮政业务的演变，《潮州志》中有以下的记载：

> 批局初设，值清末银币复杂时期，本国银圆有七钱七二之分，外来银圆又有大洋六七之别，批款分发，每生诘驳。嗣由新加坡批局主

---

① 1896 年，中国保留加入万国邮政联盟，同意自 1897 年 1 月 1 日起，接收来自该联盟成员国交付大清邮政局分发之邮件并免付邮资投递，《海关总税务司署通令，第 707 号》，1896 年 4 月 17 日，参见《潮州志·实业志·商业》，第 73 页。

张，以地方最高值之银圆为标准，一律采用大洋汇寄，沿用至民国二十四年白银收归国有，以后历用政府法币。惟日本盘踞汕头期间，曾一度改用储备券通行，国币地区则以批银一元准发国币二元。至华侨寄款批信，历系封口缄固，侨眷回批由批局特制形状，比普通信函为小，亦用封缄办法。惟抗战时为避免检查责任，来往改用批条法，同邮局之明信片，且因邮寄困难，失脱搁滞，随时而有故，正条之外加立副条，光复后回复常状。批局既须按址送交批款，而携备巨额现金出入山谷野径，难免盗贼之虞，有需集合同业力量以维护。故清光绪中，汕头已有南侨批业公所成立。至民国十五年间，改为汕头华侨批业公会。二十年又改为汕头市侨批业同业公会，各县则首推揭阳。民国二十年间，即有揭阳批业公会设立，潮阳则因解款关系，抗战中设有潮阳县侨批业公会，但仍以汕头公会为总枢，负保障全潮批款安全责任，订有保护奖恤追究等办法，官厅民众皆乐协助，故失批之事尚少闻也。批局初期在外洋收集批信后，逐帮配轮运汕，携带自由，有如货品。自邮政设立始限制转寄邮局，以总包秤重计算邮资，每重二十克合平信一封邮费，大约回批每百封仅邮费五角。至第一次欧战发生，法荷等国积极提高属地税收，以充战费，废止批信秤重办法，逐封照平信征费。其中南洋荷属批信，多系英属转驳至汕，无大关系。法属安南地方则实行后，甚连回批总包至越法邮局，复要求华侨补贴邮费，许以战事结束，回复总包旧例。时华侨以减纳国邮而加纳法邮，殊为非计，将回批自行在国内逐封贴邮寄往，自此遂成定例。欧战结束后，总包不能恢复。及民国七年，政府拟将民业信局包括批局，一律取消，经汕头批业举派代表向北京政府呼吁后，后予以无限定展期，以至邮局发展，达于可能分发侨批为度。十七年全国交通会议开会南京，议决实行取消民局。复经南洋各港华侨力争经年，始决定将批局与民信局划分，批局仍予保留，惟须向邮局领取挂号执照，批信如旧总包邮寄，但逐封计费。照国际平信减半征收邮票，合计贴于总包。包面解决后，南洋英属邮政亦照此半价办法施行。惟暹罗邮政则自起取缔。凡寄来侨批，皆逐封征足平信价额，方许总包。至二十二年，邮局又宣布截止发给批信局执照，意在使批局只有停业而无新增，逐渐减少，以归销灭。而以前所有取缔皆关国际邮程，若侨批已纳国际邮资寄至汕头后，任由批局自行携带分赴各县。苟寄邮代带，则总包秤重每二十克纳国内平信一封邮资。内地回批付汕候寄出国者，亦同此情形。但三十五年邮局又增订办法，定批局对批信之携带，以一邮区准一县市范围内为限。例如侨批寄抵汕头后，欲转出各县乡村，须逐封再纳国内平信邮费，寄之邮局。若批局自带则邮资纳足外，自带人又须申请邮局给予证明书，方得带递。三十六年再定国内批局，不得接理国外非其分号之批信，在国内向未设有分号理批之地方，不准增设。在国外虽有分号地方，亦不准添设，层层限制批局业务，至是已临残照之景。①

据以上资料所述，信件投以总包寄虽然是一省费方法，但因受到各地殖民政府之反对而禁止。与此同时，国内亦采用以每封信件重量来计算邮费的方法。

小　结

随着通商关系和汇款、清账关系的紧密化，移民社会进一步发达。海外华人社会人数增加的原因，无疑与这种一出一进的彼此相互关系得到加强有关。可以清楚地看到，在南洋和华南区域之间，出现了几个中转据点，并且得到不断加强，香港和新加坡（马来西亚）便是很好的例子。仅从华侨汇兑一项来看，香港和新加坡凭借中转站的地位，将华侨与东南亚连接起来，甚至将南洋和华南的关系延伸至中国北方，形成了向上海、天津、营口、大连流通的主干路线。毫无疑问，要维持这条流通路线，海外华人穿梭于华南与东南亚/北美之间，扮演了功不可没的中介和连接角色。

从侨批问题来看，邮政、电报、银行等事务发达后，民信局的地位并没有降低，相反地，其重要性有增无减。因为以前是由特定人员负责转送信件和金钱，在操作与安全方面可能有万一的情况，但是后来在故乡各地设立了联号信局，只要一委托就算完事。汇寄方面，邮局邮寄电报和信件，银行汇送一定款项的电信汇款，然后故乡的信局在收到电报和书信后，有

---

① 袁丁、陈丽园、钟运荣：《民国政府对侨汇的管制》，广东人民出版社，2014。

时未必待银行现金到达，可以先代为预支。电信汇款两天后就能到达，信托也不超过一两周即能到达。汇兑信局继续保持讲求信用、联络彼此的秩序，汇款人与领款人都欢迎其快速安全的机制。同时，邮局和银行方面也渐渐与民信局保持密切的合作关系。

The Overseas Remittance Studies and Subject Compose： The Economic/ Social/ Cultural Factors of Overseas Remittance

Takeshi Hamashita

（Sun Yat – sen University，China）

Abstract：As the transit of remittances between South China and Southeast Asia, Hong Kong and Singapore promoted the connection between the Overseas Chinese and Southeast Asia. In this paper, basing on the example of Hong Kong and Singapore as the transit of overseas remittances, it represented the formation of the Overseas Remittances networks, explained how the immigrants and overseas remittances enhance the connection between South China and Southeast Asia, and explained how the bureau of remittances and post office take advantages of the network of overseas remittances in their financial work. At the same time, it believes that the overseas remittances raised three major influences on history: the first influence is to maintain the connection between the overseas Chinese and their hometowns, the second one is to promote the cross – region communication on language and culture and tradition, and the last influence is for the foundation of multiregional financial and commercial networks.

Keywords：The Overseas Remittances Studies； Overseas Remittances； Economic Factor； Social Factor； Cultural Factor

（责任编辑：敖梦玲）

侨批档案对中国区域社会史研究的挑战[*]

中山大学　陈春声[**]

摘　要　侨批档案的发现和利用对中国区域社会史的研究贡献良多。但发展与挑战共存，侨批档案的利用同时对中国区域社会史研究提出了三大挑战：其一是如何从民间历史文献学角度去解读和理解侨批；其二是如何有意义地叙述普通人的生活；其三是侨批研究如何回应历史学研究的核心问题，即在制度史研究上有何贡献。

关键词　侨批档案　中国区域社会史研究　挑战

各位同行、各位来宾：

很高兴有机会参加这次"世界记忆遗产·侨批档案研讨会"。

对于我们很多潮汕人来说，侨批是小时候日常生活的一部分。其实一直到1968年、1969年，我都生活在外婆家。那时候外婆的弟弟，按潮汕人的说法，也就是我的老舅，是在柬埔寨的，每年会不时寄来番批，所以说这是日常生活的一个部分，是小时候日常生活的记忆。后来我们才知道这些是文献，是珍贵的史料。

后来因为在大学读书，研究历史，做地方社会史，首先是注意到许多民间收藏家、集邮家收藏的侨批文献，也了解到潮汕历史文化研究中心对侨批文献进行了收藏、整理和展出。我真正注意到侨批文献，就是在它们进入公藏机构潮汕历史文化研究中心之后。潮汕历史文化研究中心这一举措，为侨批的查阅、复制和利用带来了便利，而我也在这时候开始从事侨

---

[*] 本文为作者在2014年10月31日由中国历史文献研究会、广东省汕头市潮汕历史文化研究中心联合主办，华侨大学华侨华人文献中心协办的"世界记忆遗产·侨批档案研讨会"所做的主题学术演讲，由陈嘉顺据录音整理。

[**] 陈春声，中山大学党委书记，历史系教授。

批的研究。

侨批的发现，其实不能说是发现，因为一直有人在做，但是这样大规模地被注意，被收集、整理和研究，肯定是20世纪和21世纪中国历史学材料发现的一个重要事件。我们知道，历史学的发展非常依赖新材料的发现。20世纪初，中国历史学一个非常重要的发现是敦煌文书。著名学者陈寅恪教授在《陈垣敦煌劫余录序》中阐述了史料与学术的关系，他说：

> 一时代之学术，必有其新材料与新问题。取用此材料，以研求问题，则为此时代学术之新潮流。治学之士，得预于此潮流，谓之预流（借用佛教初果之名）。其未得预者，谓之未入流。此古今学术史之通义，非彼闭门造车之徒，所能同喻者也。

就是说，对文史研究而言，学术发展的潮流，要依赖新材料的发现，要用新材料去研究新的问题。材料和问题是不可分开的，你懂得用新材料去研究新问题，你的学术就有进步，就跟得上学术的潮流；如果不能用新材料去研究新问题，你就跟不上学术的潮流，就变成"未入流"，这是一个非常重要的提醒。

我们知道，利用侨批这些非常重要的新文献，可以做很多的研究，刚才潮汕历史文化研究中心理事长罗仰鹏先生在他的讲话里提到我们要从多学科来研究侨批，包括华侨华人史、海外交通史、邮政史和金融货币史。还有泰国许茂春先生讲到的，用侨批来做文化史研究，等等，其实都有非常好的贡献，也有很多新的问题被提出来，这个都是非常好的。

我自己这些年重点是做中国区域社会史，特别是做华南地区的区域社会史。所以一直被侨批档案材料所困扰。问题在于，从区域社会史的视角去看，侨批档案的发现及利用会给中国区域史研究提供哪些贡献？当然，贡献的前提是会给我们制造困难和挑战，而这些都是令人很困惑的问题。

我想把这些年来感到为难的三个问题跟大家报告，这里有很多年轻的学者，我们可以一起来面对这样的挑战，因为学术是在接受挑战中发展的。

第一个挑战是如何从民间历史文献学角度去解读和理解侨批。刚才罗仰鹏先生在讲话中提到，要用新的方法，即历史文献学和历史人类学的方法去做侨批研究。提到民间文献学，这是这些年来，做中国区域社会史的学者很重视的问题。中国有非常优秀的历史文献学传统，我们懂得古籍的校勘、辑疑、比对、训诂，这整套的方法，是在中国传统的学问里发展起来的。其实在海外有非常古典的汉学，西方的传教士、旅行家到中国来，16~17世纪，他们开始来到中国，他们发展起一套很经典的翻译西方文字的方法。其实这样的传统的文献学办法，在解读四书五经、正史、政书，甚至笔记、小说等传统的、大家使用较多的材料的时候，它是有效的。但是，要如何用一套文献学的办法，去解读书信（比如侨批）和土地契约，去解读族谱和碑刻（碑刻好一点，原来的方法好用），还有其他的各种各样的民间历史文献？那套方法不太容易使用，所以我们在训练学生的时候，发现他们尽管接受了古代汉语和历史文献学的训练，但还是读不懂侨批。这是一个令人很困扰的问题。

我们传统的历史文献学擅长处理的是有意识的材料，所谓有意识的材料指的是，作者在写这个史料的时候，他已经想过这样的材料是准备给后人读的，给他人读的，起码是要传下去的。但是我们的侨批、契约，许多材料是无意识的材料，他写的时候没准备给别人看的。比方说，我给太太写一封信，给孩子写一封信，并没有准备100年后、200年后，有一些历史学家拿着我的书信做研究，然后里面大量地讲家庭内部的生活琐事，这些琐事的背景我太太是知道的，所以不需要交代。但是我用的方言土语，甚至里面有很多隐喻，很多是只有地方上或者社区里或者家庭内部才知道的。所以当我们去解读，去看，去引用一段文字来分析时，我们其实并不太明白文中的意思。这就是为什么我觉得罗仰鹏先生早上讲到的民间历史文献学是一个非常有远见的一个说法。怎么样发展出一套可以去解读中国民间文献的方法，然后用这套方法去培训我们的学生，这个是基础。如果我们的文献没有读对、读不懂，或者没有系统地读的话，其实我们建立在这样的解读基础上的整个历史的解释，可能都会有问题，这是困扰我们很多年的问题，也就是我讲的第一个挑战。

第二个挑战是如何有意义地叙述普通人的生活。在大陆我一般在做行政，但是有机会到境外去，我会很认真地读一些文献，2000年在牛津大学待过几个月，主要时间是读侨批；2012年在台湾成功大学，我住了一个月，也只是在读侨批。然后我们花很多时间，把不同的侨批里面的记载，进行比对，努力再还原一个家庭、一个村落的日常生活，差不多可以描述出很多细节。我们可以读故事了,花很多工夫可以讲故事了。问题是我们是做历史研究的人,我们问的是这个故事背后的问题在哪里?如果没有好的问题,就没有意义,这是陈寅恪先生教我们的。可是,侨批里讲的不是大人物,如果它讲的是大人物,翁万达是大人物,他的事情跟大的历史背景有关。它讲陈慈黉,我也知道他是非常了不起的人,我们知道,他的故事也跟大的历史有关。但是如果它讲的是一个从来没有被历史学家所注意的家庭或者人物,甚至是一个女性、一个小孩的故事,这样的故事怎么会让我的同行,让各位历史学家觉得是有用的、有所启发的?这是叙述的问题,也是不容易解决的。

我们常常会进入生活的细节,我们会情不自禁地去描述很多很多的故事,家庭内部的关系,宗族与宗族之间的关系,但是在没有更多背景的情况下,我们在委婉曲折讲完之后,我们要说明的是什么?这个是我们常常遇到的危机。通过复述内容的办法来讲来用这些侨批,是否就是一种好的侨批研究的历史叙述方式?这个是很困难的事情,也是困扰我很久的问题,所以读了很多侨批,我始终写不出一篇我自己觉得像样的论文。现在是大数据的时代,是云计算的时代,我们有很多很多的侨批,除了去追述个人和家族生活的时候,也许我们可以做大规模的统计。真的要超越要突破,可能我们要用很科学很理性的数据和统计的方法去处理。我跟研究生们讲,只有这样,我们的侨批研究才可能在学术上有大的贡献和突破。这是第二个挑战。

第三个挑战是侨批研究如何回应历史学的核心问题,即在制度史的研究上有所贡献。做历史研究的人,我们有很多很多的兴趣。但是做社会史的人,我们一直以为,很重要的一点是,你的研究成果发表后,能够引起其他研究方向的历史学家的兴趣。因为制度史上的解释不单是制度的建立,还包括制度在地方的表达、普及跟推广,而在这些方面,你会有你的贡献。这是我一直坚定的信念。

我最后要讲的一点是,三十多年前我到中山大学历史系读书,那时候中国历史学遇到的问题和现在刚好相反。三十多年前是一个以论代史的时代,我们的材料不容易找,比较贫乏,没有 IP 技术,没有数字技术,交通不便,经费缺乏。所以当我们有一个好的图书馆,找到点好的资料的时候,我们会很兴奋,会把这些资料读得很细,然后加以理论思考。当然,这些理论的思考,受当时的政治和意识形态的影响,可能会有一点偏颇。三十多年后，这种局面完全变过来了。现在是一个资源非常多，史料大爆炸的时代，现在包括侨批在内的民间文献、地方文献大量地出版。但是，我们，包括我们的学生，细心地去钻研文献，去读透一批材料的功夫下降了。我们开会很忙，交换很忙，交流很忙，谈话很忙，但是细心地在图书馆里面读书的时间少了。而且因为学术多元的发展，我们整个中国区域社会史研究里，对理论思考的力量减弱了，我们缺乏自己真正关心的核心问题。我们在读很多材料，讲很多故事，但是我们常常会迷失、忘记自己讲这些故事的目的是什么。我还是觉得，我们一方面要潜心于史料的研究，要做很多具体的个案分析；另一方面，我们要超越史料去关注更大的学术发展，包括整个人文社会科学发展的趋势，同时我们应该给自己保留更多能够进行独立思考的闲暇和空间。

我的发言到此结束，谢谢大家！

Overseas Remittance Letters:
Challenges to the Studies of Chinese Regional Social History

Chen Chun-sheng

（Sun Yat-sen University）

Abstract: The discovery and utilization of Overseas Remittance letters have made great contributions to the studies of regional social history in China. However, development and challenges coexist. The application of Overseas Remittance letter raises three major challenges to the studies of regional social history in China: the first challenge is how to interpret and understand the Overseas Remittance letters from the perspective of the folk historical philology, the second one is how to narrate the life of ordinary people in a meaningful way, and the last challenge is how the Overseas Remittance studies respond to the core issues of historical studies, which is what contributions can be made to the studies of institutional history.

Keywords: Overseas Remittance Letters; Studies of Chinese Regional Social History; Challenges

（责任编辑：敖梦玲）

传统与现代：近代侨批局的信用嬗变
——以天一局为个案[*]

华中师范大学　贾俊英[**]

摘　要　由于侨乡地域文化、移民网络的作用，近代闽南侨批局的发展过程呈现从传统信用到现代信用的演变脉络。天一局从1880年组建到1929年停业，是闽粤和东南亚颇具代表性的侨批局，它的产生、发展、歇业反映了中国近代侨批局信用嬗变的轨迹，可以说是近代侨批局信用嬗变历程的缩影。基于个人和关系的传统信用使天一局得以兴起和发展，但随着侨批网络的扩大，传统信用已无力支撑起较大规模和较大范围的商业治理，逐渐衍生出以物和契约为主的制度信用、规范同业的组织信用、维护地区稳定的国家信用。侨批局带有深刻的中国传统文化与传统地域的特征，在其信用嬗变过程中传统与现代无法彻底地割裂，二者在其常态发展和危机处理中呈现胶着状态，共同发挥作用。

关键词　侨批　天一局　信用　传统　现代

15世纪开始广东和福建出现历史性大规模的东南亚移民，华侨商人把米、砂糖、棉花等食物和手工业原料带到了中国，又把中国的土杂货、手工业品、茶等带到东南亚，在华南和东南亚形成了一个贸易圈。在这一移民网和贸易圈中，水客具有重要作用，不仅将华人移民寄回家乡的现款和书信带回侨乡，同时也贩卖两地商品。随着贸易圈的不断扩大和成熟，19世纪中后期由水客演变而来的侨批局担任形成并维持这个"华南—东南亚"

---

[*]　本文为国家社会科学基金重大项目"中国近现代海外中华商会研究（南洋地区）"（12&ZD148）、中央高校基本科研业务费项目"全球史视野下的中国商人与商业"（CCNU14Z02003）的资助成果。

[**]　贾俊英，华中师范大学中国近代史研究所博士研究生。

贸易圈金融机能的中心性机构。① 侨批局（有时也被称为民信局、银信局、批局、银信汇兑局）是专门经营海外华侨寄回国内的简短家书及汇款的民营机构，有邮政局与汇兑银行两种功能。有关侨批局的问题一直以来不乏学人关注，并已取得不少研究成果②，但鲜有学者结合侨乡、侨居地及华侨移民网络的地域社会特征，从信用③嬗变的角度对其进行探讨。实际上，闽南侨批局在其发展过程中，由于独特的侨乡地域文化、移民网络因素的作用，呈现从传统信用到现代信用的历史演进脉络。随着"华南—东南亚"贸易圈的发展，侨批网络不断扩大，传统的以个人和关系为基础的信用逐渐衍生出以物和契约为主的制度信用，以规范、约束同业为主的同业组织信用，以保护侨胞利益、维护地区稳定为主的国家信用。侨批局是特殊地域文化的产物，带有深刻的中国传统文化与传统地域的特征，在其信用嬗变过程中，传统与现代却无法彻底割裂。在侨批局常态发展和危机处理中，传统信用与现代信用共同发挥作用，形成共生状态。笔者拟以口述史料、实物、档案、报刊材料为基础，以"天一局"为个案，窥探中国近代侨批局信用的嬗变。

天一局从 1880 年组建（比大清邮政早 16 年）到 1929 年停业，历时 49 年，其业务覆盖闽南及东南亚大部分地区，是其时闽粤和东南亚足具代表性的侨批局，它的产生、发展乃至倒闭处理及其影响，都反映了中国近代

---

① 〔日〕滨下武志：《中国近代经济史研究：清末海关财政与通商口岸市场圈》，高淑娟、孙彬译，江苏人民出版社，2006，第 152 页。
② 例如，论著参阅：日资台湾银行 1914 年所做的调查报告《侨汇流通之研究》；郑林宽《福建华侨汇款》；张公量《关于闽南侨汇》；厦门档案馆藏《厦门侨汇材料及意见》；中国银行编印《侨汇资料汇编》；王朱唇与张美寅合著《闽南侨批史话》；滨下武志《近代中国的国际契机——朝贡贸易与近代亚洲贸易圈》；柯木林《新加坡侨汇与民信业研究》。论文参阅：申显扬的硕士论文《论近代闽南侨批业》；林真《福建批信局述论》、《关于批信局发展时期的探讨》；焦建华《近代批信局特色探源：以福建为中心》《制度创新与文化传统：试析近代批信局的经营制度》《近代跨国商业网络的构建与运作——以福建侨批网络为中心》；戴一峰《传统与现代：近代中国企业制度变迁的再思考——以侨批局与银行关系为中心》《网络化企业与嵌入性：近代侨批局的制度建构（1850s - 1940s）》。
③ 有关信用的个案研究多集中为晋商研究。例如，刘建生、燕红忠、石涛等著《晋商信用制度及其变迁研究》，山西出版集团，2008；燕红忠、韩芸《晋商兴衰的信用解析——基于历史制度分析方法的视角》，《经济问题》2009 年第 3 期。关于海外华商信用，散见于龙登高《海外华商经营管理探微》，香港社会科学出版社有限公司，2003。关于侨批局的信用研究，焦建华在《近代跨国商业网络的构建与运作——以福建侨批网络为中心》中对侨批网络的信用机制有部分论述。

侨批局信用嬗变的轨迹，可以说是近代侨批局信用嬗变历程的缩影。①

一 基于个人和关系的传统信用
——侨批局产生和发展的基础

侨批业中的传统信用，是指以个人和关系信用为核心的人伦信用，它根植于中国传统文化及闽粤的侨乡性和南洋移民社会的聚居性，是天一局等闽粤侨批局产生和发展的基础。在传统社会中，人与人之间的关系是以血缘、地缘、业缘关系为纽带的：

> 好像把一块石头丢在水面上所发生的一圈圈推出去的波纹。每个人都是他社会影响所推出去的圈子的中心。被圈子的波纹所推及的就发生联系。每个人在某一时间某一地点所动用的圈子是不一定相同的。②

这种差序格局中，以血缘、地缘、亲缘关系为基础，以传统道德和集体奖惩为调解机制建立和保持相互之间的信任关系。在天一局的发展中表现尤其明显。主要表现在：天一局的创办、跨国网络及家族式的经营模式。

（一）传统信用在天一局创建发展中的作用

15世纪开始的闽粤地区移民海外行为的进行与延续正是依赖这种血缘、亲缘、乡缘所构成的"链条"来实现的。一般的模式是：先行的移民在安定之后，将家乡的亲戚或同乡带到移居地，并给予其帮助。这种不断地由老移民带出新移民的循环方式，就形成了持续不断的链条式移民流。③ 20世

---

① 有关天一局的研究，参见郭伯龄《天一汇兑银信史话》，载《漳州今古》，1999；郭伯龄《天一批馆的历史浮沉》，载《首届闽南侨批研讨会论文集》，2008；林南中《品读"天一"侨批》，载《首届闽南侨批研讨会论文集》，2008。这三篇文章解读了天一局的历史发展状况以及当年天一局所留存下来的实物侨批（包括回批）。其他有关天一局的文章散见于几种报刊，如老皮的《天一局的某些历史场景》、何书彬的《天一局与百年侨批》、郑云的《闽南侨批业与天一局的兴衰》等，主要集中于概括描述天一局的发展历史和天一总局的建筑特点。
② 费孝通：《乡土中国·生育制度》，北京大学出版社，1998，第27~31页。
③ 戴一峰：《南中国海与近代东南亚地区社会经济变迁——以闽南地区的中心为例》，《史林》2002年第1期。

纪 30 年代，陈达在对 905 个华南华侨家庭做过调查后，发现"与南洋的联系"在出国原因中位列第二。① 在陈达的研究中，很多人移居海外是因为那里有他们的亲属、同乡、朋友，正是在这种血缘、地缘的纽带作用下，一批又一批的华人在亲友、同乡的引领下相继到海外谋生、定居，形成了持续不断的链条式移民。2011 年 11 月，笔者前往菲律宾马尼拉调研，受访人 Amy 曾提及：

> 我们的父辈和我们这一辈到菲律宾，或是亲戚如叔父、叔伯带去，或是同乡带去。因为村里去的人很多，到达后都有亲戚同乡的帮助，解决暂时的吃住问题，也会帮忙找工作，想办法定下来。②

链条式移民的一个直接后果就是东南亚移民在移居地形成了相对集中的以血缘、地缘为基础的聚居形态。这种特殊的移民形式及随之形成的华侨聚居模式是侨批局得以形成的基础。在链条式移民运作的过程中，水客、客头、客栈起了相当重要的作用。水客是指在南洋和闽粤地区贩运商品的小商贩。同时也在早期移民网络中充当中间角色，引领和介绍新移民。客头则是引领、招募和组织运送新移民。链条式移民是侨批局存在的基础。侨批局的产生基本是两种途径，或由水客、客头创办，或由客栈、商号兼营，二者都是移民链中的重要环节。侨批局产生以前，华侨攒有积蓄要将款项和家书寄回家中，除了选择可信任的同乡、同伴或者熟悉的船工于回家之际携带外，多是由水客传递。水客也有制度的约束，有自己独特的身份证明文件——水客身份证，证件中写文字"兹介绍已在×行签记之水客×××君持×到贵行"，且贴有照片。③

天一局即由水客郭有品创办。天一局的创办人郭有品生于 1853 年（清咸丰三年），龙溪县流传社人，1870 年 17 岁时郭有品得到堂兄郭有德的资助，去菲律宾做水客，往来菲律宾与厦门之间帮同乡带侨批。1880 年（清

---

① 陈达：《南洋华侨与闽粤社会》，商务印书馆，1938。
② Amy，菲律宾中国商会总会董事姚金镇先生的夫人，笔者于 2011 年 11 月 26 日在马尼拉某餐厅对其进行采访。
③ 《水客身份证》，《大公报》2009 年 7 月 22 日。

光绪六年，比大清邮政早 16 年），郭有品在故乡流传社创办"天一批郊"①，经营菲律宾与闽南侨乡之间的侨批汇寄业务。天一局开办之初，每批银信仍由郭有品亲自押运。在一次押运侨汇途中，突遇台风，船只沉没，郭有品幸免于难，回到家乡后，郭有品变卖家中田物，兑换成大银，赔偿受损侨眷。从此，郭有品的个人信用远传南洋，深为华侨信赖。② 华侨的侨批都愿意通过天一局汇寄，天一局的业务日益增加。侨批局的发展中极重个人信用。个人信用源于中国传统文化中对"诚信"的要求。历代的经典作品中都可以见到关于"诚信"的论述，如《论语·为政》云："人而无信，不知其可也"；《中庸·治国》云："诚者，天之道也；诚之，人之道也。诚者，不勉而中，不思而得，从容中道，圣人也"等等。诚信的道德约束是个人信用的主要组成部分，郭有品严守个人信用，利用了血缘和地缘基础上的关系信用，终将其变为资本。华侨将自己的积蓄（银）和隐私（信）托付出去，在制度不健全的情况下，他们认同的是彼此之间的血缘、地缘关系，会选择值得信任的拥有血缘和地缘关系的侨批局。比如姓郭的就倾向于到姓郭的水客或侨批局中投递。晋江的就倾向于在晋江人开办的侨批局中投递。施文志说："华侨寄批有其很强的乡族色彩。姓蔡的一般会向姓蔡的寄信，代理人每乡都有认识的，不怕你跑。"③

血缘和地缘关系是传统信用形成的基础，同时也是其发展的推动力。在信息较为闭塞的时代，血缘和地缘关系使得侨乡和南洋聚居地之间的信息流通更为顺畅，良好信用和不良信用在关系网中都得以快速传播，随之而来的天然集体奖惩制就形成了无形约束力。同时民间关于违反道德的惩戒也是对传统信用的约束。"历史上有很多传说，凡有侵吞这类钱财的邪念，积恶立即报应。大家负责侨批的任务一律循规蹈矩，认真做事。"④ 菲

---

① 关于天一批郊创办的时间有争议，笔者认为郭伯龄先生关于 1880 年的分析较为可信，具体可见《漳州古今》1999 年第 1 期，第 36 页。笔者收集到的 1918 年"郭有品天一汇兑银信局紧要广告"中显示其创办已 30 多年，即为 19 世纪 80 年代。参见《暨南杂志》，《民国珍稀短刊断刊——福建卷》第 5 卷，2006，第 2151 页。
② 郭尚镰，1919 年出生，郭有品的孙子，郭诚中的儿子，兄弟排行十九。2011 年 12 月 7 日下午，笔者在龙同海联乡总会的协助下于马尼拉豪门海鲜裕福酒店内对其进行采访。
③ 施文志，菲律宾华文作家协会发起人之一、菲华专栏作家协会秘书长，2011 年获菲律宾最高文学奖。笔者于 2011 年 12 月 7 日晚于马尼拉王彬街对其进行采访。
④ 谷子：《漫谈侨批业风雨五十年》，载洪林、黎道纲主编《泰国华侨华人研究》，香港社会科学出版社有限公司，2006，第 437 页。

律宾首都银行（Metro bank）现任董事吴国藩先生在 1949～1960 年曾从事汇兑业，他也说：

> 1949 年之后，在菲律宾汇兑回中国算非法，会偷运支票到香港，若五年内退回假支票是要认账的。①

可见，信用是侨批业生存的根本。天一局正是很好地利用了这种基于个人和关系的传统人伦信用，才得以在内地和南洋各地建立分局，发展跨国商业网络。

（二）关系信用在家族式经营模式中的作用

家庭是传统社会中生活与生产的基本细胞，后逐渐扩大为族人和同乡。由于早期缺乏完善的法律保护，由血缘和地缘关系为特征的企业人员，拥有共同的经济利益，更容易拧成一股绳，去同心协力应付外界动荡不宁的环境。这在东南亚华人移民社会中表现尤为突出。基于血缘、地缘关系的职员彼此之间更加信任，往往更愿意为企业做出牺牲，从而降低生产成本，更有利于企业的再发展。在天一局的管理模式中有很深的血缘和地缘烙印，其基础就是源于血缘和地缘的关系信用。

光绪六年（1880 年）郭有品在漳州府龙溪县二十八都流传社（今漳州台商投资区角美镇流传村）设立总局，在马尼拉设南洋分局。光绪十八年（1892 年），厦门海关建立。为办理海关业务之便，郭有品在厦门港仔口、晋江安海石埕街设立分号。光绪二十二年（1896 年），大清邮政局正式营业。清廷规定民间的信局必须到当地大清邮政机构重新办理登记注册手续，申请领取营业执照。光绪二十三年（1897 年）天一局依照规定以"郭有品天一局"向厦门大清邮政总局注册登记。1912 年天一局重新进行登记。目前可考的资料显示，天一局共有 1 个流传总局，34 个分局，国内 9 个，国外 25 个，网络几乎遍布东南亚，具体见表 1、表 2。其规模，1914 年日本组织的台湾银行调查课所做的调查显示：

---

① 吴国藩，1925 年出生，菲律宾首都银行（Metro Bank）董事，早年经营侨批、汇兑业。2011 年 12 月 1 日上午，笔者于首都银行会议室对其进行采访。

于西贡之信局，以悦人、天一局最大约为有三十多间；仰光信局以天一、悦人为最大。①

郭氏家谱《榴阳郭氏天一堂家乘》显示，郭有品婚后育有四个孩子：大儿子用中，二儿子和中，三儿子诚中，女儿荷莲。老大郭用中，字行钟，号远声，生于1884年，卒于1947年，曾任流传小学第一任校长、宣统年间孝廉方正、龙溪县县丞，娶林氏，育有8子1女。1901年，天一局的创办人郭有品染疫逝世，年17岁的郭用中在堂兄郭行端的辅助下，接管了天一总局，担当起了整个家庭和天一局的责任。老二郭和中，字行乐，号调声，生于1885年，卒于1938年，娶妻丁氏，育8子2女。老三诚中，字行廉，号鹤声，生于1887年，卒于1948年，娶妻李氏，育5子5女。作者在菲律宾采访的郭尚镰先生，是老三诚中的第三个儿子，任菲律宾龙同海联谊总会名誉理事长、菲律宾联联商业董事长。②

表1 天一批馆国外局机构一览

局　名	所在国家	地　址	主持人（关系）
吕宋天一局	菲律宾	MANILA 王彬街的后街仔 JVUEVA	郑水仁（郭有品友人）、郭尚本
宿务天一局	菲律宾	CEBU	黄雅焱（石尾人，今为石美）、郭尚联（郭用中长子，生于1897年）、蔡兆庆
怡朗天一局	菲律宾	ILOILO	蔡兆庆、黄雅秋
三宝颜天一局	菲律宾	ZANBOANGA	郭尚钟（郭有品的孙字辈为尚）
苏洛天一局	菲律宾	SULU	—
怡六岸天一局	菲律宾	ILAGAN	郭景蓝
甲答育一局	菲律宾	CALBAYOG	—
吧城天一局	印度尼西亚	JAKARTA	郭元中（郭有品的侄子）
井里汶天一局	印度尼西亚	CERIBON	—
垄川天一局	印度尼西亚	SEMARANG	—

---

① 台湾银行调查课：《南洋华侨侨汇调查》，1914；杨建成主编《侨汇流通之研究》，"中华学术院"南洋研究所出版，1984，第109页。
② 郭伯龄编《榴阳郭氏天一堂家乘》，2010，内部刊印。

续表

局　名	所在国家	地　址	主持人（关系）
泗水天一局	印度尼西亚	SURABAYA	郭芩生
巨港天一局	印度尼西亚	PALEBANG	郭尚变（郭有品的孙字辈为尚）
万隆天一局	印度尼西亚	BANDVNG	—
槟城天一局	马来西亚	PENANG	郭诚中（郭有品次子）先负责槟城，后到香港
大吡叻天一局	马来西亚	PERAK	郭尚伟（郭有品的孙字辈为尚）
暹罗天一局	泰国	SIAM	—
通卡天一局	泰国	SONG KHLA	—
安南天一局	越南	HUE（顺化）	—
把车（巴知）天一局	越南	BATRI（百里居）	郭尚联
实叻天一局	新加坡	SINGAPORE（源顺街）	黄琼瑶
仰光天一局	缅甸	—	—
马六甲天一局	马来西亚	MALACCA（吉灵街）	—
西贡天一局	越南	—	—
金塔天一局	柬埔寨	PHNOMPENH	—
棉兰天一局	印度尼西亚	—	—

资料来源：此表系作者根据天一总局1911年各分局联合送的西洋镜贺礼所刻各分局名称、郭氏后人收集的侨批、《榴阳郭氏天一堂家乘》以及1984年"中华学术院"南洋研究所出版的杨建成《侨汇流通之研究》资料整理而成。

表2　天一批馆国内局机构一览

局　名	地　址	主持人（关系）
天一总局	漳州府龙溪县二十八都流传社	郭用中（郭有品大儿子郭行钟）
厦门天一局	厦门港口仔街、镇邦路水仙宫	郭和中（郭有品三儿子郭行乐）、杨显甫
安海天一局	晋江安海石埕街	郭炳坤
香港天一局	—	郭选魁 郭诚中（郭有品二儿子郭行廉） 郭尚本（郭有品的孙字辈为尚）
马銮天一局	同安	郭选魁
漳州天一局	—	郭叔尔
泉州天一局	—	郭元助
浮宫天一局	—	丁必恭

续表

局　名	地　址	主持人（关系）
上海天一局	—	郭安甫
港尾天一局	—	蔡慈清、郭志干

资料来源：此表系作者根据天一总局1911年各分局联合送的西洋镜贺礼所刻各分局名称、《榴阳郭氏天一堂家乘》以及1984年"中华学术院"南洋研究所出版的杨建成《侨汇流通之研究》资料整理而成。

从表1、表2可以看出：天一局35个国内外总分局，可以考证负责人的有23家，在这23家中有20家分局由郭姓人负责管理。而其中最重要的流传总局、厦门局、香港局由郭有品的三个儿子亲自掌管。其他可考证的分局负责人有蔡姓和黄姓。据笔者调查，蔡姓和黄姓与郭氏家族联姻密切，具体见表3。

表3　郭氏与蔡氏、黄氏联姻表

郭氏成员	身份	出生年份	联姻状况
郭尚杭	郭和中长子	1905年	娶妻蔡丽华
郭素心	郭和中次女	1922年	嫁夫蔡自忍
郭温颜	郭尚杭三女	1942年	嫁夫蔡水源
郭温熟	郭尚杭五女	1949年	嫁夫蔡亚波
郭思菁	郭国松长子	1969年	娶妻蔡惠蓉
郭尚熙	郭和中四子	1902年	娶妻黄丽卿
郭尚鉴	郭和中六子	1925年	娶妻黄亚琴
郭温暖	郭尚杭四女	1943年	嫁夫黄有财
郭艺珊	郭尚炎三女	1963年	嫁夫黄和培

资料来源：《榴阳郭氏天一堂家乘》。

表3显示，郭氏从1905年到1963年间与蔡氏和黄氏联姻多达9次，颇为频繁。另，黄氏从明朝开始分布于角美锦宅、石美鼎尾埭头社、壶屿，其中石美鼎尾埭头社与郭氏流传社相隔很近。[①] 目前菲律宾的"龙同海联乡总会"中黄姓、郭姓仍占主导地位。黄福成任常务顾问，郭尚镳、黄绍阳

---

① 林殿阁：《漳州姓氏》，中国文史出版社，2007，第431~432页。

任名誉副理事长，总务主任郭建通。其他领导中郭姓1人、黄姓6人。① 如前文所述，郭有品的孙子郭尚镶称"天一总局的员工都是家族人和流传乡的亲戚"。可以说，天一批局的管理体制完全是家族式的。其他侨批局也具有很强的乡族色彩。笔者在菲律宾马尼拉采访江南汇兑信局的郑渊源先生时，他也表示："江南汇兑信局由其父亲郑广德创办，而自己13岁时便开始专门负责抄信。而江南信局的工作人员多是亲属或乡亲。"②

以血缘、地缘为基础的关系信用使得侨批局管理人员之间，以及与侨胞、侨眷之间能够和谐默契、信任聚合，降低侨批局的交易成本，提高竞争能力。天一局管理体制中的亲缘关系信用，在最开始确实给其带来很多方便。但随着时代的发展，其管理弊端也渐渐地显现出来。家族式管理体制中，内部监管很容易出现问题。规章制度即使很完善，也有可能令不行禁不止，而被裙带关系所取代，管理不善、监守自盗、责任混淆不清的问题就会随之产生。所以，当菲律宾分局与香港分局联手盲目炒汇造成大量亏损时，竟无人监管，直至资金严重调度不灵时，问题才暴露出来。此时，各分局各顾各的发展和私利，关系不和谐，拖延了现金调度时间，最终发生挤兑风潮，天一局不得不倒闭了。笔者在采访郭有品的孙子郭尚镶老先生时，他也认为天一局最终走向倒闭，其主要原因是家族式管理体制。他说："那时若是有现在这样先进的管理就好了。"③

二 侨批局常态中以契约和物为主的制度信用

制度经济学认为：

> 对于非正式制度，由于它仅取决于个人对收益和成本的计算，只要违反非正式制度的收益看起来要大于违反的成本，个人就有动力违

---

① 龙同海联乡总会编《龙同海联乡总会通讯录》，龙同海联乡总会刊印，2011。
② 郑渊源，生于1926年，江南信局创办人郑广德先生的大儿子。笔者于2011年12月于江南信局的马尼拉旧址410 Santo Cristo. St. Binondo, Manila（现已改造为郑氏服饰公司办公楼）中对其进行采访。1939年之前的江南信局在SANTA ELENA ST。
③ 郭尚镶，1919年出生，郭有品的孙子，郭诚中的儿子，兄弟排行十九。2011年12月7日下午，笔者于马尼拉豪门海鲜裕福酒店内对其进行采访。

反已有的规则。以人伦信用为主的非正式制度进行约束作用的范围缩小，客观上要求新的制度产生，以降低成本，减少交易中的不确定性。①

制度信用不但规范自身信用行为，而且保障它在市场交易中的利益不受侵害。天一局随着业务的拓展，逐步建立起一整套制度信用。

信用戳将侨批局的口头约定以物的形式确定下来，作为看得见摸得着的实物，是侨批局制度信用的一个重要体现，其中的内容则可看作侨批局与侨胞、侨眷所定的契约。天一局的不同时期、不同地区所使用的印鉴和印戳，其形式和内容上也有所区别，既是因为业务拓展而更新，也是为了防止假冒。天一批郊的信用戳是连同局名、信用、地址为一体的戳印，可看到的如：

郭有品天一批郊，晋南惠同安信银，设在安海石埕街，理发分信交大银，无取酒资，无甲小银。

1905年，天一局启用的信用戳（竖排繁体木刻五行）为：

本局分批现交银议酒资分毫无取，交大银无甲小银，若有被取或甲小银，祈为注明批皮或函来示本局，愿加倍返还贵家，决不食言，乙巳年天一再启。

1908年，天一局安海分局启用的信用戳为：

本馆交大银无工资，若是被取或甲小银，祈注明来示本局，愿加倍返还贵家，决不食言，安海天一局启。②

天一局也不代写回批，1918年还特别刊登紧要广告对此进行重申：

---

① 卢现祥主编《新制度经济学》，武汉大学出版社，2004，第163页。
② 批封实物由天一局的后人郭伯龄及泉州华侨历史博物馆的刘伯孳提供。

> 天一局不会代写回批，所有代写回批者都是不合规矩的。如果有批伙勒写回批，请指名告诉天一局，将送官严惩。因为若批伙代写回批多次，就会摸清顾客底细，久而久之就能够以多报少。①

天一局加盖信戳告示，意在规范投递行为，树立信用。1921 年由菲律宾华侨潘新哲寄往潘厝社栖栅角的侨批显示：

> 谁敢假冒本局之伙，向批家回信，勒取工资，天厌之，尚有此情，请注明批皮示知，以便究办，此布。庚申流传天一局再启。②

由此可见，天一局的内部监管比较严格。信用戳完整记录了批局在国内和国外的详细地址，也体现了批局的经营风范，在彰显批局金融诚信的同时，也达到了良好的广告效应。

从"信"的角度看，侨批局的运作关键是"帮号制度"。帮号是侨批的管理登记办法，批局依照侨批封背面的帮号编码登记造册，连接整个传送过程，成为连接侨批快速周转的纽带。1917～1918 年的天一局浮宫账本③显示，全年一共有 108 帮，接批信 13264 封。顾客寄发侨批时，一盘侨批局的人员会当面依照"账本码"编好号数，使用"苏州码"或繁体数字戳印或书写在批封上，及时登记造册，副册随批封同时寄出。根据这个副本，一、二、三盘交接。每个侨批局都有其固定的客源，二、三盘局可以根据已有的登记，查询获得具体的地址。三盘局的批差在收到回批后，都要按帮号分别进行销号，然后再送到二盘局，二盘局按照海外帮号销号整理后再汇总寄到一盘局销号。这样就是信差到三盘局销号一次，三盘局到二盘局销号一次，一盘局送达寄批者后最后销号，一共三次。虽然在实际操作过程中耗费了大量的人力物力，但是这样的操作基本保证了不出差错，不会丢批、漏批，增加了企业的信用。对于此种技术，邮政局曾这样感叹：

---

① 全国图书馆文献缩微复制中心编《郭有品天一汇兑银信局紧要广告》，载《民国珍稀短刊断刊——福建卷》第 5 卷，2006，第 2191 页。
② 林南中：《民间收藏家搜出草根档案》，《厦门晚报》2008 年 11 月 9 日。
③ 账本由漳州苏通海收藏，内页基本完好，逐日记载。笔者于 2012 年 1 月在漳州苏通海家中翻阅、拍摄。

我们的邮政作了很多的努力来获取这种业务，但是，迄今为止只获得了部分成功。①

天一局中"银"、"信"独特的传递模式也是其制度信用中的一种。闽南侨批业务运转分为四个环节：侨批收揽、资金头寸的调拨、承转、派送解付，包含"银"的传递和"信"的传递两个层次。

（1）"信"的传递由一、二、三盘局合力完成。南洋的一盘局负责收揽侨批。汇款人将汇款的居住国货币交由天一兑换为国内货币，在信封上标明数额。侨批寄交国内的二盘局，款项则是另汇。厦门二盘局负责侨批在南洋与内地之间的承转。最初，由二盘局的解批人在南洋驶来轮船中分拣信件。1896年以后，由邮局逐封加盖邮戳，按照邮包总重量收取邮资后，厦门分局到邮局去领"信"。将"银""信"合一，分送各收款人。1917年到1918年的天一账本显示：厦门局从正月到腊月，一共有108帮次，接批信13264封，涉及金额为大银153671元，平均每天426.86元。② 台湾银行调查课1914年的调查显示：

厦门之信局当中，总行建于当地者仅天一及悦人二店，其它大都以南洋为总行，而在厦门设置代理店。而厦门偏远山区设有分店者，仅天一一店而已，其它都透过批脚往山区托送汇款。③

三盘局设在侨乡负责侨批的派送解付。天一局有自己专属的航线。

1920年，天一局购置了南太武、正太武、鸿江3艘汽船，经营卓崎——厦门、石美——厦门航线的客货渡运业务。之后，陆续有石码——厦门、石码——金门、漳州——石码——厦门、漳州——石美

---

① 福建省档案馆藏福建省邮政局档案，全宗号56，目录号1，卷号21。
② 苏海涵：《年终结账——解读天一局浮宫分局一本流水账》，《闽南日报》2011年1月11日。
③ 杨建成主编《侨汇流通之研究》，《南洋研究史料丛刊》第15辑，"中华学术院"南洋研究所，1984，第110页。

等航线。①

（2）"银"的承转最关键，风险也最大。南洋收进了汇款，会用其周转赚钱，分为金融流通和贸易流通两种途径。金融流通是指：信款在三角、四角甚至多角外汇市场进行周转，利用汇率差异套取差额利润。贸易流通是指利用汇款在南洋、香港、上海、闽南之间进行的土产贩卖，贸易差额牟利。金融和贸易都会受到市场波动的影响，进而影响侨批局"银"的传递。

如上所述，"信"的传递由南洋一盘局、厦门二盘局、侨乡三盘局分别组织、运作。"银"的传递则还需通过资金调拨机构进行周转。南洋的一盘局向二盘局解送时，"银"和"信"并不同时到达。一盘局收进汇款，却是二盘局支付汇款，两地之间产生了债权、债务的关系。当南洋发出一笔汇款，通常只是汇出数字，款未汇出，南洋批局的账面上实际就欠了厦门局一笔债务，这一债务关系通过第三外汇市场（通常是上海局或香港局）进行清结。当汇兑率波动较大的时候，炒汇就近似于赌博。例如，香港的"有信银庄"每天都打探金融行情。② 正常情况下，汇兑的三角、四角流转过程中，厦门二盘局握有主动权。因为侨批局的书信和清单直接寄到厦门局，批款经上海或香港流转后也需汇到厦门局。当厦门二盘局认为外汇交易耽搁其解付信款时，就会催促转汇机构，进而对转汇机构的信用造成影响。转汇过程中三角、四角关系之间的牵制作用相当明显。天一局的独特之处在于它拥有自己的一、二、三盘局以及上海和香港的资金调拨机构，在交易中更加便利，然而其家族式管理模式使得监管缺乏，容易产生监守自盗、盲目炒汇的问题。天一局1928年因盲目炒汇倒闭。天一局倒闭的亲历者曾这样描述：

> 这种牌价起落预购汇款，有类于资本主义市场中证券交易所投机性质的买空卖空，如果掌握不好，极易垮台。我记得厦门市当年有一家天一局汇兑庄就因为预购汇款，随着牌价跌落亏折到一百多万元，

---

① 漳州市地方志编纂委员会编《漳州市志》，中国社会科学出版社，2001，第366页。
② 陈达：《南洋华侨与闽粤社会》，商务印书馆，1938，第84页。

令人咋舌。①

发行信用支票是侨批局在动乱年代维持自身信用的一种方式。为了减少携带现金的危险,侨批局的三盘局在解送过程中改送侨批局自己印发的小票。这种小票被称为山票,由侨批局发行保付,可当现金使用,也可在市场流通,因而也被称为信用票。山票通常是以低面值的钞票形式为主,票面印有号码,按日另编代号,在解付侨眷时加盖暗码、密押生效。山票的发行既可以降低运送现金的风险,也可以暂时缓解侨批局资金不足的困难。侨眷收到山票后,既可以自行向各侨批局的分支局领取现金,也可以选择在乡村中向杂货店购买物品,由杂货店在办货时将小票抵作现金交给往来商号,该商号根据小票向侨批局领取现金或进行贸易往来,一笔资金在多个领域内周转。但是,信用支票的开出需要有足够现金准备,当它的发行量超过一定的准备金变为滥发时,山票无法兑现,侨批局就会发生信用危机,最终亏损或倒闭。"天一银信汇兑局在投机失败倒闭时,无法兑现的山票估计达 50 万元","1920-1936 年间,侨批业因滥发山票,套用侨汇投机倒把而倒闭和改组的至少在 24 家以上。"②

天一局实实在在的信用戳将口头约定变为物的契约,精确的帮号制度确保了侨批的准确、快速到达,独特的"银"、"信"传递模式中传统与现代相结合,形成了一张庞大、复杂的侨批局组织网络,承载了源源不断的侨批流动。其中涉及三大要素:运营者——现代的"银信"传递模式运营模式,承载者——侨乡与南洋跨国移民关系网络,执行者——传统家族制管理体系,三者碰撞、胶着在一起,这既是近代侨批业没有被官方邮政、银行体系取代得以延续的原因,也是天一局走向衰亡的根源。信用支票是现代信用的产物,有利于批局也便利侨胞,但缺乏约束的滥发却使批局倒闭、侨胞利益受损。如何在传统与现代的演进中寻求共生模式是值得继续探讨的问题。

---

① 黄鹿谷:《重洋侨汇话当年》,转引自中国民主建国会福州市委员会编《福州工商史料第一辑》,中国民主建国会福州市委员会、福州市工商业联合会,1984,第 143~144 页。
② 林春森:《厦门侨批业简史》,载中国银行泉州分行行史委员会编《闽南侨批史纪述》,厦门大学出版社,1996,第 40 页。

三 侨批业危机处理中的同业信用和国家信用

侨批业的制度性体现在侨批承转的各个环节，而确保这些制度有效实施，离不开个人信用和关系信用的维系，更需要民间和官方组织的约束。在自由市场环境下，民间组织和官方组织的信用约束能够保障市场有序的运作。"虽然信用规范主要是通过私人关系和法律制度来强化，但同业组织也是强化信用规范和推动信用制度发展的重要力量。尤其是在国法混乱的近代中国，当法律维持不了体制化的信用时，同业组织的信用约束又因比单一会员企业的信用更佳，因此可以有效地促进会员追求建立在诚信基础上的长期利益，进而扮演着市场制度建设的主角。"[1] 如1920年，厦门天一局的经理杨水生出面组织厦门银信局公会，被选为主席。其后由陈天放、苏其昌接任，改名为厦门华侨银信业同业公会。1930年改组，杨显甫任主席。[2] 在危机处理中，民间组织的同业信用和政府组织的国家信用尤为重要，典型如1921年丰茂轮船沉没引发的汇兑危机及1928年天一局破产的债务、金融危机。

（一）丰茂轮船沉没事件彰显的个体与组织约束力

丰茂轮船是新加坡土生华侨林秉祥的产业。林秉祥的主要生意是航运业，拥有和丰轮船公司，航行于香港、汕头、新加坡、缅甸一带，也拥有和丰银行、和丰保险公司、和丰水门汀制造厂、大米厂、椰油厂等，是"一战"后新加坡有名的富翁。但因1921年航行于汕头、厦门、南洋的丰茂轮船在汕头触礁沉没，沉没于厦门附近海域，其产业均受波及，损失几千万元资产。[3] 1921年3月，从新加坡经香港到厦门的丰茂轮船在汕头沉没，载着众多的旅客、汇票与银信。"其所汇之票与所寄之银信，多则数万数千，少则数百数十。"[4]

---

[1] 郑成林：《上海银行公会与近代中国银行信用制度的演进》，《浙江学刊》2007年第4期。
[2] 厦门总商会编《厦门总商会特刊》，厦门总商会，1931。
[3] 梁绍文：《南洋旅行漫记》，上海中华书局，1924，第96~97页。
[4] 《汇兑局议决丰茂船临行时接收各客寄回银信之办法》，《吻报》1921年3月12日，第7版。

3月9日新加坡中华总商会职员会议上讨论此次沉船事件，表决即日通电汕、厦商会据情登报，通知各汇兑局查照。新加坡自六月初一起至十六日止所汇票项，如在汕厦持票到支，须加意审慎保领，以防假冒。定3月10日传集新加坡各汇兑局到总会讨论办法，保存遗款不致被人吞没。①3月11日，新加坡中华总商会邀请天一局、信隆等福、潮两帮汇兑局聚集总商会商讨丰茂轮船沉没中各搭客汇票的善后处理。有人存而票失，有人亡而票存，也有人票两失，只有经手的汇兑局有簿据可以查证。林义顺说：

今欲保存其遗款，全赖诸君各抒伟论。如何设法办理，本会力所能为，甚愿帮忙。②

天一局的黄琼瑶和盈丰号的高苍在会议中提出具体意见。最终全票通过以下议案：（1）由元旦至十六日丰茂轮船启程止，所有各局承接客号的汇项，按日抄寄总，送交总商会转寄汕厦商会，邀传该处汇兑局到会查对票根。将已领、未领各名号分别圈出。其中未领的票项，虽有正票到支，当慎重保认，以防假冒。其中逾期已久未到领者，由该处商会详查其人的家属。一定要确保溺毙搭客的遗金，使其得以赡养亲眷。（2）如寄回汕、厦，则表明商会，觅人保署，向汇兑局补领。③（3）寄付函信的款项，由数百数十以至数元不等，公举福帮天一局、盈丰、源裕、信隆、顺德、五族汇庄，潮帮公和成、致成、再和成、光荣昌诸商号，定11日在总商会的统筹下共同商讨有关寄付函信遗款的善后处理。商会认为此种处理颇为妥当：

汇票一箱，既各抄录其名号、银数交总商会转交汕厦商会，查对票根。何者已领，何者未领，何者久不到领，无难按名称查，俾归原主。虽手续较紧，而其保存遗款之结果，当必有成绩可观。④

---

① 新加坡中华总商会编《新加坡中华总商会八十周年纪念特刊》，新加坡中华总商会，1986，第102页。
② 《汇兑局之开诚布公》，《叻报》1921年3月11日，第7版。
③ 《汇兑局之开诚布公》，《叻报》1921年3月11日，第7版。
④ 《汇兑局议决丰茂船临行时接收各客寄回银信之办法》，《叻报》1921年3月12日，第7版。

11日召开的是项会议中，也有不同的意见和困难。因各信局的内容簿记各不相同，有认为所收银信悉照原信表面，由某处某名寄交内地，某乡某名银数若干，备录帮簿，寄回内地信局收存。无论何帮，若遇函件遗失，都能按照住址、银额送交，标明原信遗失而已；也有认为有时恰逢船期紧迫，信件太多，备录只记录县级地方的总名，函件既失，就需要寄信的人照信局所发收据，补寄函信，才能转到内地照为交收。① 丰茂轮船沉没，付寄函信的侨胞多与船俱没。商会呼吁：

> 各信局欲保全其信用的名誉，当各就其内容之簿记，或自登报招人补寄信函或待补寄信函，而能照常送交银额。办法虽各不同，然其不负同侨的交托是无差异的。②

会议决议由中华总商会进行总稽查。自阴历正月十二日封信后起，至十五日包封信件付入邮局止，此数日间所收银信，抄录总单，限3月12日交总商会集收转寄汕厦商会收存，并即邀传该埠汇兑局到会查对票根分别已领未领注册存据。此后有持票到领者，当慎重保认，以防冒替。其有逾期已久，并无到领者，必是人票两没，当由商会查明其人之亲眷，确有证据者为最后之交付，以保其遗金不致被人吞没。确有明知正票已遭沉没，尚有副票在新加坡的，可即寄回汕厦商会，报明真人保认，向该处汇兑局补领。③ 内地收银人有回信到新加坡时，由各信局将原信送到总商会；无信到者，由商会与各信局为最后的谈判。④

新加坡中华总商会于12日、14日刊登广告，请各局将汇兑总单交到总商会。⑤ 天一局等积极响应。天一局已于3月17日接到厦局首帮回信78封，

---

① 《汇兑局议决丰茂船临行时接收各客寄回银信之办法》，《叻报》1921年3月12日，第7版。
② 《汇兑局议决丰茂船临行时接收各客寄回银信之办法》，《叻报》1921年3月12日，第7版。
③ 《新加坡中华总商会征集元旦起至十六日止汇票之总单》，《叻报》1921年3月12日，第7版。
④ 《汇兑局议决丰茂船临行时接收各客寄回银信之办法》，《叻报》1921年3月12日，第7版。
⑤ 《新加坡中华总商会征集元旦起至十六日止汇票之总单》，《叻报》1921年3月12日，第7版。

由总商会查对，交天一局分发。① 商会于 12 日和 20 日分别于《叻报》中刊登了各侨批局汇交汇兑总单的情况（见表 4）。

表 4 1921 年 3 月 12 日与 20 日各侨批局交到总商会的汇票列表

名号	12 日条数	12 日总金额（银元）	20 日补条数	20 日总金额（银元）
天一局	272	105279	849	13548
和丰银行	13	13460		
源裕号	21	14140	97	1705
五族汇庄	17	8205		
祥利号	14	2113		
万益成号	17	15634		
永兴公司	—	215760		
瑞丰号	12	6250		
顺德号	7	1965	161	4159
信隆号	24	14425		
盈丰号	33	25080		
万兴源	20	11675	44	590
郭福成	1	100		
郭和成	24	7811.27		
万益成	17	15603.4		
曹润元	13	6088.83		
万顺昌	33	156412.17		
致成号	8	4666		
森峰栈	6	4009		
公和成	36	33423.6		
光荣昌	36	47599.37		
万德庄	4	8700		
叶伟兴号	34	73420		
曾广源	11	3625		
四海通银行	8	1800		
金记公司	7	1070	22	609

① 《各信局抄报总单存案之件数》，《叻报》1921 年 3 月 20 日，第 2 版。

续表

名号	12日条数	12日总金额（银元）	20日补条数	20日总金额（银元）
泉隆发	4	700		
东昌栈	30	10650		
庆顺祥	14	15030		
振裕兴	7	1280		
南和号	7	2630		
新和成	—	—	175	3620.5
祥和	—	—	91	2016.6
源美	—	—	68	820
泉和	—	—	33	633

资料来源：《汇兑局议决丰茂船临行时接收各客寄回银信之办法》，《叻报》1921年3月12日，第7版；《各信局抄报总单存案之件数》，《叻报》1921年3月20日，第2版。

虽然商会声称："本会查各信局内容簿记，有必待补信而后能照信交银者，亦有不待补信而可照录副单交银者，是其手续迟速虽有不同，然其保全信用到底无有不同。本会一秉大公，既愿为人解纷，断不强人所难。惟有按照各信局所报事实依次发书以慰同胞之望。"[1]

侨批局也声称："各信局受人寄托，为名誉计，为信用计，不作饶吞之想，而自贬其声价。"[2]

实际由表4，对比各信局12日与20日所交汇单，可看出商会明显起到了监督作用。新加坡中华总商会和厦门、汕头商会中联合处理此次危机事件，发挥了同业组织应有的作用，维护侨批行业信用，保护侨胞利益。

（二）天一局倒闭事件中个人与组织、民间与官方的共同约束

1928年1月19日，正值年关兑现的紧要关头，天一局因资金周转不灵，补调不够及时，不得不宣布倒闭。它的倒闭给侨眷带来了巨大的经济损失，损害了同业的形象，更造成了短暂的东南亚金融恐慌。《申报》显示，1928年5月6日厦门钱庄歇业三家，到5月中旬大小钱庄歇业八家，

---

[1] 《各信局抄报总单存案之件数》，《叻报》1921年3月20日，第2版。
[2] 《汇兑局议决丰茂船临行时接收各客寄回银信之办法》，《叻报》1921年3月12日，第7版。

各商号多受到影响，金融界顿时恐慌。6月2日，孟源、孟记和有记三家钱庄同时倒闭。① 天一局以及这些倒闭的侨批局、钱庄留下的债权、债务关系亟待清理，以使债权、债务各方利益得到保护。民间组织如商会、钱业公会、银行团体以及政府组织如侨务委员会一起制止了这场金融恐慌，将侨眷的损失尽量降低。

厦门市警备司令林国赓于6月3日召集商会、钱庄公会及各银号在警备司令部开会，会后由厦门总商会、钱庄公会、各银行组织的厦门维持会4日成立。② 6月4日上午，厦门总商会开第八次执监会议，制定了倒闭商号处理规则：（1）由商会与官厅将该号产业、器物、账簿款项暂行标封；（2）由该号债权者组债权团，会同商会清理；（3）律师不得代倒户负清理责；（4）倒户如存心侵吞或卷逃者，呈官厅究办③。6月4日下午，金融维持会成立，由中南、中国和华侨三家银行行长以及司令部、公安局、商会、钱庄公会代表共同形成几项决议：（1）各银行允照商会所提手续，贷予各商号款项；（2）现有成就产业及有价证券，均得抵借；（3）抵押品须具担保；（4）届时不能偿还，由维持会商官厅立时拍卖。④ 厦门总商会还制定了《抵押、借款细则》，对抵押的范围、勘查、利息、流程等都有详细的规定。⑤ 虽然厦门总商会召集成立了金融维持会，但实际性援助不容乐观。1928年6月9日厦门中南银行致总行函电显示：

> 所有维持方法由银行团合资办理。暂以一百万元为限。中国银行摊60%，南行摊20%，华侨、中兴、厦门商业三行共摊20%，并拟订抵押、放款条例。此事不过虚张其名，实际未必有事可做。其中情形外方所不能尽知，概应付一切。事先，银行团与当局均有接洽耳。至于厦行与各号所有往来，自当稳慎行事，以求营业之安全。⑥

---

① 《厦门金融风潮》，《申报》1928年6月4日，第8版。
② 《厦门金融维持会成立》，《申报》1928年6月6日，第8版。
③ 《厦门金融恐慌已有救济办法》，《申报》1928年6月11日，第9版。
④ 《厦门金融恐慌已有救济办法》，《申报》1928年6月11日，第9版。
⑤ 中南银行关于天一局搁浅、厦埠金融风潮及收介等事项与厦门行往来文书（1928年1月—12月），上海市档案馆，Q265-1-153。
⑥ 上海中南银行关于股息及天一局倒闭厦门各钱庄搁浅等与厦门中南银行的往来函件（1928年3月—12月），上海市档案馆，Q265-1-153。

可见，银行团对金融维持会的调解能力持保留态度。但金融维持会的成立、银行允贷现款等举措，使得各钱庄得到现款济急。"两日来，恐慌稍减，再没有出现继续倒闭的。"① 1928 年 6 月 14 日，天一局的经营者郭用中因欠款遭到各债权人控告，被漳州独立第四师逮捕。张贞元请求厦门侨务委员会彻查郭家资产。②

侨务委员会介入天一局债务案，负责办理债权登记、调取天一局置办的产业及营业账簿、查封天一局财产变为抵押物等事，与漳州独立第四师师长、海外商会及中国驻外领事商量办理此案，协助成立债权团委员会。9 月 25 日债权人召开大会，通过《郭有品天一局债权团委员会组织规章》，选举郭龙术、郭北星、洪文淦、陈于德、庄温模、丘廑兢、邱子元七人为委员，随即"郭有品天一局债权团委员会"呈报成立，积极办理该案。查出债权登记者有 600 余户，总共欠银 617960.254 元，除去重复登记、加上逾期登记者，共有欠银五十几万。③

1928 年天一局主要负责人郭用中、郭和中被刑拘，呈缴账簿以凭清算。之后，郭和中申请保外检取账簿。龙溪商会组织"清理委员会"，"天一局债权团委员会"派代表参加，监视清算。厦门《民国日报》副经理丘廑兢、钧部（财政部）魏副官、侨务委员会代表薛一震与施志霜会同漳州商会代表林春元、黄岐山、孙邵武核查天一局账簿。但他们只拿到郭和中提交的 1927 年厦门总局日清簿及总簿，而各银行、钱庄来往小簿单据暨流传乡局、安海局账簿及附属单据均缺失，因而很多疑点没有办法核对。调查组提出了几大疑点，认为天一局有伪造账簿的嫌疑：（1）天一局称 1927 年 8 月以漳码全部产业向郑大益押借 2.2 万元，但并未入账，且彼时并未有经济危机不需要抵押。郭氏有串通郑大益伪造诈财的嫌疑。（2）天一局在歇业后仍电汇建镒大洋 7000 元，有偿还大户以寻求支持、损害债权团利益的嫌疑。（3）天一局没有将中法银行倒闭后收回的 3000 美元公债记入账簿。（4）天一局有匿报固定资产的嫌疑，郭和中仅报田产 30 余石、屋宇北楼全座及小店 2 间；经查实，天一局有屋宇 40 余座、田产 140 余石。（5）天一局在歇业后将现款优先偿还大户以求保护，但损害了其他债权人的利益。（6）天

---

① 《厦门金融恐慌已有救济办法》，《申报》1928 年 6 月 11 日，第 9 版。
② 《闽事纪要》，《申报》1928 年 6 月 15 日，第 7 版。
③ 《天一债权事》，《江声报》1928 年 10 月 30 日。

一局倒闭后仍请怡朗协振汇 2 万元认股款，力图另创商业。调查组一方面以上面几点请对相关负责人依法惩办；一方面责令天一局缴足最近 10 年的相关账簿以及与各银行、钱庄往来簿册单据。之后，郭和中被再行扣押、候传，与其业务相关的人也被问话、究办。① 天一局随之缴来账簿 124 本。

在如何清偿的问题上，调查局主张优先偿还批款，保护侨眷利益。"所有未经分发之银信，自应设法饬令优先分发，以免迁延。"② 债权纠纷一直持续到 1930 年。1930 年 6 月 25 日，厦门侨务委员会（协助）召开债权者大会，"郭有品天一局债权团委员会"制订了赔偿方案：（1）按全部欠款的 25% 进行结算，分四期偿还。6 月 13 日至 7 月 22 日先还 10%，7 月 22 日至 10 月 22 日还 5%，1930 年底还 5%，余下 5% 以后偿还。所有各期应还款项由债务人将债款交与公亲洪晓春、马厥猷、蔡雨邨，再由公亲转交侨委会同债权团委员发还各债权。（2）由公亲洪晓春、马厥猷、蔡雨邨担保。如债务人照约履行，则全案了结。如债务人违约，则将债务人移送法院办理，所封产业由双方面函请法院启封，交由公亲拍卖摊还欠款。③ 七条决议虽已制定，但其执行却不如人意。这在债权团委员会之后几个月的《致公亲函》与《复函》④ 中可以看出来。7 月 21 日，债权团委员会就天一局未能按期偿还第一期欠款质问公亲："现届期各债权纷纷到侨委会询取款项，竟无以应。该债务人亟宜即日备足款项交先生等转交侨委会，会同敝团委员发还各债权。毋再延宕，以重债款而守信约是荷。"公亲马厥猷、洪晓春、蔡雨邨在 8 月 4 日的复函中表达了已将函件转达债务人郭和中，得到其"当守信用"的承诺，解释了造成还款延期的原因（虽债权债务人达成和解，但法院却迟至 7 月才准保释债务人）。其中洪晓春既是公亲，也是 1928 年厦门总商会的主席，公亲的调解有利于缓和债权人和债务人的矛盾，但并未明确给出解决的办法及期限。在债务处理上达成一致，民间组织和政府组织的使命也基本完成。但是债权人仍无法得到满意的赔偿结果。这也是同债务

---

① 戴金华、庄银安、林国治：《公牍：天一汇兑局倒闭案：福建侨务委员会函知天一局债权委员会代表报告查核情形请查照函》，《福州侨务公报》1928 年第 4 期，第 23~24 页。
② 戴金华、庄银安、林国治：《公牍：天一汇兑局倒闭案：福建侨务委员会函知天一局债权委员会代表报告查核情形请查照函》，《福州侨务公报》1928 年第 4 期，第 23~24 页。
③ 《郭有品天一债权团委员会启事》，《民钟日报》1930 年 7 月 8 日，第 3 版。
④ 翔安区嶝山洪氏宗亲恭迎六桂始祖理事会编《洪晓春传略》，出版者不详，2008，第 61~62 页。

人的个人信用分不开的。天一局的相关业务多通过南洋各中华商会向南洋社会传达信息。[①] 而在天一局倒闭以后，南洋的债权人则通过各地中华商会来维护自身权益。如日里中华商会向厦门商会发函电，请其妥善处理天一局的债权事务。

民间组织的同业信用与官方组织的国家信用在丰茂轮船沉没引发的汇兑危机及1928年天一局破产的债务危机、金融危机的处理及保障侨胞利益中发挥了作用，二者与传统信用、制度信用共同发挥作用，维护了行业利益和侨胞利益。

小　结

天一局的兴起和发展根植于侨乡地域文化及华侨移民网络，利用了基于个人和关系的传统信用，运用家族制管理模式在内地和南洋各地建立分局，发展跨国商业网络。血缘、地缘、亲缘为基础的关系信用，形成了传统道德和集体奖惩的调解机制，个人信用在关系网中得以确立和强化。然而，基于个人和关系的传统信用，却无力支撑起较大规模和较大范围的商业治理。随着侨批网络的不断扩大，业务的明确分工，传统的以个人和关系为基础的信用逐渐衍生出以物和契约为主的制度信用。天一局实实在在的信用戳将口头约定变为物的契约，精确的帮号制度确保了侨批的准确、快速到达，独特的"银"、"信"传递模式将传统与现代相结合，形成庞大、复杂的侨批局组织网络，承载了侨批流动。其中涉及三大要素：运营者——现代的"银信"传递模式运营模式；承载者——侨乡与南洋跨国移民关系网络；执行者——传统家族制管理体系。三者相互碰撞、胶着在一起，这既是近代侨批业没有被官方邮政、银行体系取代得以延续的原因，也是天一局走向衰亡的根源。信用支票是现代信用的产物，有利于侨批局也便利侨胞，但缺乏约束的滥发将使侨批局倒闭、侨胞利益受损。侨批业的制度信用体现在侨批承转的各个环节，而确保这些制度有效实施，离不开传统信用的维系，更需要民间同业组织和国家机器的约束，厦门华侨银

[①] 《郭有品天一汇兑银信局紧要广告》，载《民国珍稀短刊断刊——福建卷》第5卷，2006，第2191页。

信业同业公会、汕头侨批业同业公会应运而生。在危机处理中，民间组织如新加坡中华总商会、厦门商会、龙溪商会、汕头商会、厦门华侨银信业同业公会、汕头侨批业同业公会，与国家力量如福建侨务委员会、驻外领事馆、驻军部队等一起发挥作用。在1921年丰茂轮船沉没引发的汇兑危机及1928年天一局破产的债务危机、金融危机中，同业信用和国家信用共同发挥作用，维护了行业利益和侨胞利益。

纵观天一局和近代侨批局的发展历程，以人和关系为基础的传统信用向以物和契约为基础的制度信用，以规范、约束同业为主的同业组织信用和以保护侨胞利益、维护地区稳定为主的国家信用等现代信用模式演进。然而，侨批局是特殊地域文化的产物，带有深刻的中国传统文化与传统地域的特征，在其信用嬗变过程中传统向现代演进，却无法彻底割裂，呈现一种胶着状态。现代信用的发展与完善需要真正地根植、融合于中国传统文化。在侨批局的常态发展和危机处理中，既有制度信用的规范，也有同业信用、国家信用的约束，更有经营者个人信用与血缘、地缘关系的考验。如何让传统信用与现代信用共同发挥作用，在恰如其分中形成共生状态是值得思考的问题。当现代信用真正地根植、融合于中国文化的深厚土层与积淀中时，我们才会真正拥有市场交易中的自觉、自省和自信。

The Credit Evolution of Overseas Remittance Bureau in Modern Southern Fujian

——*Taking Tien – It Overseas Remittance Bureau as a Case*

Jia Jun-ying

(Central China Normal University)

Abstract：Due to the role of overseas Chinese regional culture and immigration networks, the development process of modern Overseas Remittance Bureau in Southern Fujian evolved from traditional credit into modern credit. Tien-It Overseas Remittance Bureau from 1880 to 1929 is a fairly representative of Overseas Remittance Bureau in Fujian, Guangdong and Southeast Asia. It's emergence, development and termination reflect the track of credit evolution Overseas Remittance Bureau of Modern China, which is the epitome of credit evolution of Overseas Remittance Bureau. At the beginning, Tien-It was based on traditional credit, mainly including individuals and relations, but with the expansion of overseas remittance network, traditional credit had been unable to prop up the larger and wider business, then System credit, Organization credit and National credit gradually produced. Overseas remittance bureau with profound Chinese traditional culture and regional characteristics, its tradition and modern cannot be completely separated in the process of credit evolution. They jointly work together, in the normal development and crisis management.

Keywords: Remittance Letters; Tien-It Overseas Remittance Bureau; Credit; Tradition; Modern

（责任编辑：敖梦玲）

从《张榕轩侍郎荣哀录》看张煜南的跨域人际网络

新加坡国立大学　黄贤强　白　月[*]

摘　要　张煜南，号榕轩，是 19 世纪末 20 世纪初南洋著名华侨实业家和地方侨领。他于 1850 年在广东梅县出生，年少过番南洋谋生，在荷属东印度棉兰发迹，成为当地的开埠功臣，并被荷印政府委任为玛腰或侨长。张煜南也曾出任清廷驻英属槟城领事，后被招揽回国兴建潮汕铁路，这是中国第一条通车的民营铁路。慈禧太后和光绪皇帝二度召见张煜南，嘉奖他对祖国和侨界的贡献。1911 年张煜南逝世时，华侨和祖国各界同声哀悼，纷纷撰写祭文和挽联，后收录汇集成《张榕轩侍郎荣哀录》。此《荣哀录》尚未受到学界重视，本文将根据《荣哀录》的内容，剖析张煜南的跨域人际网络，以对张煜南的人物特质及其跨域人际交往的特点有更清晰的理解。

关键词　张煜南　《荣哀录》　人际网络　南洋华侨　中国

张煜南（1850－1911 年），号榕轩，是 19 世纪末 20 世纪初南洋地区，尤其是荷属东印度（Dutch Indies，即今之印度尼西亚）的著名华侨实业家和地方侨领。张煜南生于广东梅县，年少过番南洋谋生，侨居南洋期间，锐意经营种植业和商业，累积丰厚资产后，活跃于南洋各地及祖国，并对南洋当地和中国的政治、侨务、经济发展和慈善事业都做出了重大贡献。1911 年 9 月 11 日张煜南病逝于荷属东印度的棉兰侨居地，享年 61 岁，灵柩下葬于其私人花园——茂榕园。葬礼极其隆重，全城哀恸，胞弟张鸿南

---

[*] 黄贤强，新加坡国立大学中文系（中国研究系）副教授，博士生导师；白月，新加坡国立大学中文系（中国研究系）硕士研究生。

在悲痛之中，为兄长编印《张榕轩侍郎荣哀录》①（以下简称《荣哀录》）。一般的荣哀录收集了逝者亲友的悼念祭文和挽联，从中可以观察逝者的人际交往情况，进而对逝者的生平有更全面的了解，实为珍贵之史料。但至今不见《荣哀录》的介绍文章，更遑论有关《荣哀录》的专门论析。本文将从《荣哀录》的内容着手，论析张煜南的人际网络及其特点，以期对张煜南的人物特质及跨域人际交往有更清晰的了解。

一 研究回顾及张煜南的生平

有关张煜南的一些重要事业贡献，已有一些学者专家著文论述，其中有集中在张煜南在中国的铁路事业和贡献，以颜清湟的论文《张煜南与潮汕铁路（1904－1908年）：华侨从事中国现代企业的一个实例研究》②为代表。此外，也有学者专注他对南洋文教和社会的贡献，如黄贤强的论文《张煜南与槟榔屿华人文化和社会图像的建构》③。另外，也有文章并没有以他的姓名为标题，但重点还是集中在他在南洋的开埠和在中国的铁路建设等成就。④ 有关张煜南的研究也常与其弟张鸿南或其他客家领袖联系在一起，如《潮汕铁路创办人华侨张榕轩兄弟》⑤ 以及《记晚清驻槟榔屿的客属两领事：张弼士与张煜南》⑥。2011年张煜南逝世一百周年纪念的时候，他的曾孙张洪钧夫妇在棉兰为他举行盛大的纪念活动，并出版《楷模垂芬耀千秋——印度尼西亚张榕轩先贤逝世一百周年纪念文集》⑦，收录了家族保留的不少文献和资料，可惜并没有包括《荣哀录》的内容。有关张煜南完

---

① 张鸿南编《张榕轩侍郎荣哀录》，民国六年（1917），棉兰，汇通出版。
② 颜清湟：《张煜南与潮汕铁路（1904－1908年）：华侨从事中国现代企业的一个实例研究》，《海外华人史研究》，新加坡亚洲研究学会，1992，第60~78页。
③ 黄贤强：《张煜南与槟榔屿华人文化和社会图像的建构》，载丘昌泰、萧新煌主编《客家族群在地社会：台湾与全球的经验》，台湾智胜出版社，2007，第348~349页。
④ 马一：《晚清驻外领事中的华商侨领》，《东南亚纵横》2011年第10期；黄桂平：《华侨与近代中国民营铁路（1903－1914）》，《八桂侨刊》2006年第2期。
⑤ 李松庵：《潮汕铁路创办人华侨张榕轩兄弟》，载广东省文史资料研究委员编《广东文史资料》第3辑，广东人民出版社，1980，第61~80页。
⑥ 姚楠：《记晚清驻槟榔屿的客属两领事：张弼士与张煜南》，《南天余墨》，辽宁大学出版社，1995，第161~168页。
⑦ 饶淦中：《楷范垂芬耀千秋——印度尼西亚张榕轩先贤逝世100周年纪念文集》，香港日月星出版社，2011。

整的传记专书至今尚从缺,但他的生平简介则散见于一些人物列传、特刊专辑以及专题论文中。在讨论如何从《荣哀录》看他的人际网络前,有必要先简单介绍其生平事迹。

张煜南生于广东省梅县松口,属客家人。父母生七男一女,张煜南少时因家贫辍学,帮父亲打理杂货店生意,但因本小利微,经营亏损,家中唯一的生计因此中断。由于当地有很多人到南洋谋生,于是17岁的张煜南也冒险过番,南下荷属东印度的巴达维亚(即今之雅加达)。起初,张煜南在原籍广东大埔县的同宗张弼士门下任职。稍有积蓄后,自立门户,迁移到同属荷兰人统治的苏门答腊岛的日里(今属棉兰地区)从事开垦和种植等事业。1879年,胞弟张鸿南(号耀轩)南渡助兄,经过十余年的用心经营,张煜南逐渐成为棉兰地区华侨社会中的首富。① 同时,荷兰殖民者因看到张煜南有功于当地的开发,又操经济大权,先后委任他为华人"雷珍兰"、"甲必丹"和"玛腰"等职衔,成为名副其实的华人侨长。

所谓商优则入仕,1894年,张煜南经由老东家张弼士的推荐,继任清廷驻槟榔屿副领事,又先后获授三品京堂候补、头品顶戴侍郎以及考察南洋商务大臣等官职。1903年,张煜南和张鸿南昆仲又在张弼士的举荐下,参与兴建中国近代史上第一条由华侨投资的商办铁路——潮汕铁路。张煜南曾受到慈禧太后和光绪皇帝两度召见,他顺势向清廷呈报在韩江下游修建潮汕铁路的计划和潮汕铁路公司章程,获得嘉奖和批准。除了实业救国外,他也曾捐献巨款资助清政府扩充海军,以及赈济陕西旱灾和顺直饥荒等慈善事业。1910年江南开劝业会,张氏兄弟带头捐款30万元,再次实践他的实业救国的理想。

对于文化教育和社会公益事业,张煜南也慷慨行善。例如,在中国,他捐助家乡松口中学办校经费,也出资出版宋明至清末嘉应历代名人诗选——《梅水诗传》十卷、《续梅水诗传》三卷。② 他也鼎力资助温仲和与吴宗焯编修《光绪嘉应州志》③,自己还编著《海国公余辑录》六卷和《海

---

① 有关张煜南在棉兰的领导地位,参见黄贤强《荷印棉兰华人族群社会与领导阶层》,载林开忠编《客居他乡:东南亚客家族群的生活与文化》,台湾客家委员会客家文化发展中心与暨南国际大学东南亚研究中心,2013,第100~124页。
② 张煜南、张鸿南辑《梅水诗传》十卷,1901年初版;张煜南、张鸿南辑《续梅水诗传》三卷,1911年初版。2005年张煜南曾孙张洪钧出资影印再版。
③ 《光绪嘉应州志》32卷,嘉庆伍氏心远庐补刊本,1932~1933。

国公余杂录》三卷。① 张煜南对南洋的文教和慈善事业也不落人后，他乐善好施，对槟城的极乐佛寺和华校出钱出力，对棉兰当地的慈善事业更是为人所称道，除了捐资兴建学校和麻风病疗养院外，也造桥修路等。

张煜南一生为侨居地的繁荣和祖国的建设呕心沥血、鞠躬尽瘁，难怪当张煜南病逝时，中国和南洋各界都惋惜和哀痛，从《荣哀录》中可见其中的情况。由于在《荣哀录》中出现的个人、行号、社团、机构众多，计有祭文四十余篇，挽联八十余则，本文无法详细论析，只举出有代表性者加以讨论。本文将从《荣哀录》看张煜南的三亲（宗亲、姻亲、乡亲）网络，以及他的政商和文教社交网络两部分加以讨论。

二 从《荣哀录》看张煜南的三亲网络

（一）宗亲网络

《荣哀录》免不了收录家族成员的哀悼文联，在《荣哀录》中出现张煜南的宗亲主要有胞弟张鸿南、韶光、润、直降、鸿、汝和、云鹏、延麟、沄、汉清、衡南和湘南等人。

张煜南为嘉应州松江溪南张氏世系，开基祖腾超公，祖父为十五世葆能公，诰封奉政大夫，父亲为十六世联祥公，诰封奉直大夫。张煜南与胞弟张鸿南分别为十七世爵干公和爵辉公。② 根据《荣哀录》中的记录，张煜南有子四人，皆能世其家，分别为步青、瀚青、宸青、铭青。③ 其中最为人知者当属长子张步青（字公善），曾任清朝花翎二品顶戴广东提学使司、陆军部职方司主事等职。宣统三年（1911年）被皇帝旨赏"三四品京堂"官衔，民国时则先后受委任为驻棉兰领事和总领事达十余年。④

---

① 张煜南辑，张鸿南校《海国公余辑录》六卷，光绪二十四年汇通刻本；张煜南辑，张鸿南校《海国公余杂录》三卷，光绪二十四年汇通刻本。2005年张煜南曾孙张洪钧出资影印再版。
② 饶淦中：《楷范垂芬耀千秋——印度尼西亚张榕轩先贤逝世100周年纪念文集》，第188~189、264~304页。
③ 张煜南在茂榕园的墓碑立于宣统三年（1911年）岁季秋月，立碑人为张煜南的五个儿子：步青、宸青、铭青、瀚青、本龙，以及"东"字辈孙20人。黄贤强于2011年6月17日于棉兰田野考察时抄录。
④ 饶淦中：《楷范垂芬耀千秋——印度尼西亚张榕轩先贤逝世100周年纪念文集》，第188~189页。

而宗亲中最重要的无疑是胞弟张鸿南,他们兄弟情深,《荣哀录》正是张鸿南为已故兄长编印的,以表哀思。张煜南和张鸿南昆仲在南洋地区发迹,并肩征战商场。张煜南于光绪四年(1878 年)与张弼士合资在苏门答腊日里开办笠旺垦殖公司,由于缺乏人手,便请其弟南来协助。光绪五年(1879 年)张鸿南从梅县来到棉兰,在兄弟两人共同努力经营下,垦殖公司业务蒸蒸日上,发展迅速,利润不断增加。于是他们又与张弼士合资开设万永昌商号和日里银行,经营各种商品贸易,又投资房地产、航运、军需品生意。经过十多年的锐意经营,赚利甚巨,总资产达数千万荷属东印度盾(简称"荷印盾")。[1] 他们也晋升成为南洋地区举足轻重的华商富豪,并先后被荷属东印度政府委任为当地的"玛腰"。

张鸿南的成就是与兄长张煜南分不开的,在《荣哀录》的最后一则挽联中,张鸿南写道:"恩卅余年,提挈有方"[2],表达了对亡兄三十几年来的提携和扶持的深挚感激。

(二)姻亲网络

《荣哀录》中出现的姻亲主要包括马来亚侨领、企业家谢荣光和梁廷芳。谢荣光(1848 - 1916,字春生,号梦池)的儿子娶张煜南二女儿[3],两家结为姻亲,因此谢荣光在《荣哀录》中以"姻愚弟"自称。值得注意的是,谢荣光与张煜南另外一层关系是同僚及事业伙伴。当张煜南辞清政府驻槟榔屿副领事职时,推荐谢荣光继任。谢荣光本人更看重二人的姻亲关系,在《荣哀录》中的祭文中一段写道:"谊属姻娅兮能不动情,被发大荒兮伤如何痛"[4],足见两人关系的界定和亲密程度。梁廷芳(1957 - 1911,字广辉,号碧如)则是谢荣光之女婿,与张煜南的姻亲关系较远,因此自称"愚甥",称张煜南为"舅氏"。梁廷芳又继承谢荣光的清政府驻槟榔屿副领事一职,所以也是事业伙伴,但在《荣哀录》中,他同样是将姻亲关系放在首位,祭文首句便以"呜呼!舅氏勋业烂然,溯登仕版,中外称

---

[1] 房学嘉:《张弼士为商之道研究》,华南理工大学出版社,2012,第 63~67 页。
[2] 张鸿南编《张榕轩侍郎荣哀录》,第 44 页左面。
[3] Queeny Chang, *Memories of a Nonya* (Singapore: Eastern Universities Press, 1981), p. 48.
[4] 张鸿南编《张榕轩侍郎荣哀录》,第 9 页左面。

贤……"①开始。

此外，另一个与棉兰张家有重要婚姻关系的家族是台湾著名五大家族之一的板桥林家。将板桥林家推向家族高峰的是第四代族长林维让和林维源兄弟。哥哥林维让的姻亲网络多属仕宦大族，而弟弟林维源则更倾向于结交各地商界名人，其中包括了荷属东印度的侨领张氏兄弟、金门旅日富商王敬祥②等。林维源的长子林尔嘉在《荣哀录》中自称"世愚侄"，因此张、林两家可谓世交，这也促成了后来张煜南之侄女，即张鸿南的次女——张馥英与林尔嘉的长子林景仁缔结姻缘。③ 林尔嘉的挽联特别提到张煜南除了在棉兰和槟城的功业，更在出资兴建潮汕铁路一事上，堪称"华侨表率"④。

另外，值得一提的是，张煜南的原配夫人为梅县家乡的徐夫人⑤，而二夫人则是婆罗洲兰芳公司（后又称兰芳共和国）的第十二任领导人刘亮官（1876－1880 在任）之妹。张煜南曾在张弼士的委派下担任兰芳公司的代理商，由于这个机缘，张煜南娶了兰芳公司第十一任领导人刘阿生（又名刘生，1848－1876，1880－1884 在任）的女儿，即刘亮官的妹妹刘葵英为妻。⑥ 张煜南辑录的《海国公余辑录》第六卷中，有一首关于兰芳公司的咏事诗："地辟罗江百里长，公司昔日立兰芳。廿年客长人争敬，碑记今犹竖墓旁。"⑦ 这首诗指出罗芳伯（嘉应州梅县人）在婆罗洲所创兰芳公司的地理位置以及创始人罗芳伯当年的成就。⑧ 由于得到兰芳公司的大力支持和关照，尤其是与兰芳公司领导人的姻亲关系，张煜南的商路更加通畅，因此累积雄厚资本。然而，由于刘亮官和刘阿生分别于 1880 年和 1884 年病逝，因此这两位极其重要的姻亲并没有机会在《荣哀录》中出现。

---

① 张鸿南编《张榕轩侍郎荣哀录》，第 28 页左面。
② 江柏炜：《海外金门人侨社调查实录：日本篇》，金门大学出版社，2013，第 36~37 页。
③ Queeny Chang, *Memories of a Nonya*, pp. 80–92.
④ 张鸿南编《张榕轩侍郎荣哀录》，第 35 页左面。
⑤ 1911 年张煜南逝世前几个月，徐夫人才南来棉兰居住。
⑥ 王振勋：《海上丝路的奇士——张弼士的实业活动与经世致用思想之研究》，《朝阳学报》2004 年第 9 期。
⑦ 张煜南辑，张鸿南校《海国公余辑录》，第六卷：海国咏事诗，第 13 页左面。
⑧ 有关罗芳伯及兰芳公司的事迹，参见罗香林《西婆罗洲罗芳伯等所建共和国考》，香港中国学社，1961；另参见张维安、张容嘉《客家人的大伯公：兰芳公司的罗芳伯及其事业》，《客家研究》第 3 卷，第 1 期，第 57~89 页。

(三) 张煜南的乡亲网络

这里的乡亲,不只是狭隘的同村、同乡或同县的亲友,而是包括同一方言区的邻近县——特别是粤东的梅县和大埔县——的乡亲。在19世纪末20世纪初的南洋华人圈中,兴起一个以张弼士、张煜南、谢荣光、梁廷芳、戴欣然所组成的"客家集团"。① 张弼士和戴欣然为大埔人,张煜南、谢荣光和梁廷芳为梅县人。这个集团成员的特点是共同具有客家人的身份认同、有充裕的财力和社会影响力、有衣钵相传的官场事业,以及有群策群力的慈善事业。例如,他们曾合资为马来亚槟城名刹——极乐寺捐助善款及开办中华学校和崇华学校等。他们最引人瞩目的是先后担任过槟榔屿副领事一职,或者说是长期垄断了这个官职,先后为张弼士(1893年至1894年)、张煜南(1894年至1896年)、谢荣光(1896年至1903年)、梁廷芳(1903年至1906年)、谢荣光(1907年复职)。② 虽然驻槟城领事的委任是由驻新加坡领事(总领事)推荐给中国驻英公使,再由朝廷正式任命,但卸任的槟城副领事有相当的影响力推荐继任人选,尤其是清政府当时是采取晋用当地富商担任槟城副领事的惯例。因此历任的清廷驻槟榔屿副领事就被这个客家集团所垄断。

"客家集团"的主要成员张弼士、谢荣光和梁廷芳都出现在张煜南的《荣哀录》中,其中与张煜南关系最密切的当属对他有知遇之恩的张弼士。张弼士是最早的客籍侨商的成功典范,在张弼士的带领下,许多客家侨商也提高了在海内外的经济、社会和政治地位,他对张煜南及其胞弟张鸿南的提携和事业发展扮演了重大的角色。

当初张煜南只身南来巴达维亚,也是先投靠张弼士,担任张弼士酒码专卖代理人。③ 1878年,张煜南与张弼士合资开办笠旺垦殖公司,垦荒种植咖啡和茶叶。后来又与张弼士合资创办一家日惹银行,以调剂全埠金融。张煜南在张弼士的指引和辅佐下,商途愈发顺遂,眼界愈发开阔。为了开

---

① 黄贤强:《族群、历史、田野:一个客家集团的跨域研究》,载黄贤强编《族群、历史与文化:跨域研究东南亚和东亚——庆祝王赓武教授八秩晋一华诞专集》,新加坡国立大学中文系及八方文化创作室,2011,第55~69页。
② 姚楠:《记晚清驻槟榔屿的客属两领事:张弼士与张煜南》,第161~165页。
③ 王振勋:《海上丝路的奇士——张弼士的实业活动与经世致用思想之研究》,《朝阳学报》2004年第9期。

拓商机,张煜南先转战到苏门答腊岛北部的老武汉埠经商,不久,更将目光转向了日里河畔的一片处女地——棉兰。当时的棉兰还是一块瘴疠之地,沼泽丛生、人烟稀少,而有过垦殖经验的张煜南却看到了这里的无限商机。1878 年张煜南先在那里开设了万永昌商号,雇佣从家乡南来的乡亲和当地原住民,开垦种植烟草、橡胶和甘蔗等经济作物,奠定了他在棉兰发展的经济基础。不久,胞弟张鸿南也被召南来协助业务。兄弟二人先后投资数百万荷印盾,在日里平原上开辟了七八座橡胶园以及茶叶、油、糖等加工场,占地面积达 100 多平方公里,职工人数多达数千,一度达一万多人。张氏兄弟的辛勤努力大大促进了种植业的发展,也带动了市场的繁荣,各国种植园主也纷纷来到棉兰投资。在农植业站稳脚跟之后,张煜南兄弟于 1898 年与张弼士合股创办了广福号、裕昌号两家远洋轮船公司,航行于棉兰、槟榔屿、新加坡、香港、上海各埠,大大拓展了棉兰与各商埠的联系。①

张弼士对张煜南有几次重要的提携。其一,1893 年 5 月张弼士受清廷驻新加坡总领事黄遵宪推荐继任总领事一职,便得卸下驻槟榔屿副领事职位。张弼士推荐张煜南代理职务,张煜南于 1894 年接任驻槟榔屿副领事。在任期间,受到当地侨民爱戴,为他在英属马来亚奠下侨领的地位。张煜南堪称跨地域的南洋华侨领袖。其二,张弼士先行获召回祖国发展实业,1899 年被委任为粤汉铁路总办,除了督导铁路建设外,也往返于南洋各地劝募华商投资商办铁路。1903 年,张弼士力荐张煜南兄弟出资兴建潮汕铁路。1906 年潮汕铁路完工通车,成为中国第一条华侨投资完成的民营铁路。清廷因此授予张煜南三品京堂,以资嘉勉。

通过张弼士对张煜南的屡次推荐和二人的密切合作,可以看出无论是商场还是仕途,张弼士都是张煜南人生中重要的向导。而张煜南也堪称张弼士的得力助手和忠诚的合作伙伴。当张煜南逝世时,张弼士在《荣哀录》中表达了深切的哀悼和追思:

其性孝友,其品端庄。少笃文学,诗词见长。旋弃毛锥,旅游南洋。智超卜式,才迈弘羊。振勋(即张弼士——笔者按)已知深而友

---

① 姚楠:《记晚清驻槟榔屿的客属两领事:张弼士与张煜南》,第 165~168 页。

善，复相与登争竞之场，凡商战之策，略悉倚赖其谋臧，善指挥而多划，亦沈毅而周详。①

相比其他人着重于赞颂张煜南在各方面的成就，张弼士的祭文更倾向于对张煜南才华的称赞以及对二人密切合作和深厚友情之怀念。

三 从《荣哀录》看张煜南的政商和文教网络

（一）张煜南与中国政商人物的关系

从《荣哀录》中可以看出张煜南的社交网络非常广泛，本节只讨论其中的政商界和文教界两方面。

政商界方面，张煜南与清末民初的中国一些政商界名人有密切交往，其中包括为张煜南撰写别传的汤寿潜。该篇《诰授光禄大夫 钦差考察南洋商务大臣侍郎衔总理潮汕铁路事宜三品京堂张君榕轩别传》为《荣哀录》的开篇文章，由此可知，汤寿潜不只与张煜南熟悉，而且关系匪浅。汤寿潜为清光绪十八年（1892年）进士，1906年与张謇组织预备立宪公会，参与清末宪政改革。辛亥革命后任浙江首任都督，也曾参与民国时期中国最大的商业银行之一的浙江兴业银行的创办，可说是横跨政商两界的闻人。1905年汤寿潜曾担任修建沪杭铁路总理，也因为这个职务，与当时正在筹办潮汕铁路的张煜南多有接触。张煜南在修建潮汕铁路的过程中遇到重重困难，风波不断。首先是在集资时，日籍台商林丽生投入超过100万银元的日资，使得原本号称是中国侨民资本修建的铁路变质，引起反对者的抗议，惊动朝廷。为平息抗争，张煜南只好将林丽生的投资全部购回。其次，施工期间承建的日本工程队与沿线中国村民爆发流血冲突，日本政府乘机提出铁路归日本经办，并由日本派兵保护等无理要求。几经斡旋，才在中方赔款2.6万银元后得以平息。② 汤寿潜显然了解张煜南修建潮汕铁路的艰辛和困难，在《荣哀录》的张煜南别传中特别赞颂张煜南实业报国的辛劳和功绩。

---

① 张鸿南编《张榕轩侍郎荣哀录》，第7页右面。
② 李松庵：《潮汕铁路创办人华侨张榕轩兄弟》，第53~70页。

张煜南晚年正值中国进入政治动荡时刻，反清革命志士在海外频频活动，张煜南也接触一些重要的反清革命人物和知识分子。在《荣哀录》中出现的革命活跃人物包括萧惠长和饶集蓉（又名饶芙裳）。其中，萧惠长更为《荣哀录》作序，重要非凡。萧惠长是推翻清朝政权后的首任嘉应州兴宁县县长。革命时期的1903年，萧惠长和何子渊等人创办兴民学堂，聘有革命思想的丘逢甲担任校长。1904年，萧惠长又与丘逢甲、何子渊等人参与筹划黄冈起义。由萧惠长执笔的《荣哀录》序文，简要介绍张煜南生平事迹及成就后，以"孔子曰，其生也荣，其死也哀，系以荣哀，庶非溢耳"[1]，表达出对张煜南的至深哀悼和敬佩。

饶芙裳（1857-1941）则是横跨政治和文教两界的名人。他是梅县松口人，与张煜南同乡。饶芙裳是《光绪嘉应州志》的编修之一，曾与温仲和、丘逢甲、黄遵宪在潮州、汕头、梅县等地倡办岭东同文学校、梅县师范学校、体育传习所等。1907年底，因革命党嫌疑，避居南洋槟榔屿，次年在当地创办崇华学校，担任第一任校长。饶芙裳也是1908年创立的槟城阅书报社的赞成人。[2] 槟城阅读书社实为革命派及同盟会在马来亚进行革命宣传活动的地下基地。辛亥革命后饶芙裳回国，出任广东省教育司司长。[3] 饶芙裳在槟城活动的时候，张煜南已经不是当地副领事，而且事业重心也已经集中在棉兰和中国。因此张煜南和饶芙裳的接触，可能是在他们两人都在潮汕活动的1905年前后时间。由于有同乡关系，当张煜南逝世消息传开后，饶芙裳撰挽联哀悼："远道昔怀人，屡随汽笛南来挹公风度；长江思驻节，忍见浪花东去淘我英雄"[4]。可见饶芙裳对张煜南充满思念和敬佩。

（二）张煜南与文教界人物的关系

在《荣哀录》也可以看出张煜南与文教界交往频繁。由于教育是张煜南慈善事业的一个支柱，在《荣哀录》中出现了一些学校师生的挽联，其

---

[1] 张鸿南编《张榕轩侍郎荣哀录》，第1页左面。
[2] 槟城阅书报社编《槟城阅书报社廿四周年特刊》，槟城阅书报社，1931，第7~8页。
[3] 饶芙裳在1913年被选为众议院议员。国会解散后，复赴南洋。1917年任护法国会众议院议员。1922年第二次恢复国会时，再任众议院议员。1924年任广东省琼崖道尹。
[4] 张鸿南编《张榕轩侍郎荣哀录》，第34页左面。

中包括张煜南投资兴办的敦本学校和中华学校的师生。《荣哀录》里中华学校校员撰写的挽联："盛德至善没世不忘道君子；编诗辑录等身著作有传人"表达了对张煜南的善心的感谢和文才的欣赏。

晚清爱国诗人、教育家丘逢甲曾赞扬张煜南在教育方面的功绩，在丘逢甲写给星洲才子邱菽园（即邱炜萲）的信中提到："吾闽粤已得风气之先，则所以设学育材以为自强根本者，当不致落人后……张榕轩昆季籍亦松口，闻其将倡建书楼，与谢君（即谢梦池——引者注）并驾齐驱……"① 张煜南在辛亥年七月十九日（1911年9月11日）病逝，其时丘逢甲也病情严重，在家乡养病，次年二月病逝，所以不见丘逢甲在《荣哀录》上出现。但他们共同的文友邱菽园则写了很长的祭文，对张煜南各方面的才华和成就极其赞赏，文末提到："公之盛名本可不朽，况有文采更在人口。"②

张煜南在艺文界最值得注意的友人是朝鲜书法家尹溪石，有"草圣"尊称的尹溪石的祭文，排列在《荣哀录》之第二序位，可见其分量。尹溪石在成名之前，曾在中国各地游历卖艺，张煜南显然曾对他有重恩，使尹溪石写出感人肺腑的祭文，文曰："晚生以一介书生远游异地，辱 先生知遇，情在肺腑，不敢或忘。别后自度年老多病，后会难期。复于八月杪拟游日里，冀见一面。"③ 可是当他抵达槟城的时候，得到张煜南已经病逝的消息。悲痛之余，尹溪石盘算赶去日里已经为时太晚，所以一度想南下新加坡，希望张煜南的灵柩运返梅县家乡途中，他能在新加坡见到其棺柩。但后又听说张煜南最终安葬在日里，尹溪石只能作罢，也因此"卧病在床，不能出户者数日"。更感叹道："呜呼！孤客远来不见先生之面，又不能凭棺一恸，何缘之悭耶！"④ 张煜南不只与外籍的书法家结缘，和中国的一些书法家也有长期的交情。晚清书法家何晋梯在挽联中感怀与张煜南二十多年来的友情："廿年渥荷知交古谊同声称鲍叔，万里惊传噩耗州门遥望恸羊昙。"⑤

---

① 丘铸昌：《丘逢甲交往录》，华中师范大学出版社，2004，第229~230页。
② 张鸿南编《张榕轩侍郎荣哀录》，第10页左面。
③ 张鸿南编《张榕轩侍郎荣哀录》，第5页左面。
④ 张鸿南编《张榕轩侍郎荣哀录》，第5页左面~第6页右面。
⑤ 张鸿南编《张榕轩侍郎荣哀录》，第36页右面。

四 张煜南人际关系网络的特点

（一）亲缘、地缘与业缘关系的重叠性

张煜南的人际关系网络中，有不少重要人物具有亲缘、地缘与业缘三重关系，而且相互重叠，例如张鸿南既是张煜南的胞弟，有密不可分的血缘关系，兄弟二人又是生意上的最佳合作伙伴。谢荣光和梁廷芳则与张煜南既有同乡的地缘关系，又是张煜南的姻亲，更是同一个"客家集团"的成员，延续同一个客家人垄断的职位——清廷驻槟榔屿副领事，有共同的为侨民谋福利的目标。张弼士对于张煜南来说亦师亦友，张弼士作为"客家集团"的灵魂人物，与张煜南属于地缘层面的关系，而对张煜南在商场和仕途上的引领又属于业缘层面的关系。此外，张弼士又促成了张煜南与兰芳公司刘氏的婚姻。三重关系的相互交织巩固了张煜南与张鸿南、张弼士、谢荣光和梁廷芳等人的关系。换言之，他们都有家族或宗族或姻亲关系。其次，他们都来自同一地域，在语言、文化、精神上有共同的族群认同。最后，他们同属一个"客家集团"，有共同的事业追求和目标。

（二）人际网络的广泛性

《荣哀录》中出现的人物除了本文重点讨论的"三亲"人物和政商名人及文教界的友人外，也包括其他身份和背景的人物，甚至不同族群和不同地域的人物，以及不同的机构和行业。例如，马来人（苏丹能利吉利日利、侍生端娘吔哩吻等）、官员（清朝兵部尚书吕海寰、日里甲必丹邱昭忠等）、会馆（星加坡应和馆、棉兰古城馆等）、公司（荷兰十二国公司、棉兰福建公司等）、商会（新加坡总商会、棉兰轩辕行等）、商号（昇昌号、泉顺记等）、商人（槟城黄金庆、新加坡郑利康）、医生（汕头梁希曾、棉兰黄毓华等）。从这些撰写祭文和挽联的人物和单位可以发现，张煜南的社交网络是广泛而多层次的。这正可反映出张煜南一生的跨地域和跨领域活动身份和广结善缘的领袖特征。

（三）人际网络的实用性

张煜南结交的一些人士对他的事业甚至人生有重要的促进作用，换言

之,他的人际关系网络有实用价值。例如,张煜南与胞弟张鸿南的互相扶持,征战商场多年,累积雄厚的资本后,成为富甲南洋的侨商大族。张弼士的知遇之恩则激发张煜南的商业头脑,与张弼士的合作也积累丰富了张煜南的商务经验,张弼士的屡次举荐更是促成了张煜南兄弟完成兴建潮汕铁路的创举,列入史册,也为民造福。张煜南与台北板桥大族林氏的世代之交以及后来的家族联姻更是对张、林两家的事业版图有互补和增强作用。张煜南与革命志士萧惠长和饶芙裳的情谊则激励了张煜南对革命事业的同情,使他关怀家国存亡之心有所寄托。

五　结论

一般人或许认为荣哀录只是对逝者歌功颂德的资料,但从本文对张煜南的《荣哀录》的讨论,可以说明《荣哀录》也是很珍贵的史料,可以对张煜南这个人物的一生事迹和活动有更全面的了解。从《荣哀录》祭文和挽联的作者可以了解张煜南多层的人际关系,张煜南的人际关系中亲缘、地缘和业缘三重关系交互重叠,彼此加固,形成了一个坚实而稳固的社交网络核心。张煜南一生广结益友,上至朝廷仕宦,下到商贾民众,内交客家同乡以共战商场,外结革命友人以实业救国。此外,张煜南又与教育界、文艺界等人士交往颇深,体现其广结善缘、门客三千的社交能力。最后,人际关系网络中的每一个人物或机构对张煜南的人生和事业都有不同程度的促进作用,成为张煜南在不同阶段和不同领域发展的推力或助力。换言之,张煜南毕生在商场和仕途的成就与他经营的人际网络密不可分。而《荣哀录》正是提供解码张煜南人际网络的一个重要线索。由于篇幅所限,本文并没有全面地展开讨论《荣哀录》的人际网络,只是集中几个面向,抛砖引玉而已。

后　记

笔者要感谢许绩综、张韵茹和王源浩分享有关张煜南和张鸿南人际网络的一些数据资料。此外,笔者黄贤强要特别感谢张洪钧先生(张煜南曾孙)赠送《张榕轩侍郎荣哀录》一册等资料,以及邀请出席 2011 年 10 月在棉兰举行的"张榕轩逝世一百周年纪念"系列活动。另外,也要感谢张洪钧夫妇以及林来荣先生在黄贤强于棉兰的两次考察期间（2009年11月及2011年6月）的热情接待和多方协助。

图1 《张榕轩侍郎荣哀录》书影　　　图2 张煜南肖像

Discussion on Zhang Yunan's Cross-regional Social Network through *Souvenir in Memory of the Late Zhang Rongxuan*

Wong Sin-Kiong　Bai-Yue

（National University of Singapore）

Abstract：Zhang Yunan, alias Zhang Rongxuan, was a legendary overseas Chinese entrepreneur and community leader in Nanyang (Southeast Asia) during the late 19th and early 20th century. He was born in 1850 at Meixian county, Guangdong province of China. He traveled to Nanyang in his teens for a living. He became a pioneer of and got rich in Medan, Dutch Indies. He was appointed as a Major, or the Chief of the Chinese, by the Dutch authorities and later as a Chinese Consul in British Penang by the Qing Court of China. He was also summoned to call on the Empress Dowager and Emperor of the Qing Court twice and was applauded by them for his contributions to the motherland and overseas Chinese communities. When he died in 1911, messages of condolences received from overseas and homeland. A *Souvenir in Memory of the Late Zhang Rongxuan* was compiled. This article is a text analysis of this souvenir volume. We can observe the cross-regional social network of Zhang through the authorship of funeral eulogies and elegiac couplets. This article seeks to have a better understanding of the personalities of Zhang and characteristics of his social network.

Keywords: Zhang Yunan; *Souvenir of Memory*; Social Network; Southeast Asian Chinese; China

（责任编辑：肖潇）

泰国国家档案馆藏 1903 年孙中山先生来暹档案解读

泰中学会　黎道纲*

摘　要　1903 年孙中山先生到暹罗从事革命运动，泰国国家档案馆收藏了有关其行踪的档案。本文将此档案全文译出并对有关人和事稍加讨论。

关键词　孙中山　暹罗　档案

一　孙中山 1903 年来暹说的提出

1986 年，曼谷资深报人萧汉昌首次提到孙中山先生来泰，他写道：

> 孙先生第一次莅暹，是在佛历 2446 年（公元 1903 年），当时他化名进入暹京，拟与洪门组织联系。洪门组织在暹罗华人社区中具有一股庞大的力量，为了争取洪门（私派）中人为革命效力，孙先生亲自参加了这个组织。同年 8 月，他才离开暹京赴日本横滨。[①]

后来，他对此说做了补充：

> 当时他化名杜嘉诺，以一个基督教徒身份进入暹京，他欲借此一行，了解暹华社会一般情况，以及意图跟暹华社区中具极大影响力的

---

* 黎道纲，泰国泰中学会副会长，泰华文学研究会秘书。
① 晴虹（萧汉昌）：《孙中山先生与暹罗华侨》，《曼谷星暹日报》1986 年 10 月 18 日《泰华史话》版第一期。

洪门（私派）中人物取得联系，争取他们为革命事业效力。①

他提到：

  本京巴讪密师范大学教授蓬吞·安纪南撰写的《拉玛五世时代暹罗华人动态》一书（1972年2月出版）中，也曾引述暹罗外交部重要负责人华裔銮讪帕吉·比差于佛历2447年（公元1904年）致外交部长銮挺活翁沙旺波巴干之函件，提到銮讪帕吉本人与孙逸仙博士就旅暹华侨利用法国、葡萄牙和英国等外交势力作为保护伞，抗拒当时暹政府征收人头税措施问题的对话（其内容摘要已由泰国研究会成员李明译为中文，刊载于本年1月4日《泰华史话》第11期），这亦为孙先生首次莅暹活动的一段小插曲。②

1992年，他再次撰文写道：

  孙先生首次莅暹，是在1903年夏天……抵曼谷后，孙先生通过教会关系，住宿在暹京军甲森港四丕耶码头出口处，哒叻仔洋人礼拜堂侧面，萧亮安经营的火锯厂内。……萧佛成是萧亮安和娘尤的儿子，孙先生和萧佛成一见如故，在他穿针引线下，拜会了二哥丰。③

2002年5月，笔者与泰中学会同人赴广州珠海观光，8日到中山大学东南亚研究所座谈，会上，余定邦教授提到孙先生1903年来暹事，说《曼谷星暹日报》载文说孙中山先生早期来暹，曾就华人问题与泰国外交部官员有一段对话。他说，广东省文史部门甚注意此事，因最新版的《孙中山年谱长编》未提及此事。他要笔者回泰国后代为追踪。

---

① 晴虹：《孙中山先生三次莅暹事迹考》，《曼谷星暹日报》1988年11月14日《泰华史话》版第廿一期。
② 晴虹：《孙中山先生三次莅暹事迹考》，《曼谷星暹日报》1988年11月14日《泰华史话》版第廿一期。
③ 晴虹：《孙中山三次莅暹活动》，《曼谷星暹日报》1992年11月27日《泰华史话》版第廿三期。

回泰国后，翻阅收藏的翁永德主编的《泰华史话》，在1988年1月4日第11期中，果然有李明写的文章。文章不长，全文如下：

> 孙中山先生于1901年至1908年期间，曾多次来到暹罗作反清朝之宣传活动。最近翻阅泰文书籍《拉玛五世时代暹罗华人之动态》一书，其中又有一段述及孙中山先生当时在暹罗曾和外交部重要负责人华裔銮讪帕吉·比差的一段有关华人问题之对话，兹译志如下：
>
> 孙中山先生对銮讪帕吉说：在暹罗都城之华人，似对暹罗政府当局有些不满，致使他们在暹罗都城接受外国人之庇护，如法国人之类。目前受法国庇护之华人为数约一万名（当时情况）。同时，孙中山先生表示，相信这些华人爱护暹罗比之爱护法国更强烈。他们之所以愿接受法国人之庇护，其目的在于利用法国人作为暂时保护伞而已。
>
> 銮讪帕吉·比差问：华人之甘受法国人庇护，而不愿受暹罗政府统治之目的何在？
>
> 孙中山先生答说：华人不单甘愿受法国人庇护，同时还有许多愿接受葡萄牙人和英国人庇护，因为一般华人没有能力缴纳政府税款（按：即三年一度之"人头税"）。当被政府查获时，即由治安人员把那些没有能力缴纳税款的四五个华人的辫子缚在一起，送到规定之工厂去做苦工，俾代替纳税。
>
> 此事，銮讪帕吉向孙中山先生解释说：暹罗政府征收华人之"人头税"，每三年只征收一次，而每次只收四铢五十士丁而已，且此税款只用于政府行政方面之支出。
>
> 当时，孙中山先生说：果若如此，那要征收多一点？
>
> 据銮讪帕吉表示：只就每三年征收四铢五十士丁还有困难，要收多，那更困难。
>
> 孙中山先生听后点头微笑。①

译者李明在"作者附识"中写道：

---

① 李明：《孙中山先生早期来暹曾就华人问题与外交部官员的一段谈话》，《曼谷星暹日报》1988年1月4日《泰华史话》版。

以上此文，见銮汕帕吉·比差于公元 1904 年 6 月 12 日致暹罗外交部长銮挺活翁沙旺波巴干之函件。由此，足可证明孙中山先生早在 1904 年之前便已来到暹罗作国民外交活动。①

在这里，笔者想说明的是，这位暹罗外交部长的正确译名是：公摩銮提瓦翁瓦罗巴干。"公摩銮"是王族爵衔，王族爵衔"公摩銮"和平民官爵衔"銮"完全不同，后者是第四等官爵，相当于中国古代的子爵。公摩銮提瓦翁瓦罗巴干是拉玛四世之子，生于 1858 年 11 月 27 日。拉玛五世时，1886 年受封为公摩銮提瓦翁瓦罗巴干，任职御秘书，后长期任职为外交部长。1884 年 6 月至 8 月，广东中山县人郑观应奉清廷之命"南游"，于 6 月 24 日来到曼谷。26 日，他拜会了暹国王弟利云王沙，"现官钦命军机中书，兼管度支稽查银库事务。"正是公摩銮提瓦翁瓦罗巴干此人。他于 1923 年去世，为提瓦滚姓氏始祖。② 其后裔至今多任职外交部。

攀尼·布叻在其著作中提到孙中山先生 1903 年入暹③，叙述如下：

孙中山在 1903 年 6 月初入暹，住了约三周，于 6 月 21 日乘南东（译音）火轮去西贡。他（在曼谷期间）入宿于法国人开在挽叻 Bangrak 的 Hotel de la Paix 酒店第 4 号房。这次来暹，为了安全，他用了一个日本名字 Takano 的假名字。他这次前来西贡和曼谷动员华侨，受到法国官方和法国商人的热烈欢迎，因为法国期望中国发生变化。如果推翻了清朝，那么越南北面法国人所梦寐以求的海南岛一带，为其利益所在。通过法国人 Hardouin④（此人似为法国使馆工作人员）的介绍，孙先生会见了华侨中的中坚分子如伍淼源、二哥丰、金成利（銮

---

① 李明：《孙中山先生早期来暹曾就华人问题与外交部官员的一段谈话》，《曼谷星暹日报》1988 年 1 月 4 日《泰华史话》版。
② 泰国艺术厅印行《1993 年本皇族谱》，第 46 页。
③ 攀尼·布叻：《1914 – 1939 年间泰国资本家的特征》，Panthakit Publishing, 2002，第 336 页，Phuwadol 写道：孙中山在 1903 年 5 月首次抵暹，秘密活动了数周，为暹政府所知，内务部长奉命报告其事。6 月 21 日，被迫离去。见 Phuwadol Songprasert, *The Development of Chinese Capital in Southern Siam*, 1868 – 1932（Ph. D. thesis, Monash University, 1986）。
④ 见泰国国家档案馆，拉玛五世，书架号 21/10，华人逸仙卷，拍耶那立沙叻差吉的奏札，日期：曼谷朝 122 年（公元 1903 年）6 月 5 日，转引自攀尼·布叻《1914 – 1939 年间泰国资本家的特征》，第 443 页。

乌隆帕匿，译注，即张君丁或张宗煌）。

这次来暹，其目的在于发动暹罗华侨参加革命，建立新中国。他听说暹罗有许多华侨，为了通过华侨中的有钱人士对广大华侨宣传爱国，捐款购买武器，因为革命党人数多，广西就有达二十万人，但缺乏款项购置武器，因此，要求銮乌隆带头筹款，以供购置武器，建立民国。如果在暹罗有足够款项，用于购置武器送往云南，法国人将给予支持。武器到手后，中国的革命党将在广西起义，再南下广东，在所掌握的地区建立民国。然后再把革命扩展开去。銮乌隆回答孙先生说，暹罗的华人筹款不易。有钱人只管做生意，不了解国际大事，不肯带头筹款。这一回，华侨商人没有捐款，因为不了解孙先生的底细和主张，不以为他的主张是大事或有成功的可能。他们以为，这不过是骗钱的手段罢了。①

暹罗政府对孙中山这次到来的态度是：跟踪其活动，以预防不测事件。之所以持这种态度，或许是因为孙先生这次前来是由法国使馆人员和法国商人安排，暹罗政府因而有所顾忌。同时，暹罗政府对孙中山本人及其主张不甚了解，和暹罗侨商对中国的政治状况了解不多一样。孙中山先生和暹罗政府派去跟踪人员之间的对话，其要点如下：

洪字问题。孙中山和拍耶那立沙叻差吉提到这一点时，认为暹罗政府立法禁止"大兄"② 并不是好政策，暹罗政府不应该禁止，因为尽管禁止，"大兄"还是存在。事实上，"大兄"不但存在于暹罗，还存在于英国、法国和荷兰的殖民地，他们之间互相往来。如果政府给予适当支持，反而有好处。暹罗政府立法禁止是照洋人的办法办，

---

① 见泰国国家档案馆，拉玛五世，书架号21/10，华人逸仙卷，公摩銮纳叻瓦拉立（时任职京畿部大臣）的奏札，日期：曼谷朝122年（1903年）6月11日，转引自攀尼·布叻《1914-1939年间泰国资本家的特征》，第443页。

② 初时，泰国政府称呼华人秘密会社为"大兄"，"大兄"一词原指某一地区秘密会社的首领。拉玛五世时始改称为"红字"，潮州方言是"洪字"。此后泰国官方对华人秘密会社组织一直称为"红字"。参见汪威帕·武法律叻达纳攀著《吞武里王朝和曼谷王朝初期泰国社会中的潮州人》，载《泰国潮州人及其故乡潮汕地区研究报告第一期樟林港（公元1767-1850年）》，泰国朱拉隆功大学亚洲研究所出版，1991，第89页。

他们在各地都立法禁止"大兄"。①

建立会馆（Chinese Bureau）问题。孙中山和銮讪帕吉比差谈论建立会馆问题。因为暹罗华侨多，政府应该照顾华侨，华侨才会爱（政府）。暹罗之华人似对暹罗政府当局有些不满，他们才在暹罗接受外国人之庇护，如法国之类。目前接受法国庇护之华人为数约一万名。他们之所以愿接受法国之庇护，并不意味他们爱法国更甚于爱暹罗，而是为求得暂时保护伞而已。暹罗华侨之所以接受西方国家之庇护，是因为暹罗政府征税，征收劳工人头税。如果暹罗政府好好对待华侨，他们就不会想去追求其他国家的庇护。②

孙中山先生这次来暹，是来调查暹罗华侨的状况，和重要商人见面罢了，并没有广泛地鼓动华人。至于他和暹罗当局谈到洪门问题，因为这对他推翻清朝的革命活动甚为重要。孙先生利用海外华侨社区中的秘密结社的"推翻清廷，复兴汉族"的政治理想来支持其革命活动。至于建立会馆，和清朝政府要建立领事的目的一样，是为了保护海外华侨。……③

据攀尼的论述，孙中山在1903年6月初入暹，于6月21日离去。这次来暹，是来调查暹罗华侨的状况，与华侨头面人物见面罢了，并没有广泛地鼓动华人宣传革命。

二　泰国国家档案馆藏1903年孙中山来暹档案

为了弄清楚事实真相，笔者努力寻找有关档案的原文。2007年，因曼谷金佛寺塔大修的机缘，笔者认识了陈子沐和陈明泉两位先生，陈子沐收藏了一份经泰国国家档案馆馆方盖印的有关孙中山档案的复印本，他复印

---

① 见泰国国家档案馆，拉玛五世，书架号21/10，华人逸仙卷，拍耶那立沙叻差吉的奏札，日期：曼谷朝122年（1903）6月5日，转引自攀尼·布叻《1914—1939年间泰国资本家的特征》，第443页。
② 见泰国国家档案馆，拉玛五世，书架号21/10，华人逸仙卷，銮讪帕吉比差呈御弟公摩銮提瓦翁瓦罗巴干（时任职外交部长）的奏文，日期：曼谷朝122年（1903）6月12日，转引自攀尼·布叻《1914—1939年间泰国资本家的特征》，第444页。
③ 巴他那·戈民：《佛历2440—2488年（1897—1945年）间曼谷的华人会馆》，硕士学位论文，朱拉隆功大学历史学系，1989，第117~118页。

一份给陈明泉，陈明泉先生又复印给笔者。笔者喜出望外，遂将此档案汉译如下。

（一）1903年6月5日文件

1. 拍耶那立沙叻差吉奏文

曼谷

叻达纳哥信（曼谷）纪年122年6月5日

奏

为遵旨查明覆奏事：

窃臣秉皇恩奉旨与銮讪帕吉比差查明华人孙逸仙进入曼谷一事。

昨日中午，臣与銮讪帕吉比差来到挽叻，在孙逸仙居停的Hotel de la Paix酒店用餐。这家酒店的主人为托尼夫人（Madamne Toni），法国人。臣二人用餐后，銮讪帕吉比差叫侍者上楼去告诉孙逸仙，銮讪帕吉比差来访。侍者回话说，孙逸仙请他到楼上卧室去。銮讪帕吉比差于是上楼去会见孙逸仙。谈了约15分钟，回来告臣说，他与孙逸仙见面握手寒暄后说，他和臣来购物，到这里用餐，尚有空闲，于是来访。他想知道，河内的博览会情况如何。孙逸仙答道，河内博览会很有趣。銮讪帕吉比差问孙逸仙，是否见到曾在曼谷居住的哈德安（Hardouin）先生，因为哈德安先生现在在河内。孙逸仙答道，他认识哈德安先生为时甚久，这回在河内也见到了哈德安先生。銮讪帕吉比差问孙逸仙，这次到曼谷来，看来认识了几位华人大商人。孙逸仙答，他有哈德安先生给三个人的介绍信，即蓝三、二哥丰（译注：郑智勇）和阿功丁（銮乌隆帕匿，译注：张君丁或张宗煌）。銮讪帕吉比差说，孙逸仙既然见了哈德安先生，大概也见到了博先生（M. Beau）吧。孙逸仙答，在河内见到了博先生，因为哈德安先生、博先生的知心秘书还介绍认识Doumear先生，他在这些城市工作时曾见过。孙逸仙想知道，在暹罗人眼中，哈德安先生此人如何。銮讪帕吉比差答，没有听到过有人称颂他。就在此时，臣叫侍者上去催銮讪帕吉比差，说臣要回去了。銮讪帕吉比差于是对孙逸仙说，臣在下面等候他，已叫人来催了。孙逸仙于是说，如果臣不嫌弃的话，也请臣上去。銮讪帕吉比差于是下来领臣上去孙逸仙的房间，握手问候后说，臣有事来这边，顺道来吃午饭，高兴再见到孙逸仙，想知道中国的事。孙逸仙讲述他多次脱险，并希望这一次清朝官员（Manderines）不会到曼谷来给他找麻烦。

　　孙逸仙回答说，如今知道在这里完全没有危险，如果有危险的话，会立即知道，因为有朋友和一些耳目。臣表示歉意，因为这一阵子正好臣事情多，想请孙逸仙吃一顿饭，以表意思，可惜没有机会。希望处理完家母丧事以后，还有机会，希望孙逸仙不会急于离开曼谷。孙逸仙表示歉意说，已得知湄公（Mekong）号火轮已修理好，定于下周一搭乘这艘船离开。臣问道，湄公号到了西贡以后，孙逸仙要住下来还是继续其行程。孙逸仙答，在那里等法国邮轮去日本，去参观大阪的博物馆。臣又问，孙逸仙的大业，参加的人应有许多，同意参加的大概多是富人吧。孙逸仙答道，不，大多数是贫苦大众，因为他们一无所有；若已经过上好日子，就不想有所改变。对中国官方不满意的，大多数是贫苦大众。臣问孙逸仙，依他的观察，暹罗国的华侨是否要求改变，人数如何。孙逸仙答，暹罗国的富裕华侨要求中国改变的也有，不过人数少，他们大多数对此一无所知（Ignorance），有的日子过得舒适没有麻烦，因而没有什么感觉。臣回答说，可能正是如此。正如所知，在印度支那（Indo-China），法国政府对其他民族收重税，不像在本国的华人那样日子过得舒服。但是，通常华人即使过得舒适，如果结成帮派，往往就加入洪字（Secret Society），自行管理，以致政府要立法禁止。孙逸仙发表意见说，政府立法禁止"大兄"不是好政策，不应该禁止，因为无论怎样禁止，"大兄"总还会有，即使现在，在这个国家，"大兄"还是存在。而英国、法国、荷兰（Java）的政策，他们之间有来往，都知道得清楚。如果政府支持他们，看来会更有好处。公布这样的法律，看来是照洋人的建议做，这种做法，洋人在各地已经做了。銮讪帕吉比差说，孙逸仙周围都是敌人，这样乘船出游，是否要埋名？孙逸仙说，有必要改用日本名字，叫作杜嘉诺（Takano）。

　　谈话告一段落后，臣二人告辞。观察到孙逸仙装作日本人模样，但有华人随从同行。现在他住在 Hotel de la Paix 第四号房间，在他的睡床上有中国地图，另有日本地图挂着，在桌上有英文书籍数本……（影印件脱文）。……

臣了解到的有关孙逸仙的情况就是这些。伏乞
皇上圣鉴
　　奏

臣　拍耶那立沙叻差吉（签名）

2. 公摩銮纳叻瓦拉立奏文

京畿署
曼谷纪年 122 年 6 月 5 日

臣公摩銮纳叻瓦拉立奏

为圣上 6 月 3 日御书，命臣侦察改革派华人，据拍耶那立沙叻差吉禀奏，已见于 Hotel de la Paix 一事：

臣想，此人应是在国外闹事而后潜逃的孙逸仙。臣已安排拍博里披叻帕去侦查，也安排人固定地监视。

臣今得拍博里披叻帕报告一份，是昨日去侦察的，没有见到人，说是和在三升区花会厂的华人出去，大概是銮乌隆（译注：銮乌隆帕匿，即张君丁）。

今日又接到一份报告，说已见到此人，谈了话，交换了名片，正是孙逸仙，只是化名为日本名字杜嘉诺（Takano），其名片和报告二份附上。

臣命披耶因他拉提波里西哈叻差廊猛去侦察华人的动静，看是哪些人支持他。但披耶因他拉提波里想，孙逸仙剪掉了辫子，所有华人大概不会像尊敬有辫子的人那样尊敬和信任他。至于说是其支持者的头头华人道南（译音），如今不在曼谷了。道南此人，是广东人，三年前从西贡到曼谷，在 Gongyihua 行做生意，帮忙日本人支持的 Tangaxiangbi 公司，拍卖购得 B. Smith 行火锯厂，拿去押给 The Indochine Bank，得到一笔超值的押金，在 11 个月以前就逃离曼谷。因此，孙逸仙对披耶因他拉提波里所说的，不大有根据，不可骤然相信。

至于说认识好些富裕华人事，会再去侦察。有情况将再禀奏。伏乞
皇上圣鉴。
　　奏

臣 纳叻瓦拉立（签名）

附件1：1903年6月4日拍博里披叻帕报告副本，曼谷纪年122年6月4日收到。

曼谷纪年122年6月4日

职　拍博里披叻帕　禀奏皇弟京畿部大臣

有谕令职侦察居住在Hotel de la Paix的改革派华人一事：

职今日下午约四时去那家酒店，见一洋人坐在外面，一曲人（译注：泰语指印度人或马来人）坐在里面。职进入里面，操曲语问，酒店是否有空房。曲人回答说有。职又问，有客人住么。回答说，有，有洋人二人，一位是船长，另有一位是医生，身穿洋服，看来是剪了辫子的华人，会讲法语英语，但不见他做什么事，只见吃饭后就出去，到中午才回来吃午饭。然后坐了一会，又再外出，不知到哪里去。但约15日或20日前，见一华人，过去曾出花会，家住三升区，来找过他，还叫人来接医生去。去过三四回。职得知此情况，就打赏钱8钱给此人，他一副喜欢的样子。希望以后职再去的话，他会从头到尾把此医生的事告诉我。还叫他不要对他人说。此人高兴地保证。当我到酒店的时候，那位医生不在。今日傍晚，职将再到那家酒店去，有何情况以后再报告。

此奏

职 拍博里披叻帕（签名）

附件2：1903年6月5日拍博里披叻帕报告副本，曼谷纪年122年6月5日收到。

曼谷纪年122年6月5日

职　拍博里披叻帕　禀奏皇弟京畿部大臣

职昨日有报告改革派华人一事：

昨日傍晚，职又到Hotel de la Paix，见到此人，但不知何故，该人吃饭后就上卧室去，于是没有得到任何情况。今天中午，职又到酒店去，去吃午饭，吃饭时见到此人，饭后他上卧室去。职于是询问一位认识的洋人，此人是哪国人。洋人回答说，是日本人，是医生。职于是寻找和此人会面的机会。职认识一位日本人，是Colonel Fugushima,

住在日本。和此人见面时，可作为话题。职于是把我的名片给侍者，去交给他，要求见面。见面后，职提起 Colonel Fugushima。他回应说，已升为将军了。于是讲到日本的官场和中国的官场。一讲到中国的官场，他说，中国是个大国，不可能很快昌盛，还指摘今日中国官场，他说，无论如何，将来中国有机会壮大。于是又讲到中国的改革，他说，有好几处，在中国几乎每个城市，在外国也有许多处。他本人对此也尽力给予支持。中国改革一事，日本政府给了强有力的支持。他希望，暹罗也能给予一定支持。在曼谷，改革派也来了，其领袖名道南（译音），日本使节也给予支持。他说，他是华人，生于广东，名叫孙逸仙。他给了我一张名片，并吩咐不要告诉别人。他到曼谷来，用的名字叫杜嘉诺，是日本名字。职于是问道，在曼谷，你不怕有危险么？他回答说，不用怕，因为认识了许多好人家，若有危险，就会知道。他说他这回来，来自东京和西贡，顺道来到曼谷，不久就要回西贡去。接下来职还要侦悉，他要到哪些地方去，有情况当再报告。

职在此报告中附上其名片。

此奏。

职　拍博里披吩帕（签名）

（二）1903 年 6 月 8 日文件

1. 公摩銮纳吩瓦拉立奏文

京畿署

曼谷纪年 122 年 6 月 8 日

臣公摩銮纳吩瓦拉立奏

今日臣收到拍博里披吩帕的报告一份，是侦察孙逸仙活动情况的报告，说华人蓝三今早引他去会见披耶西沙哈贴。臣以为，披耶西沙哈贴与孙逸仙会见一事，可能是皇弟公摩銮昙隆拉差努帕吩咐其侦察孙逸仙。臣特将报告禀奏。

此奏

职　纳吩瓦拉立（签名）

附件：拍博里披叻帕报告副本，曼谷纪年 122 年 6 月 8 日收到。

曼谷纪年 122 年 6 月 8 日

职 拍博里披叻帕 禀奏皇弟京畿部大臣

今日，职依谕令调查华人改革家情况如下。下午三时，职前去 Hotel de la Paix 找孙逸仙，说上次拜访讲到许多问题。他说，法籍华人蓝三提到，披耶西沙哈贴请去会见。早上他去见了披耶西沙哈贴，说了许多有关的事。他下来要去哪里和做什么事，还没有打听到任何情况。职了解到，他和銮讪帕吉比差要好。他还在等船回西贡，因为船还在船坞里。侦悉所得谨此。

此奏。

职　拍博里披叻帕（签名）

（三）1903 年 6 月 11 日文件

公摩銮纳叻瓦拉立奏文

京畿署

曼谷纪年 122 年 6 月 11 日

臣　公摩銮纳叻瓦拉立奏

革命派华人孙逸仙到处会见曼谷华人事，据披耶因他拉提波里西哈叻差廊猛侦得情况向臣报告如下：

会见銮乌隆攀帕匿事，经询问，情况是，孙逸仙过访銮乌隆两次，5 月间 Monsieur 约尔董带他去，说是华人革命派，来旅游，想认识銮乌隆。Monsieur 约尔董于是带他去见。

第二次见面是第一次见面后第三天，是他自己去的。华人亮安（译音）当翻译，说广东话。他对銮乌隆说，他姓孙，名叫逸仙，生于广东省金山（有金矿的山）。谈话中提到中国说，是个辽阔广大的国家，但旧式统治不能维持下去，因为欧洲人欺侮，要去了国土。如果不改变统治制度，中国不能生存下去，会给欧洲人全部拿去。因此由忠于国家的华人组成革命党，共同设法改变统治制度。但当今的中国官员和皇太后不赞同,要抓这些人治罪,于是都逃离中国。孙逸仙到美国和印度去游历,于是来到暹罗。听说暹罗华人很多,想要求有钱华人告诉所有华人爱国,捐款购买武器,因为革命者人很多,在广西就有二十万,但没有武器起事,所以才来求銮乌隆带头募捐,支持购买武器从事革命。

关于统治的改革,銮乌隆询问的结果是,想要成立华人的共和国。如果得到了暹罗华人的捐款,就买武器从云南送去,法国将帮助办理此事。得到武器后,中国革命党人将在广西起义,然后南下广东,在占领的地盘上先成立共和国,然后把革命扩展开去。

銮乌隆回答说,这里的华人恐怕无法募捐金银,有钱人只管做生意,不懂得管理国家,銮乌隆拒绝当募捐人。

披耶因他拉提波里西哈叨差廊猛在公局(做生意的会所)会见了华人大老板,探听华人孙逸仙的消息,他见了哪些人。所有的头家都说,都没有见过他,只是听说他到了曼谷。他们都以为他是前来募捐的。这些老板都说,不会给钱或给他任何帮助,因为不知他是什么人,来自何处。老板们都不相信他的说法,也不认为有何重要,也不可能成功,认为他不过是来骗钱罢了。

今天下午,拍博里披叨帕也去见了孙逸仙,是臣要他去打听孙逸仙来曼谷的目的,结合打听关于革命的想法。拍博里来向臣报告说,见到了孙逸仙还谈了话,只是报告还没有写好,明天才送报告来。臣得报告后,再禀奏。

伏乞

皇上圣鉴。

奏

臣　纳叨瓦拉立(签名)

附件1:銮讪帕吉比差报告副本

曼谷纪年122年6月12日

职銮讪帕吉比差

拜奏皇弟公摩銮提瓦翁瓦罗巴干

职感激至极，受命去会见孙逸仙，已询问详细情况。

10日晚，职前往 DE LA（PAIX）酒店会见孙逸仙，那时他正在用膳。职与之握手，对未及时回复他的信件表示歉意，因为职接获信件时正值繁忙……不能来，今天才来，职还说，由于我祖母的丧事，我十分忙。职问孙逸仙，是否到哪儿去玩没有。孙逸仙答，常在曼谷乘车游玩。并对我说，本月8日星期一上午，内务部次长叫蓝三家佣人展安（THIAN AN）带孙逸仙到披耶西沙哈贴家去见他，谈了大约一个小时。孙逸仙问职，是否因职对披耶西沙哈贴说了，披耶西沙哈贴才知道他在曼谷。职回答说，职没有告诉披耶西沙哈贴。孙逸仙到曼谷一事，大概是秘密侦探知道了，才安排保卫，不让孙逸仙发生意外。正因如此，披耶西沙哈贴才有所知。孙逸仙又说，有京畿部任职的泰人去找他，名叫博里（大概是拍博里披叻帕）。职抢着说，很高兴孙逸仙曾在日本国和法属、英属殖民地居住过，那里有人保护他，来到暹罗曼谷后，同样也要有人保护，不要发生任何危险。孙逸仙问职，披耶西沙哈贴不正是去和法国签订友好条约的人么？职问是谁告诉他的。孙逸仙回答，是披耶西沙哈贴自己说的。孙逸仙问职的看法，法国是否 rectify？职回答说，职也希望法国能 rectify。用完餐后，孙逸仙请职到楼上卧室去。孙逸仙说到暹罗政府，说暹罗国应建立……因为华人很多。暹罗政府应多关心华人的感受，华人才会对它有感情。职说，在暹罗国，暹罗政府对华人并无任何压迫，他们可以按照自己的意愿去谋生，税款也没有收多少。孙逸仙说，暹罗国的华人大概对暹罗政府的统治有某种不满，才愿意当外国使馆的属民。在暹罗国，以法国为例，如今为法国属民的已达一万多人。孙逸仙相信，多数华人爱法国比不上爱暹罗国。之所以愿意成为法国属民，是想寻找暂时的庇护。职于是问，华人入籍法国的一万人，孙逸仙知不知道，他们是否都进行了正当登记。孙逸仙回答说，大概不全都正当的，因此，如果暹罗政府爱护华人，让华人看到暹罗政府的好意，孙逸仙相信，对泰方离心的华人会回转心意回到泰方的统治。职于是问孙逸仙，能想出办法来么？孙逸仙答，应该想得出办法来的，因为他本人了解华人的性情。职于是问孙逸仙，法属华人不愿意属暹罗政府统治原因何在？孙逸仙回答说，华人并不是只入法属，也有许多华人为葡属或英属，这些人同样不满意（暹罗的）统治，因为暹罗政府收税、收辫子劳工税。

职说，暹罗政府征收辫子劳工税，三年一次，收四铢二钱。想想暹罗国以外的其他国家，他们对入境的华人除征税外，还受到何等的压迫。孙逸仙说，要征税就要多征些，鸡毛蒜皮地征也没有什么用，华人也不觉得怎样。职答道，就这样鸡毛蒜皮地征税，华人还高喊困难，如果收得更多，华人就更困难了。孙逸仙说，如果暹罗政府对待华人好，华人就一定不会离心去入外国国籍。例如，在日本的华人愿意接受日本的统治，在法属、英属殖民地的，也愿意接受当地国的统治。职回答说，外国人到别国的殖民地去，愿意也好不愿意也好，都要受当地国的统治。孙逸仙笑。职于是说，所提到的殖民地，没有如暹罗国那样有……的。无论如何，职以为，用欺骗手法为自己取得证件的华人，暹罗政府决不许他为任何一国的属民。此时，蓝三家佣人展安进来找孙逸仙，用英语对话，说去西贡的轮船事。华人展安说，和您去的人怎样去？职问华人展安，有人保护孙逸仙去么？孙逸仙答，是有事去的。告别时，职问孙逸仙，他到曼谷来，在哪国使馆登记过么？孙逸仙说没有。职又问，他真的相信在曼谷不会有危险或意外么？孙逸仙答，他相信如此。职问孙逸仙，他是否相信经常有暹罗密探在保护他。他回答说，他是这样认为的。职于是说，孙逸仙自己都不怕有危险，在暹罗国统治下的其他华人还怕什么。孙逸仙笑了起来。

职请呈上孙逸仙的信件供圣览。

此奏。

职　銮讪帕吉比差

附件2：孙中山英文信件

DE LA PAIX 酒店
曼谷，暹罗
1903年6月6日

銮讪帕吉比差
亲爱的先生：

现在还没有轮船开往西贡,我还要在你的可爱的国家住10天至13天。我想利用这个机会多见见你,和你谈谈有关我们亚洲的事务。你何时有空在家?如果你告诉我确定的时间,我将登门拜访。

谨向您和令叔父致意。

孙逸仙

我的地址如下:
TAKANO
HOTEL DE LA PAIX

(四) 1903年6月13日文件

公摩銮纳叻瓦拉立奏文

京畿署

曼谷纪年122年6月8日

臣公摩銮纳叻瓦拉立奏

昨日臣接到拍博里披叻帕的报告,报告他两天来去见孙逸仙谈论改革事。情况是,改革者分为两派,一派是立宪派,另一派是共和派。又谈到中国政府不支持发展实业;提到日本的政策是支持改革派。但是,有关孙逸仙到曼谷来的目的,还没有直接表示明白,如同与众多华人说的那样。内容见附上的禀奏报告。

此奏

职 纳叻瓦拉立(签名)

附件1:拍博里披叻帕报告副本,曼谷纪年122年6月12日收到。

特别厅次长办公室

曼谷纪年122年6月12日

职 拍博里披叻帕

禀奏皇弟京畿部大臣

本月10日和11日两日,职前去Hotel de la Paix用午餐,以便与孙逸仙熟悉和谈话。他是一个想重新管理中国者，所谈内容见如下报告。

今日中国，想重建中国者有两派。一派想要中国实行立宪，大概是保留皇帝，像日本那样，公开地进行；另一派激烈得多，要中国实行共和，孙逸仙就是这一派。要实行共和并不难，因为皇帝是满族，不是汉（译注：原文作 JIN）人，汉人对当今政府越来越不满。孙逸仙批评当今政府说，今日中国有好几处军火厂，这些军火厂有可生产一切的机器，也有很多技师，可以生产各式各样的武器。但是，一旦需要武器，有关负责官员却向他处购买，以得到佣金。如今，中国要向勐泰、越南、缅甸和其他地方购买大米，每年花费约 600 万元。布匹也是这样，中国花费大量金钱购买日本布和（英国）曼彻斯特布。中国生产棉花销向外国，外国生产成布卖给中国。如果购买机器自己生产，就不会流失金银。中国土地上还有大量的闲置土地，如果把这些土地变成田地和果园，中国的物产就可以自给，不用向外国买，每年的 600 万元就不用花费。加上中国土地上有各式各样的矿产，如煤炭、铁、金矿和其他种种矿藏，能做事的人又多。好好地做，可以生利益和成果。中国是个勤劳和在技术方面有着聪明才智的国家，但由于没有好的人才管理，所以没有好的成果。今日中国的官员，无论做什么都秘密地进行，以中饱私囊。中国的官场因此无法领导中国走向繁荣。其他国家想做什么，都比中国难，因为没有劳动力。中国钱又多，可以出利益成果的土地又多，人又多，好好管理，中国可以成为强大的大国。

另外，日本是个小国，但人口多达 4500 万，到处是人。但日本政府扶植实业，像英国那样，生产物品拿到中国去卖。如果中国被西方国家瓜分，这些人就会制订保护关税（protected tariff），日本货就不能拿到中国去卖。这么一来，日本的利益就会受到损失，就没有足够的金钱供陆军海军用。日本的力量就会后退，不用多久，大约 50 年，日本就会沦为他人的国家。此事日本人知道得很清楚，因此想支持中国的改革派。

孙逸仙对臣说，曼谷纪年 116 年，伦敦的中国使馆把他关在使馆中。此消息当时的报纸都刊载了。臣于是问道，他这次到曼谷来的目的达到了没有？他回答说，这次到曼谷来，只是想来看看，约两个星期就回去。只是不巧乘来的湄公号轮船坏了，不能回去，只好等待。

再过一个星期，才有船回西贡去。臣看见华人陈庆培（译音）和他在 Hotel de la Paix 一起用餐两次，陈庆培是拍乍伦拉查吞的人。以后职将尽力打听有关共和国的事，他们要如何办，什么时候办，谁是头人，有哪些国家支持，从何处弄金钱回来买武器。有何情况，为了中国和暹罗有着共同的利益，职将再次报告。

此奏。

职 拍博里披叻帕（签名）

附件2：拍博里披叻帕报告副本，曼谷纪年122年6月15日收到。

曼谷纪年122年6月13日

职 拍博里披叻帕

禀奏皇弟公摩銮纳叻瓦拉立京畿部大臣

本月13日，职下去 Hotel de la Paix 找孙逸仙，以了解有关在中国革命事。情况是，他们在中国各地都准备好了。一旦时机成熟，他们就将起事。民间有足够的武器，军火厂也有。活动的资金，在中国就可以觅到，中国有钱人很多，这些人同样也认为国家要变，让国家更繁荣。只是从别的国家华人那里得到很少的捐款，因为出国谋生的华人是底层人，即使腰缠万贯也不愿捐献，因为不了解政治。谁是头人还没有任命，尽管他猜想得到，但还不能说出名字来。支持他们的国家，有英国、美国、日本和法国，这些国家都是做生意的国家。这些国家认为，如果中国的政治秩序好了，生意就会兴旺起来。现在，他们只能在中国沿海大城市做生意，而不让在全中国做生意。孙逸仙对职说，他听说日本人要在曼谷出华文报。如果日本人可以出版报纸，他们就可以知道华人的感受。如果是这样的话，也许是好事，也许是坏事。如果不好的话，就会给暹罗政府带来很多麻烦，因为不知道日本人有何打算。看来暹罗政府还是自己出好，（报纸）作为政府的喉舌，可以知道暹罗华人的想法，对暹罗政府有莫大好处。

职同意此说，日本人打算在曼谷出华文报，这是一件重大的事。

此奏。

职 拍博里披叻帕（签名）

（御批）送回公摩銮纳叻瓦拉立。

> 御秘书处
> 曼谷纪年 122 年 6 月 14 日

禀皇弟公摩銮提瓦翁瓦罗巴干，收到本月 12 日编号 84/2774 御书，送回銮讪帕吉比差有关与华人孙逸仙谈话事和孙逸仙的中文信的复本，已禀奏皇上悉。

（五）1903 年 6 月 22 日文件

公摩銮纳叻瓦拉立奏文

> 京畿署
> 曼谷纪年 122 年 6 月 22 日

臣公摩銮纳叻瓦拉立奏

臣接到拍博里披叻帕的报告，昨日确认华人孙逸仙搭乘南东号（译音）轮船离开曼谷去西贡。现将复本呈奏供御览。

此奏

> 臣　纳叻瓦拉立（签名）

附件：拍博里披叻帕报告副本，曼谷纪年 122 年 6 月 22 日收到。

> 特别部次长办公室
> 曼谷纪年 122 年 6 月 22 日

职拍博里披叻帕，侦察局厅次长

禀奏京畿部大臣皇弟公摩銮纳叻瓦拉立

本月 17 日，职去 Hotel de la Paix 找孙逸仙。他告知臣说，他最近就要去西贡，然后再去日本、美国和欧洲。他以后不再到曼谷来。

臣交代要曲孟洛监视。如今，已得曲孟洛消息说，孙逸仙已于本月 21 日已乘南东轮离开曼谷到西贡去。

此奏

> 职　拍博里披叻帕（签名）

三　孙中山 1903 年来暹档案讨论

泰国学者普瓦敦（孙顺兴）写道：

> 公元 1903 年 5 月,（孙逸仙）使用假名 Takano 来曼谷。他得到有影响的华侨头家丁（Towkay Teng, Luang Udonphanit, 銮乌隆帕匿）、伍蓝三和二哥丰三人的保护。他们不但是包税官，而且与官廷成员有着密切联系。于是，孙逸仙不但人身安全，还说服泰国其他富裕华人接受其革命思想，以使其祖国富强。他的活动保密，不为泰政府所知达数周。……孙逸仙革命活动的消息不久到处流传，泰国政府惊悉他在曼谷的活动。……命令他于 1903 年 6 月 21 日离开曼谷。①

利用同一资料，普瓦敦在其 2002 年出版的著作中对同一事件的叙述是：

> 公元 1903 年 5 月,（孙中山）使用假名 Takano 来曼谷，住在挽叻 Hotel de la Paix。他会见了銮乌隆帕匿（乃阿功丁），法国驻河内使馆高级官员 Hardouin 先生告诉他说，此人在曼谷的华侨中颇有影响。另二位是伍毓郎和二哥丰。②

这家法国人开的酒店 Hotel de la Paix 位于今中央邮政局右侧石龙军路上，斜对面是素里翁路。在一本英文 1907 年的曼谷旅游指导书中，有一张地图标明此酒店的具体所在。

当年在曼谷华侨中有影响的人物，据档案记载，一是銮乌隆帕匿（金成利），二是二哥丰，三是津蓝三。笔者曾诠释说，金成利（銮乌隆帕匿）即张见三，津蓝三即伍森源，二哥丰即郑智勇，③ 如今看来，有误。

---

① Phuwadol Songprasert（孙顺兴），"Reinterpretation of Anti‐Chinese Movement in Thailand, 1903 – 1925"，载吴伦霓霞、郑赤琰编《两次世界大战期间在亚洲之海外华人》，香港中文大学，1989，第 416 页。
② Phuwadol Songprasert, *The Overseas Chinese* (Bangkok: Tipping Point Press, 2002), p. 98.
③ 拙作《孙中山先生 1903 年来暹考》中，把孙先生会见的津蓝三释作伍森源、銮乌隆帕匿（金成利）释作张见三，有误。见《亚太研究》2002 年第 2 期。

从以上引用的资料看，孙中山先生于 1903 年来暹，有以下几点需要进一步讨论。

（1）孙先生抵曼谷的具体时间。

（2）他会见的銮乌隆帕匿等三人是谁？銮乌隆帕匿是张宗煌还是其子张见三，津蓝三或伍蓝三是伍森源还是其子伍佐南？

（3）他是否会见了萧佛成等。

（一）孙中山抵曼谷的具体时间

《国父年谱》载：

> 孙中山先生在一九零二年到一九零三年游越南时，曾由西贡来曼谷。①

陈锡祺主编的《孙中山年谱长编》未提及此事。②

攀尼说，孙先生于 1903 年 6 月初来曼谷。可是，官方文件表明，1903 年 6 月 3 日，拉玛五世手谕京畿部大臣，派人侦察和跟踪孙先生的活动。6 月 5 日，京畿部大臣已有奏札向国王报告孙先生的行踪和活动细节。因此，孙先生抵达曼谷的时间应在 5 月间，而不是 6 月初。普瓦敦推测为 5 月是合理的。具体日期尚待进一步探索。

为什么攀尼和普瓦敦根据同一资料来源，却有不同的结论呢？

这里想说明一下。泰国国家档案馆有规定，此类御前文件，只许看，不许抄，不许做摘要，不准照相，更不准复印。查阅者看后，只能凭印象和理解做出解说。文责自负。这就是不同结论的由来。

孙先生于 1903 年 6 月 21 日乘船离开曼谷前往西贡，这倒可以肯定。他在曼谷停留期间，其活动未能保密，不是"不为政府所知达数周"，而是很快就为泰国政府侦悉，因为和孙先生会见的金成利头家就是官方的代表。同样，1903 年此行，孙先生并未能说服泰国其他富裕华人接受其革命思想，

---

① 罗家伦主编《国父年谱》上册，中国国民党中央委员党史委员会，1985 年增订本，第 170 页，转引自蒋永敬《暹华萧佛成与民初革命》，载吴伦霓霞、郑赤琰主编《两次世界大战期间在亚洲之海外华人》，香港中文大学，1989。

② 陈锡祺主编《孙中山年谱长编》上册，中华书局，1991，第 287 页。

这一点下面还要提到。

(二) 銮乌隆帕匿是谁

上揭文献中提到：通过法国人的介绍，孙先生会见了三位华侨中坚分子：津蓝三、二哥丰和銮乌隆帕匿（金成利）。

这里先说说銮乌隆帕匿（金成利）。

銮乌隆帕匿，攀尼释为金成利，普瓦敦释作阿功丁或头家登，即君丁。据天华医院纪念特刊载其创办人张见三先生事略：

> 张见三先生，系广东省潮安县西坑乡人，其尊翁张宗煌老丈，即近日泰华侨社所传诵妇孺皆知之君丁，创设金成利行，经营火砻、火锯、森林、木材等业务，范围之广，规模之大举世莫俦，于是富甲全侨，名震遐迩。[①]

这里提到金成利是张宗煌所创办，但没有提到张宗煌会见孙中山，却提到其子张见三参与革命，与萧佛成为同志，以及张见三与伍淼源等创办天华医院。

有泰文张宗煌传，是有"泰国历史之父"之称的昙隆亲王在张宗煌去世那年写的，题目是《銮乌隆攀帕匿（乌登·梭帕诺隆）传》，该传云：

> 銮乌隆攀帕匿，潮州人，原名乌登，御赐泰姓梭帕诺隆，小历1204年虎年（佛历2385年，公元1842年）三月十八生于中国，十八岁来泰国，时佛历2402年羊年（公元1859年）拉玛四世时期。
>
> 銮乌隆爱讲述他初到泰国谋生的事给我听。初来时，只有身穿的衣裤和一张草席，要借钱做船资。初来泰国，受雇为划船杂工，那时马路还少，出门以舟船为主，当地华人头家多用三桅舢板。出门时，老板坐船尾，前头有划手二人，多半雇用新唐，工钱廉宜，因不须懂泰语，可任由头家使唤。直到还清了所欠船钱后，才去公司当伙头，给杂工做饭，工钱比以前高。积蓄够做生意的本钱后，听朋友说，北

[①]《天华医院成立八十周年纪念特刊》，曼谷，天华医院，1984。

部做生意比曼谷方便。拉玛五世时期，离开曼谷到北部达城，不久到清迈做生意。稍有地位后，觐见拍昭因他威雅暧，时尚为清迈王，逐渐稔熟。后来，上谕由昭披耶叻达那提北（那时还是拍那霖叻差社尼）为清迈太守。熟悉后，常加照顾，得以包揽税务，人称为"阿功登"，后来生意扩展到达城，得当地女子娘功通为妻，生子一人，名见，即拍梭蓬碧差叻……如今继承祖业，为其父主持丧事。

后来在达城与友人合伙做生意，字号"金成利"，包揽清迈税务，并从事自清迈至北榄坡的生意。佛历2436年（公元1893年），昭披耶叻达那提北回到曼谷，于是随来曼谷设金成利行，（投昙隆亲王门下①）。合伙三友于是分道扬镳，銮乌隆在曼谷，另一人在清迈，一人在达城。

曼谷金成利兴建火砻5所，锯木场3所，船坞1所，做砻米和锯木生意，也包揽税务。……金成利在三升港上建一座桥，献给拉玛五世，上赐名金成利桥。

后来，已年老，业务交给其子，他本人回中国去，住了几年，修缮祖屋，修建本人的风水。回泰后，更是衰老，住在三升金成利。于佛历2462年（1919年）9月4日去世，享年78岁。②

素帕叻·勒帕匿军在其文章中补充道：

銮乌隆攀帕匿这个称号和职位，原属左港厅，食田400。但是在政体改革后，管理华人事务已分属京畿部和内务部，京畿部管理曼谷的华人，内务部管理内地华人，原属左港厅的称号和职位也就分到京畿部和内务部。銮乌隆攀帕匿因此改属京畿部。

由于其事业成功和富裕，他在华人社会中交游广，是声誉好的知名人士，是当日泰国的华人领袖。……他于1898年捐款建金成利桥。……（估计于佛历2449年，公元1906年）他回中国去。……佛历2456年（公元1913年）他回泰国来。同年9月19日，拉玛六世赐

---

① 参见素帕叻·勒帕匿军《曼谷王朝时期部分泰国华裔显贵家族》（泰文），《素可泰大学学报》第六卷第三期，1993年9～12月，第69页。
② 昙隆亲王：《銮乌隆攀帕匿（乌登·梭帕诺隆）传》，载昙隆亲王《我所认识的好人》第一册，鸾讪印务局，1983，第263页。

姓梭帕诺隆。①

天华医院纪念特刊叙述其子张见三云：

> 先生继志承业，发扬光大……闻诸乡先进云，先生少负戎马之大志……适孙中山先生倡导革命，组织同盟会，慨然与萧佛成先生等结为同志交，抱振兴中华之志，岂普通商贾之所能哉！……在泰国更多所贡献，尤以光绪甲辰年，与伍淼源、刘聪敏、高晖石、刘继宾、王杏洲诸先生，创办泰京天华医院……侨社口碑载道。②

张见三于1904年共同发起建立天华医院，1906年至1908年投资三家银行，1909年投资华暹船务公司等。复投资潮汕、粤汉、津浦等铁路。这个时期，张宗煌已经回中国去，也正是这个时期，他加入同盟会，与萧佛成等为莫逆。

文献中往往称之为"金成利"或座山见（潮音），其爵号为銮梭蓬碧差叻或拍梭蓬碧差叻。

张宗煌于1906年回中国去，回国前，他是华侨社会最有影响的人物，因此，孙中山在曼谷会见的最有影响的銮乌隆攀帕匿（不是銮乌隆帕匿），是张宗煌，他是金成利的头家，俗称君丁或君登，泰文文献中称津登。

从泰国官方文献看，俗称君丁或君登的金成利头家张宗煌有内务部长昙隆亲王为后台，泰国政府对他是绝对信任的。他会见孙中山先生这段经历未见其他著作提到过。

（三）津蓝三是伍淼源还是伍佐南

文件说得明白，孙先生会见了二哥丰，即郑智勇，会见了銮乌隆攀帕匿（张宗煌），还会见了津蓝三。

这位津蓝三到底是谁？是伍淼源还是其子伍佐南？攀尼对此未做说明，

---

① 参见素帕叻·勒帕匿军《曼谷王朝时期部分泰国华裔显贵家族》（泰文），《素可泰大学学报》第六卷第三期，1993年9~12月，第69页。
② 《天华医院成立八十周年纪念特刊》，曼谷，天华医院，1984。

普瓦敦则注明此位蓝三是伍佐南。

近年来出版的《华侨华人百科全书》有关词条载：

"伍淼源，泰国华侨富商。广东梅县人。生卒年不详。……逝世时年仅59岁，时在20世纪初。"①

"伍佐南（1879－1939），祖籍广东梅县，生于泰国。伍淼源之子。早年助其父经营广源隆商号。1905年和1908年孙中山到泰国宣传革命，伍联络志同道合者，响应孙中山号召，建立中华会所，支持中国革命。"②

《华侨华人百科全书》没有说明1903年的津蓝三到底是谁，是伍淼源还是伍佐南。

曼谷天华医院于1904年成立之日，标明伍淼源为创办人之一。因此，这一年他还健在，而且《天华医院成立八十周年纪念特刊》还载其"历任本院董事长多届"，未注明其去世年份，仅言其享年五十有九。《侨贤志》亦语焉不详。倒是近人蔡志祥先生于2001年到梅县松口去调查，写的一篇文章，讨论了伍淼源的年代。

他写道：

> 泰国伍蓝三家族的第一代伍淼源（1854年－1913年）为广东梅县松口人。十多二十岁时，即在泰王拉玛五世时，由梅县渡泰。最初在泰北一华人经营的卖酒的店铺工作。店铺的东主统率经营木材生意。伍淼源因此习得经营木材的知识，并于1901年在曼谷设立经营柚木生意的广源隆行。③

蔡氏以日人末广昭的著作为依据，把伍氏生卒年定为1854－1913年。④他又提到吴继岳的说法，伍淼源在"辛亥革命前数年逝世"⑤。另外，又据《梅县伍应鹏公传》说，伍应鹏（伍淼源）生于清咸丰元年，卒于光绪己未

---

① 周南京主编《华侨华人百科全书》人物卷，中国华侨出版社，2001，第552页。
② 周南京主编《华侨华人百科全书》人物卷，中国华侨出版社，2001，第555页。
③ 蔡志祥：《泰国伍蓝三家族：华侨本土化的思考》，《新加坡华裔馆通讯》2003年3月第1期。
④ 末广昭、南原真：《泰国的财阀》，东京同文馆，1991。
⑤ 吴继岳：《六十年海外见闻录》，香港南粤出版社，1983。

年，享寿 59 岁。①

据此，孙中山先生抵暹罗之时，伍森源氏尚健在，他仍在侨社活动。那么，伍森源是否会见了孙先生呢？

笔者以为，如果蓝三家族会见了孙先生的话，会见的人不是伍森源，而是其子伍佐南，道理也简单，伍森源"中年以后颇崇信佛道"，且无官方背景，他不会去涉足政治的，反观伍佐南，他在泰国出生，1903 年正值 25 岁，熟悉本地情况，有一定的政见，且是侨社活跃人士。

（四）孙中山是否会见了萧佛成

有一篇文章提到：

> 1903 年，孙中山第一次到达暹罗，进行秘密的革命活动，为了逃避清政府驻外人员的注意，就化了一个接近泰人的名字杜嘉诺，拟与曼谷的洪门组织联系。洪门组织在暹罗华人社区中具有一股庞大的力量，为了争取洪门（私派）中的人为革命效力，孙中山亲自参加了这个组织，并在暹罗结交了萧佛成等人，同年八月，他才离开曼谷前往日本横滨。②

这一小段文字错误百出，要加以辨明。

（1）孙中山到暹罗使用的化名"杜嘉诺"，是日本式名字，不是"接近泰人的名字"。

（2）需要说明的是，孙先生 1903 年到暹罗来会见了张宗煌，有官方报告为证，但他是否会见了郑智勇和伍佐南，还不能肯定，因没有任何文献可据。因此，"为了争取洪门（私派）中的人为革命效力，孙中山亲自参加了这个组织"的说法，没有根据。根据文献，孙先生是于 1903 年稍晚，才在檀香山加入洪门致公堂的。③

（3）据上引《国父年谱》，孙先生在 1903 年由西贡来曼谷时得识萧佛

---

① 蔡志祥：《泰国伍蓝三家族：华侨本土化的思考》附录二《梅县伍应鹏公传》，《新加坡华裔馆通讯》2003 年 3 月第 1 期。
② 徐启恒：《泰国华侨与辛亥革命》，曼谷《新中原报》2002 年 10 月 15 日 "黄金地"版转载。
③ 黄建淳：《新加坡华侨会党对辛亥革命影响之研究》，新加坡南洋学会，1988。

成。但萧佛成的自述,并未提及 1903 年与孙先生会晤之事。其自述最初与革命人士交往的,为陈景华。①

(4)"同年(1903)八月,他才离开曼谷前往日本横滨。"泰国官方文件注明,孙先生于 6 月 21 日离开曼谷,前往西贡,而不是 8 月才离开。

```
COPY.

HOTEL DE LA PAIX
    Bangkok, Siam.              June 6th 1903.

M. Luang Sarpakitch,

Dear Sir,
        There is no steamer go to Saigon at present.
I have still 10 or 12 days to stay in your lovely
country. I should like to utilise this opportunity to
see you more and have a talk with you about our Asiatic
affair. When will you have leisure to be at home ?
I will call upon you if you just let me know the proper
time.
        With my best regards to you and your uncle.
                Yours very truly
                    (SG)  Sun Yatsen.


Address to me thus:-
    Takano
        Hotel de la Paix.
```

图 1 1903 年 6 月 6 日孙中山致暹罗外交部銮汕帕吉比差函件
(泰国国家档案馆藏)

---

① 萧佛成述,邓雪峰记:《暹罗华侨革命过程述略》,《三民主义月刊》民国二十五年第七卷四期,第 23~25 页,转引自蒋永敬《暹华萧佛成与民初革命》,见吴伦霓霞、郑赤琰编《两次世界大战期间在亚洲之海外华人》,香港中文大学,1989。

Archives Regarding Dr. Sun Yat-sen's Activity in Siam in 1903

Pichai Laiteerapong

(The Institute for Thai-China Relations Studies)

Abstract: Dr. Sun Yatsun came to Thailand in 1903 to make a survey on the Chinese society. By that time the Siamese government kept watch on him. Government kept watch on him and the records were kept in the national archives. This article translates the records into chinese and discusses relevant figures and issues.

Keywords: Dr. Sun Yat-sen; Siam; Archives

(责任编辑：肖潇)

东南亚在地史料与华人社会：以砂印边境客家聚落为例[*]

淡江大学 黄建淳[**]

摘　要　本文以马来西亚砂拉越与印度尼西亚西加里曼丹边境地区的客家聚落为例，说明东南亚在地史料之收集、整理及应用。作者通过多年田野调查的亲身经历指出，在地史料蕴含着华侨华人可歌可泣的史实，能与文献相互勘考，值得开发网罗。

关键词　*砂拉越　西加里曼丹　客家　在地史料　田野调查*

海外在地史料丰富有趣，百闻不如一见，婆罗洲当地华人的生活对话，就趣味横生。例如他们说："serah，给那个 mada 仔出一张 saman 给我，叫我明仔日去玻璃顶 menyiasat。"这话听来似懂非懂。实则这段话当中：wa 就是福建话"我"，"pagin"就是英文的 parking，"serah"是当地土著语言"错误"，这句话其实就是我违规停车。"mada"是马来文"眼睛"之意，华人引申为警察之代称，"menyiasat"则有审问之意。而"玻璃顶"指 police station，合而为"警察请我到派出所去问讯"。一句简单、多语交混的日常对话，听来活灵活现，倍感亲切，也反映了华人生活融入当地。此一简单例证，适可说明田野调查所网罗的在地资料，更能贴近华侨华人社会发展脉络，增加研究的说服力。

本文呈现作者于婆罗洲砂、印边界考察的田野资料，说明在地史料的特色。砂印边境横跨马来西亚砂拉越州及印度尼西亚所属的西加里曼丹省，自古以来客家聚落遍布。古籍文献中，有许多闽粤人士离乡背井，流移到

---

[*]　本文由陈琮渊、邓进升据作者 2015 年 5 月 25 日在华侨大学华侨华人研究院作华侨华人/国际关系研究名家讲座的录音整理而成，并经作者本人审订。
[**]　黄建淳，淡江大学历史学系教授。

东南亚各地的记载。而婆罗洲当地由于蕴藏丰富的金、银、铜、铁、锑等资源，被誉为"金山"或"新金山"。18 世纪初期，就已经吸引华工前往开矿垦殖，其中又以客属华工为多。华工初抵时因为人生地不熟，多半是基于相近的血缘、相同的地缘，也就是同宗或同乡的关系，相互照应，彼此聚集，结合成史料称为"山沙"的小团体。而后随着移民人口渐增，团体规模与彼此的联系也不断扩大。事实上，东南亚华人移民的生活经验，即是以适应当地、克服困难为基调，小团体间相互结盟整合，最后就发展出成员高达数万的"公司"组织。18 世纪，西婆罗洲就已出现了著名的三大华人公司，包括坤甸（Pontianak）、东万律（Mandor）一带的兰芳公司，规模最大、成立最早的大港公司，以及三发地区的三条沟公司，至于石隆门十二分公司，则成立于 1830 年。

三大华人公司在 18 世纪时已成气候，统辖近 20 万人口，势力范围遍布西婆罗洲，时因争夺矿山利权，引发大小冲突，械斗规模如同战争。根据作者历次田野调查所悉，三大公司的华工多来自广东的海丰、陆丰、惠来、普宁、揭阳、大埔、梅县等，除了挖金掘矿外，也与周边民族从事交易买卖，土著民族酷爱中国的瓷器、陶瓮。例如雕龙陶瓮被伊班族视为珍宝，流传至今。若赴当地土著长屋，可以见到这些老瓮至今仍在使用，这些文物很多是宋元明清的贸易瓷。当然，类此历代家传，长屋主人亦不轻易割爱，外人若过度觊觎会被视为有意侵犯。除了陶瓮、瓷盘，土著民族还喜欢当地不出产的玻璃珠、布匹等；而华人也喜欢土著采集的燕窝、熊胆、猴胆石、树脂、樟脑，还有黑檀、紫檀、沉香等珍贵森林产品。

三大华人公司当中最知名者当属兰芳公司，相关史料亦最为丰富。大港、三条沟公司所遗留的资料则多被荷兰东印度公司所没收或毁坏。三大华人公司跟荷兰东印度公司关系复杂，彼此竞逐、相互利用，殖民者更擅长在三大公司之间挑拨离间。兰芳公司由来自广东梅县的罗芳伯所创，罗氏在西加里曼丹被称为"坤甸王"。据罗香林教授著作所载，兰芳公司完备的官职、法律、赋税、徭役体系及强大武装，给当时采访的英国记者留下了深刻印象。这位英国记者在新加坡的报端上将兰芳公司形容为"华人共和国"，罗香林教授据而提出兰芳共和国一说，不难想象，其规模及影响力在当时的西加里曼丹非常显赫。罗芳伯远近知名，他的家乡甚至有座罗芳伯纪念堂，而兰芳公司所使用的官防在 1884 年为荷兰东印度公司掳去，现在藏于印度尼西亚雅加达博物院。根据史料所载，兰芳公司内部制度严密，自制枪炮、刀械，武装强大，并铸造自己的钱币。这些钱币俗称"猪仔钱"，多以陶土烧制，作为工资发放、消费借贷的媒介，包括当时华工所盛行的烟、酒、赌、当等，其中烟是鸦片烟、鸦片膏，当是典当劳力，而华工典当所得多用来吃喝玩乐，故契约不断延长，难以翻身。多年以前，笔者曾在新加坡芳林埔（现在芳林公园附近）跳蚤市场，寻获许多"猪仔钱"等在地史料。"猪仔钱"以动物象征面值，例如一只鹿可换一只鸡，一只虎可换半斤肉等，非常有趣。

17世纪中叶，荷兰借着船坚炮利，在巴达维亚，就是今天的雅加达建立东印度公司。1823年，其势力延伸至西加里曼丹，扼制了三大华人公司出海口岸，对其多所掣肘，双方时见干戈。1824年，荷印公司以华人甲必丹（英文Captain，荷兰文Kapitien）头衔收买兰芳公司第五任领导人刘台二。嗣后，华人甲必丹被殖民政府赋予倡导政令、管理华工，成为当局与华人社会间的重要桥梁。西婆罗洲华人公司领袖乐于接受甲必丹封衔，着眼于大炮、长枪、火铳等新式武器的取得，以增强武力，在公司间的斗争中占得上风。但如此一来，兰芳公司原本独立自主的华人领袖，受封甲必丹后变成听命于荷印公司的政治附庸。当时三大华人公司为矿产之争，未免干戈相向，荷印公司就以新式武器为诱饵，进行挑拨离间，加剧公司之间的矛盾与斗争，再见机消减华人势力范围，成为最大的获利者。

华人公司内讧加剧，战祸频仍，部分成员不愿长此以往，选择分道扬镳，另谋出路。其中，刘善邦于1830年离开兰芳公司，领导千百名华工翻山越岭北移到石隆门，组成十二分公司。十二分公司励精图治，大本营就在帽山。此外，大港公司被荷印公司征服后，残部迁移到英吉里利，成立了十五分公司。十五分公司原属大港公司，十二分公司则为兰芳公司旧部，北移到砂拉越后，仍然相争不下，互不往来。但也因距离遥远，少有摩擦、冲突的记录。

由西加里曼丹向砂拉越北移的客籍华工，安家落户不久后，即面临新政权的挑战。此乃英国人詹姆士·布鲁克（James Brooke）建立的世袭王朝。布鲁克的父亲是英国东印度公司高级官员，与英殖民地政府关系良好。布鲁克从小耳濡目染，对于近在咫尺的婆罗洲，心生向往。继承父亲的庞大遗产后，布鲁克即订制武装炮舰，招兵买马，到婆罗洲实践冒险梦想。

砂拉越原属于文莱苏丹统治,但当时政权旁落,诸侯不服管制,不愿纳贡缴税,文莱苏丹无能为力,希望当时到访的布鲁克能帮助平乱。文莱苏丹应允在事成之后,委以拉者(Raja)封衔。布鲁克以其机巧,说服英国军舰到南中国海巡戈一圈,几乎不费一枪一弹,就将乱事摆平。文莱苏丹也于1841年履行承诺,布鲁克成为砂拉越拉者,但仍然受到文莱中央节制。

布鲁克政府建都于砂拉越河畔的古晋(Kuching),成立之初与近郊的十二分公司相安无事。但是后来十二分公司为何要推翻布鲁克政府?主要因素有三:第一,布鲁克立国之初,见该公司人多势众,财力武装兼备,非常礼遇、尊重,甚至订约分治,言明砂拉越河上游领土归公司管辖,承认十二分公司治权,未敢越雷池一步。第二,1846年,布鲁克疑心文莱苏丹要对付他,因此先下手为强,挥军直入文莱王宫,迫使文莱苏丹无条件割让砂拉越,从此布鲁克王朝不再按年缴税纳贡,而成为独立的国家,1850年获得美国承认,不久后英国也承认其政权,还派领事驻古晋。因实力大增,有恃无恐,布鲁克要与十二分公司共同管理矿务财政,并限缩公司对重大刑案的审判权。1856年,布鲁克引进英国资本慕娘公司,刻意在十二分公司边界发展矿务,作风强势霸道,使十二分公司倍感威胁。第三,十二分公司感受其经济利益,以及自治自主权力不断丧失,为求生存,埋下了1857年推翻暴政的动机。

十二分公司领导人刘善邦,率领武装战士一行将近2000人,枕戈待旦,在誓师出征以前,还在三山国王庙祭拜祈求,每人佩戴三山国王护身符。1857年2月18日,抗暴兵队分成数十艘船舰,沿砂拉越河而下,午夜时分抵达布鲁克官邸,埋下炸弹,意图炸死砂王布鲁克,但只斩杀了貌似布鲁克的英籍青年,占领政府,搜刮财物,抢夺粮仓。布鲁克在厮杀混乱之际逃出官邸,三天后带领大批骁勇善战的伊班土著反攻,内外包抄,十二分公司且败且退,受创严重。历史记载,伊班土著个性凶悍,杀敌之后常把敌人的头斩下,用炭火烘焙,再用竹编套网,悬挂在长屋的天花板上,以炫耀杀敌的勇猛。在其习俗里面,猎头越多表示越勇猛,也就越受人尊敬。华工终究不敌布鲁克联军,尤其在刘善邦阵亡后,群龙无首,残部退回石隆门的大本营,死伤惨重,无力再战,老弱妇孺全部藏匿在一个石洞里面,然而土著对地势地形了然于胸,以火计攻坚,洞内老幼悉数烧死呛死,无一幸免,洞内现今还可以看到骨骸遍地,阴森可怖。该石洞尸臭远播,成为石隆门今名Bau的典故,Bau在马来文中意为臭。

华人社群为了纪念刘善邦阵亡就义，在新尧湾（Siniawan）友銮路旁建立善邦庙，供奉刘氏神主牌位，客家父老歌颂刘善邦是当地的开山地主，香火不断。田野调查时，笔者曾一一抄列庙中碑铭，包括其对联：三公建业谋事百年心生为社稷，义结金兰功亏一篑血泪染山河。即使到今天，每年中元节普渡时，当地人仍举办大型的纪念刘善邦的抢孤大会，甚至可以看到用金银纸钱剪成，上书"刘善邦"的战袍。2006年，石隆门华人出资为刘善邦建一方开山始祖反殖烈士的英雄纪念碑。

将视角移回西加里曼丹的坤甸。坤甸是兰芳公司的发源地。现今坤甸客家华社中最重要的组织，当为西加孔教总会，该会一度活跃，但1960年中期因严重的排华运动使会务停摆，直到1998年印度尼西亚改革开放，才逐步地恢复，目前总会统合了58所华人社团，社会功能扩张到赈灾、地震、文化教育、公共建设等，影响力也日益累增，唯一受限之处是不能参与政治活动。坤甸稍北的山口洋（Singkawang）也是客家重镇，抗日战争时，当地客家人自发成立筹赈祖国难民委员会，贡献很多。此外，树立于市中心的龙柱，也成为山口洋的一个地标，令人一望便知是华人城镇，但另一边的街角，又可以看到宏伟的伊斯兰清真寺，两者并立也见证了民族的和谐共处。

大同党以前曾经是华人政党，但排华运动后几经变革，政治功能已经荡然无存，现为联系客属乡谊的社团之一。值得一提的是，西加里曼丹的副省长黄汉山是当地土生土长的客籍华人，对于维护客籍社团的权益，华文教育的推展，奉献可观心力。黄氏虽然掌握汉语、印度尼西亚语及客家话，但访谈过程中，笔者无论用汉语或客家话提问，他都只用印度尼西亚语回答，由秘书翻译，显见印度尼西亚华人政治人员恪守立场的谨慎程度。一位客籍华人成为西加里曼丹副省长也非比寻常，从另一个角度看，黄氏正是华人与印度尼西亚人之间的桥梁。

在华文教育方面，西加里曼丹华文教育协调机构发挥重要角色，它的主要功能是协助各地华文学校、华文补习所进行招生、师资培训、教材编撰、课程设计、教学考试等业务，特别在排华时期，华文的使用及教学相当敏感。千禧年前后开放以来，当地人士几经努力，华文教育在西加里曼丹快速复苏。事实上，西加里曼丹的客家聚落非常重视华文教育，比如东万律设有芳伯公学，首府坤甸文教发达自不在话下，甚至山口洋还成立了华文教师联谊会，这些教育团体，显示各地客家人对华文教育的付出与奉献，当地人士都是自发性地捐资兴学。除此之外，也可从四处林立的华文补习所，以及在客籍华社时常举办的书法展览会看出，西加里曼丹客家社会传承华文教育、发扬中华文化不遗余力。

在砂印边境散布许多客家聚落，现多发展出农矿以外的新风貌。石隆门新建牌坊已经成为石隆门观光的地标，不但缅怀先贤，也深具客家文化的特色。位于古晋近郊的另一个客家聚落新尧湾也非常热闹。而在砂印边境的三马丹（Sematan），毗邻南中国海，景色优美，客家人士在此发展海洋特色的观光度假村，跟以前早期客家先民务农为生不可同日而语。近邻三马丹的客家聚落名为伦乐（Lundu），也发展成非常漂亮的小区。在砂印边境的客家社区，当地土著跟客籍华人通婚现象普遍，有增无减。据笔者调查所悉，砂印边界的比达友族女性有不少嫁给客籍华人，访谈过程中，这些比达友族妇女不但客家话流利，还能做出地道的客家菜，甚至在石隆门路边卖龙眼的比达友族人，也操持流利的客家话；砂印边境各处生活及语言融合的情况如此密切，土客通婚、几代同堂也就不足为奇了。除此之外，西加里曼丹地区的客家聚落中，也有不少客籍女性远嫁到台湾，落户在桃园、新竹、苗栗等地。经营餐厅的客籍黄老板，把当地耳熟能详的马来民谣改编成客家山歌，融合马来民谣轻快活泼的旋律及客家山歌淳朴逗趣的歌词，不仅悦耳有趣，假如仔细地分析，这即是在地史料，显现出海外华人族群融合的例证。

本文探讨砂印边境客家聚落的历史与发展，但为了进一步说明东南亚在地史料的应用，兹举下列田野见闻及研究心得为证。

首先谈谈马六甲青云亭。马六甲青云亭建于明末清初，发展至今雕梁画栋、颇具规模。庙中有一方李为经颂德碑。李为经别号君长，银同之婺江人，"银同"即泉州府同安县，明末李氏因国祚沧桑，航海南行，旋居此国（荷兰殖民地）。这个颂德碑刻画当时历史脉络，是珍贵的史料。更重要的是，此一在地史料具现当地的华人社会发展，启迪研究思路。第一，由碑铭可见，荷兰公司为管理马六甲而授予李为经甲必丹头衔，可见当时华人在李氏辖下已有一定规模；第二，此碑刻上还篆刻"因明季国祚沧桑"云云，可得知一个事实，也就是，李为经等人不愿意被异族统治，选择出走异乡。特别在康熙二十三（1683 年）年郑克塽降清后，许多明朝的遗老遗少航海南行，另谋别图。因此，若能将此碑铭与中国本身的历史文献相互对照，当可发展出许多重要的研究课题。

笔者在国民党党史会（旧称阳明书屋）所存的史料中发现，一批反清复明的遗民，在郑氏降清后分别搭乘六艘船只流亡海外，其中两艘到吕宋（菲律宾），两艘到泰国，一艘到马六甲，一艘到缅甸仰光。当时笔者为了此一记事跑遍了东南亚各地，希望能够发现硕果仅存的文物资料，可以串联佐证，最后终于在马六甲青云亭发现了李为经颂德碑。碑上的系年为"龙飞乙丑"。乙丑年我们知道是康熙初年，但为什么不写康熙呢？为什么冠上龙飞呢？令人好奇。事实上，龙飞并非特定君主的年号，而是反清之士自用之系年，饶宗颐认为"龙"代表中国，那这个"飞"，代表翱翔、自在。通过文献及在地史料分析印证，才知是前呼后应，既因反清复明而来，自不会冠上清代年号，显然这个碑铭，具有强烈的政治色彩。要特别强调的是，从在地史料与文献史料的相互勘考，能使研究者叙述、分析的史事立体化。总结来说，在地史料可以弥补国内资料的不足，许多文献纸上谈兵，零散分歧，常使研究者倍感困扰，若有海外在地史料佐助，则可正本清源、精准定位。

最后，八年抗战时期，海外的华人社会自发性地去筹组这种筹赈费。在砂拉越诗巫（Sibu），华侨因爱国而筹组筹赈会，从事募捐，老师组合唱团，学生组卖花队，提倡节省烟茶费，买枝花儿救国家。开三轮车的，卖红豆冰的，剪头发的，都有自发性的筹赈。所留存的相片及记录等都是珍贵的在地史料。

本文以砂印边境的客家聚落为列，简述在地史料如何应用在华侨华人的研究上，应当指陈，当地史料蕴含着华侨华人可歌可泣的史实，能与文献相互勘考，值得开发网罗。

Southeast Asian Local Historical Materials and Overseas Chinese Communities：An Exploration of the Hakka Settlement in the Borderland between Sarawak and West Kalimantan

Huang Jian-Chun

(Tamkang University)

Abstract：Taking an analysis of the Hakka settlement in the borderland between Sarawak and West Kalimantan as an example, this paper attempt to further explain the collection and application of Southeast Asian local historical materials. Through the extensive fieldwork experience, I argue that in order to advance the Overseas Chinese studies, scholars should integrated documentation with local historical materials.

Keywords: Sarawak; West Kalimantan; Hakka; Local Historical Materials; Fieldwork

（责任编辑：杨剑亮）

陈哲明《中国纪游》研究

汕头大学　陈嘉顺[*]

摘　要　20世纪50年代的中国和东南亚，国家之间的关系风云变幻，社会变迁深刻地影响了生活在东南亚的华人华侨，他们通过各种途径对故乡社会进行回忆和记录，回中国旅游之后形成的游记就是其中一种。本文通过对1957年回中国旅游的马来亚华侨陈哲明所著的《中国纪游》一书的研究，从背景与材料的介绍，旅游的记录与作者的记忆，序言、赠诗等与陈哲明形象的变迁三方面展开讨论，最后提出如何理解当代海外华人与中国故乡关系的一点肤浅看法。

关键词　游记　海外华人　侨居国　祖居国　侨乡　陈哲明　中国纪游

一　引言：背景与材料

20世纪50年代初期，中华人民共和国对华侨仍沿袭了民国政府的华侨政策，承认华侨的双重国籍身份。但随着多数华侨侨居的东南亚国家纷纷独立，伴随而来的民族主义兴起，更由于冷战导致的国际关系恶化，华侨与当地原住民之间产生了严重的对抗意识，东南亚国家对新成立的中华人民共和国政府和自身境内众多的华侨抱有不信任态度。1955年，中国与印尼签订了《关于双重国籍问题的条约》，宣告中国政府从此放弃双重国籍政策，鼓励华侨归化当地，效忠侨居国。1956年9月，中国共产党在北京召开了第八次全国代表大会，确定了基本路线、方针和总战略目标。为适应这一时期国际和国内形势的需要，中国政府的侨务工作也做出相应的调

---

[*] 陈嘉顺，汕头大学图书馆馆员，潮汕历史文化研究中心学术委员会秘书长。

整，① 周恩来、何香凝、廖承志、方方等领导人多次对华侨工作做出批示，鼓励侨眷和国外亲友保持联系。如1957年3月16日，中华人民共和国华侨事务委员会副主任方方在全国政协二届三次会议上发表讲话，鼓励华侨与当地人民亲密友好相处，增进中国的文化、经济和侨居地的文化、经济交流，并得到进一步的发展；认为华侨愿意和当地人民长期共处而自愿选择留在当地的国籍，既符合华侨的愿望，也符合中国政府与印尼政府签订的关于双重国籍问题的条约精神。② 与此同时，海外华侨也纷纷表达了各自对于归化侨居国，认同中国为祖居国的态度，如1953年在马来亚大山脚举行的第19届马来亚潮州公会联合会上，大会主席吴志发提出了在独立后的马来亚，华人必须关心政治，争取公民权这一关键问题，他说，"未来的马来亚是我们马来亚人的马来亚……我们成了合法的马来亚公民，并不是我们一定要把祖宗家乡都要甩掉……"③

在这种时代背景下，不少华侨通过回中国大陆旅游参观，表达了对新政权的态度，特别是1956年，回中国观光的人数，超过了1950～1955年五年的总和。④ 一些华侨将自己在中国的见闻记录下来，他们以自己的所观所感向人们展示了一个较直观的中国大陆社会画卷。马来亚陈哲明1957年创作的《中国纪游》便是其中一部。⑤

陈哲明是广东澄海樟林南社人，1916年南渡马来亚谋生。樟林是明清时代广东东部最重要的贸易港口，汕头开埠后又发展成为著名的侨乡，一直为许多研究中外交通史、东南亚史和华侨华人史的学者关注。⑥ 陈哲明的详细传记可见1950年出版之《马来亚潮侨通鉴》，谨录如下：

> 陈哲明先生，学名天寿，号戒怒，乳名来庆，澄海樟林乡人。清

---

① 任贵祥、赵红英：《华侨华人与国共关系》，武汉出版社，1999，第281～282页。
② 方方：《关于目前侨务工作的一些问题》（1957年3月16日），本材料为汕头侨联原副主席许自堂先生提供。
③ 陈剑虹：《槟榔屿潮州人史纲》，槟榔屿潮州会馆，2010，第151～152页。
④ 方方：《关于目前侨务工作的一些问题》（1957年3月16日），本材料为汕头侨联原副主席许自堂先生提供。
⑤ 陈哲明：《中国纪游》，新加坡南洋印刷社有限公司，1957。《中国纪游》全书影印件，承蒙张金浩先生提供，文中未注明出处的引文，均出自该书。
⑥ 关于樟林的研究，可参见张映秋、黄光武、张应龙、陈春声诸位学者自1990年以来发表的一系列研究成果。

光绪十六年生于故乡，幼习儒业，弱冠南来，经商霹雳。父登渚翁，为里中名绅者；母义慈太夫人，慈悲为心，仁义成性，生平未曾出一恶语，里党称贤焉。妻邹氏御清，又名淑清，有乃姑之风，孝义仁慈，助夫教子，饶有贤誉。先生少壮时，志图自立，不愿居人篱下，故南来四十年，受职仅一载。民国十一年，曾在布先埠开采锡矿，号曰：明兴公司，锡矿号曰：吉昌公司。民国十五年在宋溪埠创茂泰生理，兼承领各埠皇家医院粮食达五载，获利颇丰。并于该埠发起创立公立启明学校，以兴文化。奈时运限人，每遭坷坎，深感命运之多舛，生理之得失靡常。前此布先埠之锡矿停采，盖缘坭塗倒陷，弗郎填塞，工人死亡众多，资本尽失；朝为富翁，暮作穷汉矣。至宋溪埠生理停业，因被友累，以致资财尽归乌有，一旦妙手空空，几同仲尼在陈。不得已设帐谋生，悬壶度日，飘零数秋。迨民国二十四年，在怡保拿吃律创陈昌发号，又曾集资创办永发椰油厂、有发粮食店、启发杂货店、丰茂肥皂厂等生理。

图1　陈哲明
图片来源：陈哲明《中国纪游》。

　　先生为人温文尔雅，磊落慷慨，孝父母，重信义，喜吟咏，信因果，守正道，从正直，每叹世风不古，悲道德沦亡，虽居商界之中，每怀出尘之念。对社会公益事业，惟求实际，不博虚名，尝任霹雳火葬会财政、霹雳佛学社副总理、德善堂副总理、各寺院名誉理事、韩江公会及育华学校文化主任。兹逾耳顺，健同而立。五男二女八孙，俱皆聪慧英伟。家庭之乐融融，积善之家有余庆，其此之谓欤！①

　　怡保位于马来亚中北部，素有山城之称，是马来亚矿藏最富庶区域之一。未开埠前，已有潮人足迹，但仅为一般劳动界，人数不过数百，但工、

---

① 潘醒农编著《马来亚潮侨通鉴》，新加坡南岛出版社，1950，第148页。

商、矿各业均有插足其中，至1916年约有2000人，自此逐年增加，至1950年调查，怡保潮籍乡人达六七千人。1916年秋，韩江公会获得批准成立，马兰馨为第一任总理。当时经费不多，仅赁得旧街场店屋一幢为临时会所。至1918年，公会于怡保客栈街购店两间为正式会所。之后历任总理多为社会知名人士，会务得到迅速发展。在度过20世纪30年代的世界性经济萧条之后，韩江公会积极吸收社员。1940年冬，又购置新街场波士打律63号洋楼一座为会所。日军南侵时，会所家具、档案损失严重，会务遂告停顿。"二战"结束后，韩江公会收回会产，召开乡众大会，成立筹备复兴委员会，复兴委员会共有11位委员，陈哲明先生即居其中。[①]

1957年，陈哲明在中国期间，除回故乡澄海祭祖、参观之外，还游览了北京、南京、上海、武汉、广州、杭州等地，每到一地，他都留下一些游记文字和照片，回马来亚后，他将游记汇编成《中国纪游》，在马来亚出版后寄发部分回汕头、澄海侨联，又寄给樟林侨联60本，分发乡友。[②] 在书中，陈哲明记录了他在游途中的所见所闻，为当时的东南亚了解中国大陆提供了信息。本文拟对此部游记进行梳理，试图通过对作品进行分析，从中考察一位马来亚侨领对50年代后期中国大陆社会、文化等方面的情感和认知，从而展现当年中国与南洋社会互动的一个侧面。

二 旅游的记录与作者的记忆

《中国纪游》共五十五章，书首有乡中文士陈直民等人所作之序及作者自序共七篇，又有海内外亲友17人赠诗26首，第一章是"重履国土"，第二至六章均记录其在樟林之事，第七至十一章为潮州城游记，从第十二章起，分别为广州、武汉、北京、南京、上海、杭州等地游记，最后两章为

---

① 佚名：《吡叻韩江公会史略》，载《马潮联合会金禧纪念特刊》，马来西亚潮州公会联合会，1984，第156~157页；佚名：《霹雳韩江公会》，载潘醒农编著《马来亚潮侨通鉴》，新加坡南岛出版社，1950，第313~314页。此两份材料关于韩江公会的介绍略有出入，《霹雳韩江公会》记载公会成立于1918年，而《吡叻韩江公会史略》记载公会成立于1916年，《吡叻韩江公会史略》虽然较早出版，但《吡叻韩江公会史略》记录较详细，故公会成立依1916年录。

② 调查材料。调查时间：2011年2月8日，调查对象：林端南，调查地点：樟林新兴街医疗站。

"回返汕头"和"归回怡保"。

图 2 《中国纪游》书影

《中国纪游》对旅游全程以流水式记录，从第七章"韩文公祠"始，每一篇游记一般分为三部分，除将时、地、人、事介绍清楚外，又大量抄录各处景点介绍和相关之诗文名作、历史故事等，最后还有陈哲明所作"按语"。如"韩文公祠"一章，他全文抄录苏轼《潮州韩文公庙碑》后，作按语道：

> 哲谓韩文公乃我潮人士之所敬仰而崇拜者，虽妇孺亦莫不闻其名。然公之历史，则非普通人所能详悉。予今不自愧才学之浅鲜、笔墨之无能，爰将公生平之历史，略述于后。使后之人得知公之所以能传名于千古，而庙食不衰，岂无因也。

又全文录下韩愈《谏迎佛骨表》《鳄鱼文》《谢上表》等与潮州相关的文章，至此，这些文字已不单单是游记，实际上是韩愈与潮州关系的文献汇编。接着旅游的一系列景点，同样作如是记录。

陈哲明回中国旅游的动机，正如第一章"重履国土"所言：

予五男二女，男女内孙十九人，皆属侨生。长男虽云国产，然自襁褓随母南来，皆不知故国之所在，家乡为何物。而我两老皆古稀之年，风烛草霜，为日无几：窃恐一旦遽捐馆舍，而子孙必皆成为夷狄之人；对于予木本水源之心，慎终追远之意，岂不一旦尽付诸流水也耶？每一念及，宁不戚然心伤焉。忖思狡兔尚有三窟，何况我人乎？于是毅然决然：摒开万般俗务，不计一切得失……旨在省先人之坟墓，观祖国之风光；使儿辈知家乡之所在，明其身之由来，识亲朋之容颜，冀他日之往还。

是冀望在有生之年，通过回到中国省亲观光的方式，建立其子孙对于"祖国"、"家乡"的认知，维系海外子孙与家乡亲朋之间的联系，以免日后子孙"成为夷狄之人"，断绝与中国、侨乡的社会、文化的关系。

至于陈哲明出版《中国纪游》之旨趣，则见诸书末"编后语"：

溯自京返汕，经星回怡。海内外亲朋，咸来问讯，或大驾光临，或邮封远寄，询我所游何地，所看何物，有何印象，有何感触，实难以一一对答。幸游屐所经，笔诸小册，名都胜迹，摄入镜中；原拟留诸行箧，遗诸后嗣，以备他日身入祖国，可资印证。今既承诸亲友殷殷询问，然恐口述既难尽意，又未免有挂一漏万；于是集众腋以成裘，错五采而施绘，凡所目击，咸登掌录，附图一百七十七片，全部自著、自写、自编排、自插图、自圈点、自校对，伏案三月余，昼以继夜，遂成此《归国纪游》[①]一书，以留鸿爪，以赠亲朋。

是在"留诸行箧，遗诸后嗣，以备他日身入祖国，可资印证"的影响子孙的初衷的基础上，以出版书籍的方式，以及向海内外亲朋广泛赠阅的文献传播方式，扩展该文献的社会影响力。

[①] 在该"编后语"末，注有"本书命名，原拟作《归国纪游》，因受种种关系，故改为《中国纪游》"。

陈哲明在中国的 84 天大致行程见表 1。

表 1　陈哲明在中国的 84 天行程表

时间	事项
5月12日	从新加坡乘船回中国
5月17日	在汕头海关前登陆，由汕头侨联会董事迎接
5月21日上午	到澄海澄城，参观澄海城区
5月21日下午至6月14日	在樟林乡居
6月14日至17日下午	潮州城游览
6月17日下午至19日上午	居汕头，乘车往广州，晚宿鮀门
6月20日至23日	游览广州六榕寺、中山纪念堂、黄花岗烈士墓、白云山、广州博物馆等，乘火车赴汉口
6月24日	参观武汉体育学校、汉阳铸铁厂、归元禅寺、长江大桥，从汉口乘火车上北京
6月26日至7月2日	在北京游览故宫、全国农业展览会、北海公园、北京动物园、天坛、颐和园、碧云寺、长城、十三陵，乘火车南下南京
7月3日至5日	游南京灵谷公园、燕子矶、雨花台、中山陵、明孝陵、玄武湖，乘火车于5日晚到达上海
7月6日至7日	在上海游玉佛寺、静安寺、襄阳公园、动物园、龙华塔，于7日下午6时到杭州
7月8日至10日	游杭州西湖、清涟寺、灵隐寺、三天竺、六和塔、虎跑泉、净慈寺、雷峰塔等，10日晚返广州
7月13日至30日	由广州返汕头，宿汕头华侨服务社
7月30日	乘船回马来亚
8月4日	到达新加坡港

从表 1 可见，陈哲明回国后较多时间居于樟林乡中，这期间最主要的事就是修整祖墓。其祖墓有两处：一在东官路学辰公，一在鸿沟乡镐山祖。墓前种蒜，墓顶栽葱，虽欲向墓行礼，奈无可立足之地。其父母之墓，虽没有被人作园圃，而坟身之土，却被人掘去大半，几成平埔，墓前野草丛生，高过于人，福神之碑，没于草间，遍寻不得。陈哲明南渡之后，家中人以未回灵不可拜墓为由，即断祭扫，令他浩叹良深，愤然道：

未回灵不可食饭是真实，未回灵不可拜墓是假词。何以未回灵不可食饭，予非妄骂，实具真理。因先人之事尚未理楚，为子孙者，应当寝食不安，若所行为，何以对先人于天上乎……

陈哲明又以父母之墓葬在祖父母墓之左侧，不合尊卑之序为由，在祖父母墓之右侧建一自己之生基。营造前，众人请一风水先生上山看风水，因多个房头占有该生基，哲明不得不从。风水先生以方向不合为由，建议不可造生基，陈哲明认为：

我存心凭天理，作事照情理，合方向与不合方向，我都不理……天留之以与有德之人；苟不忠不孝，善念毫无，虽有吉穴，终变坏地……谚云：初一十五，作事免查部，五月初一即可兴工，好歹予一人自当，与众无干。

风水先生又建议，要写陈哲明之时辰八字，查看有无刑冲。陈哲明以兄弟三人三房份，不可只顾自己，不顾他人，最后他道出了个人的观点：

生为中国之人，死葬中国之土，固所愿也。纵或不然，他日作衣冠冢，与葬骸骨何异。且人之既死也，魂销魄散，茫茫渺渺，已无知觉，而转入轮回矣。惟有忠孝良善之人，死而精灵不灭，英魄长存，来去无形，一息万里，天涯海角，任其所之，此所谓神而灵者也。若谓人死变鬼，则世上皆鬼，无路可行矣！今夫子孙之拜祭先人坟墓者，乃纪念生我育我之恩，追思木本水源之德。世人不察，不知立德立言，以福荫父母。徒自寻山觅穴，以冀自己发财。愚孰甚焉？

人们对于自身历史的记忆不仅是一种社会的建构，而且是出于面临具体的生活境遇时的需求。[①] 陈哲明亲历清末民初的地方变局，而离开中国的这 41 年，正是中国社会发生翻天覆地变化的几十年，尽管国内各事，陈哲明很可能从报纸等途径获悉，但毕竟不是亲身体验。当回到故乡，受到地

[①] 赵世瑜：《祖先记忆、家园象征与族群历史——山西洪洞大槐树传说解析》，《历史研究》2006 年第 1 期。

方领导和侨联工作人员的热情接待后,他不由感慨良多。1957年5月21日,在澄海接待陈哲明的是澄海县副县长王鼎新①,王鼎新陪同其参观澄海城八角楼、澄海第一中学、澄海人民医院、文化宫、侨联会等处,又在县政府设宴款待。王鼎新给陈哲明留下良好的印象,陈哲明写道:

> 遥想专制时代,作一县官,不知何等威风。出则皂隶呼喝,铜锣十三响;入则佳人捧袂,妾侍四五人;下情民艰,更不肯一劳方寸。鼓动衙开,巍以高坐,惟有桎梏从事,毫无爱民之心……今日之县官,清廉如水,从何枉狱可言;下情上达,无须明镜高悬;以今比昔,何啻天渊之别哉?

图3 陈哲明(右三)与王鼎新(右四)在澄海县人民委员会门外合照
图片来源:陈哲明《中国纪游》。

陈哲明在游杭州苏小小墓之后,引用崇祯年间潮州"戊辰八贤"的黄

---

① 王鼎新(1894—1968),澄海莲下人,1914年春东渡日本求学,1921年春回中国,1946年,在澄海创办苏北中学,并任校长。1957年任澄海县副县长,"文革"中被迫害致死。王鼎新又擅长书法,时人赞为"鼎新体"。参见潮汕百科全书编辑委员会编《潮汕百科全书》,中国大百科全书出版社,1994,第607页。《中国纪游》封面书名即是王鼎新所题。

奇遇①"请会贷银"的传说②，批评黄奇遇心胸狭窄，与王鼎新作为新时代官员的上述良好印象进行对比。

陈哲明对王鼎新的记述和评语，固然是一己之见，但仍不失为一个观察1949年后中国大陆社会变迁的角度。对于黄奇遇的认知，表达了陈哲明对官员个人道德修养的要求，至于传说的真实程度，他并不关心，凭着自己的记忆进行书写，他记忆中的"史事"，是一种为当时需要而进行的建构，是个人主观情感、社会关系的社会记忆中的产物。因此，可以说，《中国纪游》一书就是陈哲明回故国旅游的记录与个人认知相结合的作品。

三　序言、赠诗等与陈哲明形象的变迁

《中国纪游》书首除陈哲明自序外，还有序6篇，又有海内外亲友17人赠诗26首，这些序言和赠诗，连同当时的报道，共同建构了陈哲明爱国华侨、慈善家、恩爱夫妻、振兴文风等光辉形象，但时过境迁，当今留在樟林的陈哲明形象更令人关心，本部分将陈哲明的形象进行整理和归纳，探讨这些形象形成和变迁的时代意义。

（1）爱国华侨。陈哲明回国时，《汕头报》《潮州报》和《澄海报》均有报道，内容相近，《汕头报》以《老华侨携眷涉洋回国观光》为题，③报道如下：

---

① 黄奇遇，字亨臣，揭阳渔湖广美人。少失怙，恪守母训，以文章知名，登崇祯戊辰进士，授固安知县，善于其职，得士民心……捐赀筑城，采修邑乘，甲戌入觐，值中贵张彝宪督民部事，遇独不为屈焉，卓异对策，称旨特擢翰林编修，与修《实录》，历春坊中允，兼《起居注》，旋丁母忧，九军贼刘公显陷揭被掠，自贼中逃出，后杜门乡居，足不入城市，更号平斋，日坐一榻，论古著作，以课二子，自署为绿园居士，卒年六十八……参见雍正《揭阳县志》卷六《贤品》，潮州市地方志办公室，2003。黄奇遇在永历朝以遭吴党排挤，而是时在朝为官之潮籍人氏多与吴党习，故现存当时潮人文集，罕见与奇遇文章往来，入清后，府县志又不记奇遇在南明诸事，使其生平事迹益晦不彰。揭阳孙杜平先生积数年之功，所辑奇遇遗文者，仅潮中方志一诗一文，《潮州灵光集》及《东安县志》、《番禺县志》和诸族谱等处得诗文若干。

② 在民间的传说中，黄奇遇自幼家贫，为凑上京赴考之款向族亲求助无果，后得屠夫夫妇支持，考中进士。荣归当日，官船到达榕江双溪嘴，众乡绅拟下河去扶船。奇遇以"免用扶，免用扶，水涨船自浮！"相讥。又在设宴酬谢时，当众以金银酬谢屠夫、奚落其他族人。参见黄永清讲述、黄月哲采录《黄奇遇的传说——请会贷银》，载《汕头民间故事选本》，汕头市民间文学三套集成编委会，1989，第97~98页。

③ 佚名：《汕头报》1957年5月23日，第2版。

马来亚怡保侨殷商陈哲明先生于本月 17 日带着家眷回到阔别 41 年的祖国。他到汕头后，受到有关方面的亲切接待。这位 68 岁的老华侨，深深地感到祖国的温暖。

陈哲明原籍澄海樟林，40 多年来生活在马来亚，子孙满堂。但他时刻怀念着祖国和家乡。解放后祖国的强大，使他太高兴了。为了让儿子看看祖国和家乡，他今年先带两个儿子回来观光，明年后年再带其他子孙回来探望。

陈哲明先生将于最近携眷北上参观祖国各大城市，看看祖国在建设中的雄伟面貌。

（2）恩爱夫妻的楷模。陈汰余①的"序言"则多谈陈哲明夫唱妇随、恩爱夫妻的道德楷模：

今观先生之为人，曰孝、曰义，人堪楷式……富而多妾侍，人之常情也，先生乃一夫一妇，老而爱情弥笃，不独唱随于家庭，而玩水观山，参禅礼佛，以及亲朋宴会，市廛游行，亦必夫妇与共，步履相随……先生之德配邹夫人，孝义不亚于先生，仁慈为人所钦佩，且能助先生赞襄商务，应酬友朋，当夫二次世界大战争，家产荡然，南洋之人，真同涸鲋，夫人更能藉女工以助家计，日夜操作，任劳任苦，克俭克勤……②

（3）慈善家。宋芷亭③则称赞陈哲明捐资兴建公益事业的善举：

乐善不倦，见义勇为，如见东官路之雨亭倾圮，立为兴工修葺，

---

① 陈汰余，澄海樟林人，原名耀乾，系樟东名宿。曾参加丁未黄花岗起义，失败后奔暹罗谋生，改名汰余。作联可以自嘲，云："汰存笔舌论今古，余下聪明辨是非。"遗著有《樟林乡土志略》等存世。本材料为林端南先生提供。
② 陈汰余：《中国纪游·序》，载陈哲明《中国纪游》，新加坡南洋印刷社有限公司，1957，序言第 4 页。
③ 宋芷亭，樟林北社人，早年旅新加坡，与陈哲明为同乡友，情谊甚笃，光复后回乡，略有积蓄，捐资建莲花山下红涂内岭可上亭。陈哲明回乡时，故里遇知己，相见甚欢，20 世纪 60 年代初去世。本材料为黄光武先生提供。

不惜巨赀，使该亭焕然一新，行人有赖，故命名安息亭。又建筑雨亭两座于本乡石丁溪南北两岸，名为临溪亭。亭当交通要冲之地，俾农人往来工作，既免待渡而久立，又免烈日之晒身，风雨之侵体，闾里称扬，颂声载道。先生造福人群，泽及行人……①

（4）振兴文风之人。陈哲明先前著有《哲明诗集》《道余文钞》，回乡时带有不少赠送乡友，詹哲明②读后曰：

慨自科举罢废，赓歌之歇绝莫闻。再经日寇摧夷，经传之焚几尽。文献失征，欲休风而不再。骚坛寂泯，恨古道之难期。今得海外元音，灌输祖国，恢复雅化，振起文风！继绝续之渊源，开昌期之景运，作中流之砥柱……③

（5）德学兼优之人。周隐生④的"序"写道：

晚年参悟禅机，醉心德教，立善愿于浇漓，挽颓风于末俗。律己力行，诲人不倦，一念慈悲，胜诵道德千卷！如先生者，毋愧圣教中之正人君子，诚德学兼优之士也。⑤

除序言外，赠诗也同样对陈哲明的各种形象进行推介。如黄少铿⑥"且

---

① 宋芷亭：《中国纪游·序》，载陈哲明《中国纪游》，新加坡南洋印刷社有限公司，1957，序言第 9 页。
② 詹哲明（1878—1971），澄海信宁人，青年时期执教于澄海、汕头，宣统二年受汕头惠潮嘉出品协会之聘，任出席南京"南洋劝业会"代表团文案。中年远涉重洋，先至星洲，后转泰国曼谷，任曼谷四海通银行、中华总商会文案，在泰国还创办崇文学校，1934 年后息居家园。参见詹哲明《詹氏三代书法艺术（詹哲明卷）》，文物出版社，2009。
③ 詹哲明：《中国纪游·序》，载陈哲明《中国纪游》，新加坡南洋印刷社有限公司，1957，序言第 11 页。
④ 周隐生在"序言"中落款仅是署名，其个人生平不详。
⑤ 周隐生：《中国纪游·序》，载陈哲明《中国纪游》，新加坡南洋印刷社有限公司，1957，序言第 15 页。
⑥ 黄少铿，樟林知名文士，擅长制谜诗文，是 20 世纪 40 年代樟林"四并斋"谜社主要人物，晚年旅居香港，但与家乡联系甚密，乡间每有谜会，常回澄猜射。本材料由林端南先生提供。

喜行人堪驻足，不愁烈日正当头……为敬解囊陈善士，无缘一面识荆州"[1]；吴淑瑜[2]"宣扬德教本师训，大任同肩振古风"[3]；陈德宏[4]"弱冠南游见异才，古稀富贵几人回。羡君夙愿酬今日，慈善为怀众共推"[5]；马贵德[6]"哲学深微不易精，我思立德访先生……星马千秋垂典范，芳庐百世展英名"[7]。

由是，陈哲明的光辉形象通过文本得到强调，随着时间的推移，他的形象是否已有所变迁？

笔者2011年初到樟林调查时，在南社轻而易举地寻访到陈哲明故居。故居现位于樟林南社竹竿巷12号，门匾原书"南康世家"，四字和门肚浮雕在"文革"中被铲平。这是一座面积近1000平方米的庭院大宅，气势不凡，内有20多间房间，又有宽阔的中庭，壁上仍保留当年所绘的壁画，依然精美。在屋中一角，70年代曾发生火灾，烧毁数间房间，但因家中原有房间仍够居住而没有修复，明显可见过火痕迹。面对这样的历史现场，唤起笔者强烈地对事实和实物进行比较和思考的欲望，希望在更平实的生活经验和更大范围的关注中，提升对这段故事的领悟。

---

[1] 黄少铿：《赠诗》，载陈哲明《中国纪游》，新加坡南洋印刷社有限公司，1957，赠诗第1页。

[2] 吴淑瑜，生活于清末至20世纪60年代后期，澄海城郊昆美乡人，清代末科秀才，以教书为业，壮岁旅居印尼坤甸，主持商会文书，民国初获选华侨参政议员，回国参会，后归隐乡间，设"明道"、"明德"两学校。参见陈景熙撰《民国潮汕侨乡代赈模式研究——以澄海明德善社为个案》，未刊；《中国纪游·诸贤赠诗》"附注"。

[3] 吴淑瑜：《赠诗》，载陈哲明《中国纪游》，新加坡南洋印刷社有限公司，1957，赠诗第4页。

[4] 陈德宏（1915—1991），樟林人，先后求学于广州兴华医学院、中山大学，学成后在汕头业医，1949年后回樟林设诊所，其医术高明、医德高尚，乡人多赞誉。又热心公益事业，积极发动旅外华侨为家乡捐资修桥造路，兴办教育，1956年起兼任樟东镇侨联会主任。参见林瑞平编著《樟林塘西》，香港天马出版有限公司，2007，第89～90页。

[5] 陈德宏：《赠诗》，载陈哲明《中国纪游》，新加坡南洋印刷社有限公司，1957，赠诗第6页。

[6] 马贵德（1915—1983），潮阳棉城南薰乡人，其在20世纪40年代末离开中国大陆之前的十余年中，曾当过中小学教员、中医师、文化机构职员、商人。其为德教早期主要人物，喜用古典诗文的表达方式勉人立德，借助中医、命卜等方术救治民众身心，以期信众济世。参见陈景熙《海外华人宗教文书与文化传承——新马德教紫系文献（1947—1966）研究》，中山大学历史系2010年博士学位论文，第32～36页。

[7] 马贵德：《赠诗》，载陈哲明《中国纪游》，新加坡南洋印刷社有限公司，1957，赠诗第7页。

为我们带路的一位中年乡民很快认出《中国纪游》里几张合影照片中的人，并饶有兴致地谈起当年陈哲明回乡情形之后，特别强调陈哲明刚入家门时，特地包了几百个红包，由两位儿子在门口分发给来看热闹的乡童，一时人数众多，有的孩童一领再领，弄得陈哲明颇有意见。现在这座大屋前部分由陈哲明的侄孙陈利才①一家居住，后部分出租给一家外来打工者。在陈利才家中，他告诉我们陈哲明有三兄弟，哲明居末，原有五子三女，其中一女系认养，后来哲明的第三子与这位认养的妹妹产生恋情而成婚，由妹妹而成妻子成一时笑谈。1957年陈哲明回汕头期间，曾在汕头市区购置产业（具体地点不详，后来被人侵占），但回马来亚后音讯渐疏，再也没有回中国，当时修的生基仍在山上。在物资紧张的60年代，曾偶有寄衣食等物资回乡。陈哲明的夫人1963年去世后，众子女因闹分家而争吵不休，和故乡亲人也没联系。直到1996年，陈哲明的二女婿因欲到汕头向政府讨回被侵占的侨产，才回樟林探亲，但来去匆匆，更没有像1957年一样向乡人分发红包。在南社陈氏宗祠"永思堂"，在里面闲坐的大多数老人虽然还记得陈哲明回乡一事，但都不愿多谈，一位最年长者告诉我们，陈氏宗祠90年代重建、2001年整修时，都曾向海内外乡亲募捐，但陈哲明的后裔都没有捐款，因此族亲对他越来越陌生。而在南社宫②，负责管理的老人自言对陈哲明回乡之行印象颇深，认为其捐资修东官路凉亭，不过是用灰水涂抹墙壁、将凉亭打扫干净而已，纯粹是沽名之事，又直言陈哲明与二兄不和，回乡时哲明一意重修祖坟，又不听风水先生之言，破了整个陈家的风水，陈哲明最终也未能归葬故乡，山上当年营造的生基早已野草丛生……

至此，在樟林乡中，我们听到了陈哲明的另一种形象，村民、亲人和族人口中，都没有了爱国华侨、慈善家、恩爱夫妻的楷模这些光辉形象，人们的记忆已随着时间的推移而改变，可以说这种变化极大，几乎是全部改变。我们感兴趣的是为何在不同的历史背景下，陈哲明的形象发生如此变化呢？

黄贤强教授曾以张弼士为例，对张弼士的多种形象进行分析，在分析

---

① 陈利才，1954年生，现在樟林南社社区居委会工作，系陈哲明二兄之孙，《中国纪游》中收录有一张其父与哲明二子手持"陈氏"灯笼，合影于故居门前的照片。
② 南社宫即樟林南社的山海雄镇庙，陈哲明于1957年6月4日携家眷在此观看洪水，并摄有照片收于《中国纪游》。

张弼士形象变化的原因时，认为是客观时局和集体记忆（集体期望）使然。① 套用这两个观点同样可以对陈哲明形象进行分析。

当年陈哲明回乡期间，正是英国殖民者即将结束统治，马来亚准备宣布独立之时。1957年，马来亚华人、马来人和印度人收入不平衡现象与欧洲和北美发达国家相比，虽然比较突出，但又比菲律宾、泰国和锡兰等同等发展水平的国家较好，当年华人总收入为12.99亿林吉特，占马来亚全国总收入的48.7%，多于年总收入10.08亿林吉特的马来人和年总收入3.58亿林吉特的印度人。② 良好的经济状况为侨批源源不断地汇往中国提供了基础，中国大陆的建设需要这些支持，中国东南沿海侨乡的侨属，也需要这些侨批养家糊口，中国政府尽管放弃双重国籍的政策，一个家庭可能由两个以上国籍的人组成，但在地方政府和乡间人士，依然没有这方面的心理障碍，华侨的形象仍然是良好的、正面的。当时的《人民日报》社论认为："国内相当大部分的侨眷，在今后一定时期内，在生活上还必须依靠侨汇来接济和补助……对华侨工商业家回国投资工农业的，必须予以欢迎和合作。"③ 陈春声教授指出，民国年间潮汕地区的社会文化与普通百姓的日常生活，与侨居于环南中国海周边地区的乡亲有密切的关系，就当时人的观念而言，他们很容易感觉到自己生活在一个与海外世界有紧密联系的网络之中。④ 我们完全可以相信，作为从事商业活动的华侨，他们关注的是在中国的家乡和亲人，而非政治，家乡的政府和亲人又关心华侨能否一如既往地给予经济上的支持，海外和侨乡这种联系的网络直到20世纪50年代仍然非常紧密。

但是50多年来，中国和马来亚社会都发生了巨大的变化，特别是中国在"文革"期间，盲目排外，闭关自守，实行内外关系隔绝和户籍封闭的政策，实行"不给外籍华人回乡、不给华侨回国定居"等"六不"政策，

---

① 黄贤强：《历史书写与文化记忆——以张弼士为例》，载郑培凯、陈国成主编《史迹、文献、历史——中外文化与历史记忆》，广西师范大学出版社，2008，第98~113页。
② 林勇：《马来西亚华人与马来人经济地位变化比较研究（1957—2005）》，厦门大学出版社，2008，第64~67页。
③ 人民日报社论：《贯彻侨务政策坚决保护侨汇》，载《对资本主义国家和地区侨汇工作手册》，中国人民银行总行国外业务管理局，1964，第4~6页。
④ 陈春声：《从家书到公共文献——从陈子昭书札看潮州商人与家乡的联系》，载李志贤主编《海外潮人的移民经验》，新加坡潮州八邑会馆，2003，第32~54页。

甚至对华人捐资为家乡兴办公益事业,也拒之门外,诬为收买人心,与中国共产党夺权,海外华人面对国内风起云涌的政治运动,望而生畏,不敢与家乡亲人联系。①中国政府在"文革"结束后,重新重视侨务工作,将吸引外资作为重要内容,但几十年的隔绝,老辈的离去,海外华人对故乡的认识和侨乡民众对海外华人的认识都各自发生很大的变化,海外移民与家人和家乡的互动关系已不是非常明显。新一代在马来亚(马来西亚)出生的华人对这片土地产生了深深的眷恋之情,随着民族主义运动的进展,马来亚社会已从依靠政治手段来建立民族发展到广大人民支持这种运动阶段,②其社会政治认同已从中国向马来亚转化。③再者,当时的华文教育者认为华族如果要在这块土地上生存下去,必须果敢地弃绝政治上认同中国,把视线移到马来亚(马来西亚),为下一代展开新的心理建设。④至此,新生代华人对中国故乡的印象已越来越模糊。同时,生活在侨乡者对海外亲人虽然渐渐只剩下记忆,但故居的保留却又不断加强着他们对历史的回忆,双方在不同的轨道上前进,当年衣锦还乡的故事就容易产生了反作用,陈哲明身上的光环慢慢隐去,新的形象也就进入集体记忆中,各人心目中的陈哲明形象自然与当年的情形有了相当大的距离。

四 余论:如何理解当代海外华人与中国故乡的关系

1957年其实是中国大陆非常不平凡的一年。当年2月27日,毛泽东在最高国务会议第11次(扩大)会议上发表了《关于正确处理人民内部矛盾的问题》的讲话,讲话稿在会后经整理、补充、修改,于6月19日在《人民日报》发表,而4月27日,中共中央就发出《关于整风运动的指示》,5月2日,《人民日报》又发表题为《为什么要整风?》的社论,此后,全党

---

① 任贵祥、赵红英:《华侨华人与国共关系》,武汉出版社,1999,第284~286页。
② 按霍布斯鲍姆对民族主义三段式的分析:民族主义第一阶段纯粹是文化、文学与民风习俗的交融时期;第二阶段是民族主义先驱及诸多推动"民族概念"的激进派大力鼓吹借政治手段来建立民族;第三阶段是民族主义得到广大人民的支持。参见埃里克·霍布斯鲍姆《民族与民族主义》,李金梅译,上海人民出版社,2000,第12页。
③ 庄国土等:《二战以后东南亚华族社会地位的变化》,厦门大学出版社,2003,第106~107页。
④ 郑良树:《马来西亚华文教育发展简史》,外语教学与研究出版社,2007,第62页。

整风运动即逐步展开,同时,中共中央又发出关于"组织力量反击右派分子的猖狂进攻"的指示,在全国范围内开展了大规模的反右派斗争。① 6月,汕头市召开文艺工作者和工商界人士座谈会,学习《关于正确处理人民内部矛盾的问题》和帮助中国共产党的整风,7月,全市全面性反右派斗争运动开展。② 据后来的统计,这次的整风、反右运动,汕头市副局级以上干部几乎无一幸免。③ 而在陈哲明曾留影的澄海中学,一些澄中的老师被打成右派,他们不服并辩诉,即提升定为极右,影响非常恶劣。④ 据中国共产党十一届六中全会决议,反右斗争被严重地扩大化了,把一批知识分子、爱国人士和党员干部错划为"右派分子",造成不幸的后果……这段时间,正是陈哲明在中国旅游之时,他不可能对这一系列的现象熟视无睹,而在他笔下,却丝毫没有记录,这其中的原因耐人寻味。

通过上面对《中国纪游》的研究,我们看到了陈哲明通过对回乡旅游的记录遴选后形成的文字,可以相信,他是希望将故乡印象植入子孙的记忆,把故乡的信息带到马来亚,影响子孙的行为。笔者借用生物学上的移植（transplantation）来理解陈哲明的这种行为（笔者称之为"文化移植"）。可是文化移植不能与生物学的移植同视,文化移植是互动的,它面临着复杂的社会环境,不可避免地与原先的文化相互排斥与彼此对抗,文化移植应该有一个适应新土壤,进而二合为一的融合过程,也即是本土化的过程。就具体情况而言,整个东南亚地区自古以来就是一个移民的社会,欧洲人、移居于东南亚的亚洲人,不断将原住国的文化渗透到东南亚的土壤中。⑤ 独立后的马来亚的文化,继承、移植、整合是同步进行的,中国的传统文化与西方文化、马来亚原有文化如何整合,整合后的文化能否更适应马来亚（马来西亚）社会的土壤,这一过程如何渐变,渐变过程中发生冲突的原因在哪里,是否可尽快找到三方的共通性,这些是文化移植过程中敏感的但必须回答的问题。

20世纪60年代之前马来亚的华文教育一直不是一个完整的教育体系,

---

① 王桧林:《中国现代史（下）》,高等教育出版社,1989,第134~143页。
② 陈庭声:《在金中三十七年》,无出版单位,2005,第24~25页。
③ 刘峰:《回顾与反思》,中央文献出版社,2011,第31页。
④ 曾述修:《九九回眸》,无出版单位,2011,第84~85页。
⑤ 王赓武:《南海贸易与南洋华人》,姚楠译,中华书局香港分局,1988,第269~288页。

而是依附在原乡教育的脉络之下，50 年代，因马来亚境内马来西亚共产党的反殖民地活动，使得以往华侨子弟返回中国就学的渠道，因英国殖民地政府之剿共政策而关闭，向来仰赖中国教育支持的马来亚华文教育，开始在衔接高等教育的环节上出现断层；中国大陆一向为马来亚中小学师资的主要来源，英国殖民地政府为防共而拒绝签发入境证，造成马来亚地区华文中小学师资的严重短缺。①

陈哲明凭一己之力，希望影响、推动子孙、亲友对于中国、侨乡的社会文化认同，能够有多大影响，实在是值得怀疑。笔者认为，如《吕氏春秋》所言："戎人生乎戎，长乎戎而戎言，不知其所受之；楚人生乎楚，长乎楚而楚言，不知其所受之。今使楚人长乎戎，戎人长乎楚，则楚人戎言，戎人楚言矣。"居楚地而戎言或居戎地而楚言，都是不现实的，是注定要失败的。

民国以来海外华人与中国故乡的关系从紧密联系到渐行渐远，再到各自发展，已发生了重大变化，当年"番畔钱银唐山福"的情景一去不复返。在政治意识渐趋淡化的当代，只有在经济上相互依存，才能越走越近，双方在经济平等的前提下交流，在尊重对方文化的基础上融合，才能重新感受到民国时期那种自然的、非戏剧性的和谐。

Study on Chen Zhe ming's "*Travel in China*"

Chen Jia-shun

（Shantou University）

Abstract：In the 1950s, the relationship between China and Southeast Asia was changing irregularly. The social change has profoundly influenced overseas Chinese living in Southeast Asia, who recalled and recorded the hometown society by various channels, one of which is travelling back to China and recording the life of traveling. In 1957, Chen Zhe ming, an overseas Chinese, travelled to China and wrote a book entitled "*Travel in China*". This book contains a total of 55

---

① 曹淑瑶：《国家建构与民族认同：马来西亚华文大专院校之探讨（1965—2005）》，厦门大学出版社，2010，第 14~15 页。

chapters, 7 prefaces, 26 poems.

Based on this book, this paper discusses three topics: First, the introduction of background and materials; second, the record of the travel and the memory of tourist; Third, prefaces, poems, image change of Chen Zhe ming. Last, this paper will give a superficial view on how to understand the relationship between contemporary overseas Chinese and their hometowns.

Keywords: Travel Notes; Overseas Chinese; Ancestral Country; Emigrant Country; Hometown of Overseas Chinese; Chen Zhe ming; *Travel in China*

(责任编辑：杨剑亮)

华侨华人社会研究

19世纪前半期槟榔屿义兴公司的发展

韩江学院 陈剑虹[*]

摘 要 槟榔屿义兴公司是新马地区同类会党组织的源头，本文通过田野调查中新发现的书面文献和文物实证，对前期会党的领导结构、成长生态，以及它和华人社会的互动，与殖民地政权的交涉，提出一些新的看法。

关键词 槟榔屿 秘密会党 义兴公司

一 引言

在槟榔屿开辟初期到来的华族先驱者，从贫困和动荡的闽粤社会流离出来，和各族的劳工筚路蓝缕，开山劈道，创建一个多元的边区社会。一些较早抵达马六甲的华工和商贾，也在这时零星移入。在一个和原乡本土文化制度，与经济拓展时空大不相同的陌生环境里，来自广东的小商人、工匠、手工艺者、自耕农、雇佣工人和苦力等，特别是一些曾经参与天地会组织与活动的下层民众，在1799年前共同创立了义兴公司。

在荷属东印度和英属马来亚殖民地官员的了解中，天地会和义兴公司是二而一的混合体。M. L. Wynne 在其名著 *Triad and Tabut* 中说明 "义兴" 应该是广东话 "义兄" 的谐音词，是洪门天地会的代号。[①]

从天地会会诗内容做进一步的梳理和认识，"义兴" 的真正含义应该是 "义合兴明"。它不仅蕴含三国时代刘备、关羽和张飞桃园三结义原型的文化意义，更是天地会 "共同和合，结万为记"，"顺天行道，反清复明" 纲领的隐晦表述。

---

[*] 陈剑虹，马来西亚槟城韩江学院韩江文化馆创馆馆长。
[①] M. L. Wynne, *Triad and Tabut* (Singapore: Government Printing Office, 1941), pp. 86-88.

在殖民地体系下,"反清复明"不具民族主义的元素,"顺天行道"则是通过公司的我群公共空间,保障会众的平安福祉和会党整体利益。

本文试图利用新发现的档案文献、碑文和神主记录,爬梳整理19世纪前半期,槟榔屿义兴公司的领导结构、成长生态、公司和华人社会的互动,以及与殖民地政权的交涉。

二 义兴公司的开山盟主

谁是槟榔屿义兴公司的立会开山盟主?过去由于文献档案或文物遗存的不足,学者依据前辈学人黄存燊先生的推论,定位第二任华人甲必丹胡始明。在1801年11月2日George Leith总督发出的地契中,有多张是发予Tikoo Captain的。1803年12月30日,同位人物也代表华人商贾和居民,向总督致颂词。① 正是这位被尊称为Tikoo的胡始明在政治职称和经济社会活动时间上的巧合,而被误定为义兴公司的创建人,以讹传讹至今。

随着个人对名英祠木主的研判,槟榔屿乃至新加坡和马来亚义兴公司的第一位创会大哥的真正身份得以去除神秘迷雾而告大白,他是顺德人梁显正。

历史上,天地会内部流传的会簿,以及拜盟时所张贴的谱系都以"太始祖"和"始祖"尊称明裔幼主和创会先烈。在名英祠里,梁显正以"始大哥"的简朴名义,和夫人"始大嫂"长期受兄弟们奉祀,基本上也是依循天地会的传统。

1825年5月19日,R. 关打(R. Caunter)在查询义兴公司的背景和活动时,获悉会党是在农历五月十三日庆祝周年纪念,另一次集会则是在正月十三日。据此,梁显正

图1 梁显正夫妇木主粉面与陷中
作者摄于槟城名英祠

---

① George Leith, *A Short Account of the Settlement, Produce and Commerce of Prince of Wales Island* (J. Barfield, London, 1804), p. 69.

是在清嘉庆四年（1799 年）前的农历五月十三日，在高度隐秘的情况下，在乔治市的边疆小市，聚集小部分群众歃血拜把结盟，建立洪门天地会，成为新马义兴公司的第一个山头，用以团结一小部分下层民众。五月十三日是中国官定的关公圣诞，是忠义结盟的佳日。

梁显正领导义兴公司至 1823 年 11 月逝世止，之后由文科继位为第二任大哥。[①] 他原籍广东顺德，生平不详。1803 年致 George Leith 颂词里有 Hing Ching 其人，未能证实是否就是他。[②] 此外，清嘉庆六年腊月（1801 或 1802 年）《广东义冢墓道志》上有梁显仰、梁显仪、梁显达三位捐题信士，或许是他的家庭成员。

三 槟榔屿总舵的领导核心

槟城义兴公司在 19 世纪 20 年代后的三人最高领导层，系由香山、南海和顺德原籍的广东迁民社会翘楚所组成。这和英国殖民政府档案的四邑说法有极大的差异，四邑指的是宁阳、新会、开平与恩平，[③] 研判名英祠的神主文物和官方文献档案，四邑人，特别是宁阳人，即台山人是在 1862 年后才开始出掌义兴公司的领导大任。

作为岭南人士及广州府语系的精英代表，这些早期领袖虽然不是富甲一方，但是凭借一己的双重特殊身份，对族群的宗教活动虔诚以赴，对养老送终事业慷慨输将，对排难解纷事件绝不推诿。他们因此赢得各个社会阶层的尊敬，进而巩固个人的社会地位，扩展会党的政治影响力和经济辐射圈。

图 2　1837 年广汀公冢建造冢亭碑记中大部分捐款人是义兴公司的重要领导成员
（作者摄于槟城广汀公冢）

---

① SSFR, Vol. 101, 1825. 转引自 M. L. Wynne, *Triad and Tabut*（Singapore: Government Printing Office, 1941）, p. 74.
② George Leith, *A Short Account of the Settlement, Produce and Commerce of Prince of Wales Island*（J. Barfield, London, 1804）, p. 69.
③ 它们构成了当代中国的新会区，以及四个县级市台山、开平、恩平和鹤山，统称为五邑。

大哥文科（Mun Appoo，Mun Fo），讳名文启甲，香山人。清乾隆年间出生。他来自缅甸，① 为乔治市一名普通钟表匠，是镇上唯一在日常生活里穿戴貂皮帽者。他乐善好施，独立设置一间小型医院，安置麻风病人和其他病号，并且施棺安葬孤苦无依，不属于任何会党或会馆的华工。②

文科在1819年之前来到槟城，1823年末接任刚逝世的梁显正成为义兴公司大哥。1814年捐银30元予广福宫的重建工程，1837年为广东公冢的总理和信托人，1855年又为海珠屿大伯公庙的信托人。

文科去世后，义兴公司尊之为"皇赠忠义起明"，一方面表扬其对会党发展所做的贡献，另一方面再次昭示会党的正统性和领导地位，延续天地会的创会宗旨。③

图3　文科的木主粉面
（作者摄于槟城名英祠）

图4　黄如顺的木主粉面
（作者摄于槟城名英祠）

图5　胡浩中木主的粉面和陷中
（作者摄于槟城名英祠）

义兴公司的二哥是黄如顺（Wong Assoon），南海人，生卒年不详，为一

---

① Vaughn 在1854年说文科来自孟加拉（Bengal），经查，缅甸西南部和中部自1826年第一次英缅战争和1852年第二次英缅战争后即沦为英属印度之领土，其中包括仰光等华人较为集中的地区，即孟加拉湾一带。
② J. D. Vaughn, "Notes on the Chinese of Penang", JIA, 1854, Vo. III; *The Manners and Customs of the Chinese in the Straits Settlements* [Oxford University Press, Kuala Lumpur, 1854 (Reprint 1974)], pp. 108 – 110.
③ 他的另一方木主在广东义冢万安亭内，上书"皇清例赠修职郎讳启甲考科文公府君位"，清楚表明他的后人在他往生后，为他购买了八品虚职，显然和他的会党地位和传统不合。

名木匠。1824 年广福宫重修，他以黄亚顺的名字捐银 40 元，两年后又以黄顺的名义捐献庙前的石狮子一对，镇恶驱邪。

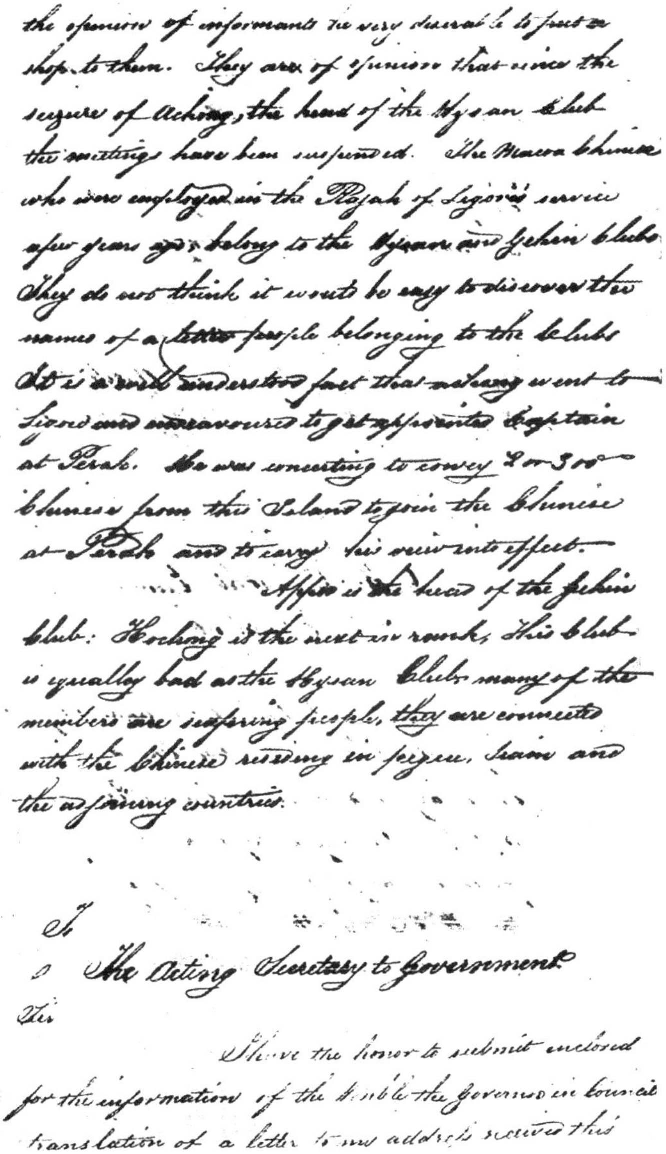
the opinion of informants are very desirable to put a
stop to them. They are of opinion that since the
seizure of Aching, the head of the Hysan Club
the meetings have been suspended. The Macao Chinese
who were employed in the Rajah of Ligor's service
a few years ago, belong to the Hysan and Gehin Clubs
They do not think it would be easy to discover the
names of a ~~better~~ people belonging to the Clubs
It is a well understood fact that Achang went to
Ligor and endeavoured to get appointed Captain
at Perak. He was consenting to convey 2 or 300
Chinese from this Island to join the Chinese
at Perak and to carry his view into effect.
Affoo is the head of the Gehin
Club: Hoching is the next in rank, this Club
is equally bad as the Hysan Club, many of the
members are seafaring people, they are connected
with the Chinese residing in Pegu, Siam and
the adjoining countries.

To
The Acting Secretary to Government
Sir
I have the honor to submit enclosed
for the information of the Hon'ble the Governor in Council
translation of a letter to my address received this

图 6　1825 年 6 月 1 日的殖民地文件中有关文科和胡浩中的报道

资料来源：引自 SSR，“Petition of Chinese Merchants，Shopkeepers and Tradesmen to Governor of Prince of Wales Island，” 1839 - 11 - 12。

胡浩中（Ho Hochong），位居第三，顺德人。19世纪40年代，他是乔治市的饷码承包人之一，尤以典当业为最，拥有陈氏、钟氏和冯氏妻妾三人。1824年他捐银10元资助广福宫重修，1837年捐银6元共建广东公冢的冢亭。1838年顺德会馆在义兴街60号的地块上创建时，他是创始人之一，也极可能参与1850年会馆迁移至漆木街80号的工作。

其他重要的领导骨干，有香山人林启发（1812 - ?）任职大财副，管理文书工作。高要人邓才贵，生于清嘉庆年间，担任会党纪律惩罚的洪棍高职。①

四　威省分舵的领导中心

早期威斯利省（以下简称威省）义兴公司的分舵，以巴都卡湾为基地，它的成立日期应该在1829年前，以伍文耀和许梏合为领导，成员大部分是潮州籍的蔗糖业种植人和华工，也有部分其他省籍人士。在农业资本主义运作的环境下，义兴公司是综摄三种不同的经济、社会和政治功能于一体的社会形体。它是输送劳动力的行会组织，抗暴御侮的自卫力量，以及整合团结的内部政府。

除此之外，重修于1844年，主祀玄天上帝的万世安庙，则是义兴会众的膜拜场所和精神寄托实体，是迁民们安心立命的宗教载体。

1846年2月26日，殖民地政权曾经发出一份列号751的土地予威省义兴公司，接领巴都卡湾一块土地。产业的信托人有三，如今可以确定

图7　伍文耀木主
（作者摄于槟城名英祠）

---

① 笔者无法在名英祠的遗存中找到邓才贵先生的木主，而殖民政权的档案官书也没有这方面的记录。1868年的PenangRiots Commission Report Evidence No. 14有提到Oh Ten是原任老先生，笔者暂时设定是活动于清嘉庆年间的汀州人胡武撰。他是1810年海珠屿大伯公庙的立庙总理，金匠出身，1837年连同其他义兴公司领导捐献6元，共建广东公冢凉亭。他的木主安放在广东义冢万安亭内。

的有新宁人伍文耀和潮州人许栳合。①

伍文耀在重修万世安庙的工程上表现积极，题缘20元，是为捐款最多的缘首。他生于清乾隆五十三年（1788年），可能是当时较富有的蔗糖业种植人，和总舵大哥文科同辈，其神主一向安设在义兴公司内，供人顶礼拜祭，1890年后移至名英祠。

图8　许栳合在巴都卡湾建造的丰和号大厝

（作者摄于巴都卡湾）

许栳合（1800-1866），原名许栳，人称许栳合，字定税，书名庆仁，潮安宏安村人。在19世纪20年代开始冒起为蔗糖业种植人。1837年参与广东公冢冢亭的捐建，1844年与伍文耀重修万世安庙，1855年与王武昌等五位潮籍领导在槟城成立潮州公司。19世纪60年代热心捐献予广福宫和海珠屿大伯公庙的重修。

通过个人的孜孜努力和慷慨乐捐，许栳合不仅强化潮州方言群在槟城华族权力结构内的地位和影响，更巩固义兴公司在槟威两地的势力辐射。

1866年逝世后，许栳合落叶归根，他的灵柩由次子许武科随行返葬在潮州故里。②

---

① 原件现存槟城土地局，信托人只能看到许栳合（Koh Ah Loh），其他二人字迹模糊不得见，伍文耀是推敲名英祠木主原物和1844年《万世安碑记》而得。
② 由于遗留在巴都卡湾原厝的神主资料欠缺说明，笔者曾错误研判许栳合系在同一年北返故国后，在潮州原乡往生，参见陈剑虹《槟榔屿潮州人史纲》，槟榔屿潮州会馆，2010，第33页。今依照新发现的原乡木主资料改正。

图 9　1844 年《万世安碑记》镌刻
伍文耀和许栳合丰和号的捐款记录
（作者摄于巴都卡湾）

图 10　存放在潮州原乡德枢公祠
内的许栳合夫妇神主的粉面和陷中
（许若家先生提供）

其他活跃于威南和威中的潮州籍义兴领导，还有陈银合（1809－1881）和林平心（1809－?），都是第一代蔗糖业先驱。清同治元年腊月，他们各自捐出 40 元和 20 元，资助槟城广福宫的重修。在威省中部的大山脚，则有惠州人黄陈庆领导的分舵。三人都生于嘉庆中期，其中黄陈庆是广惠肇义兴成员的领导，他早在同治元年（1862 年）即对槟城广福宫的重修有所捐助，同治四年（1865 年）也捐题资助海珠屿大伯公庙的修复，同治八年（1869 年）又以缘首带领乡人重修惠州会馆。光绪三年（1877 年）建立高巴三万（Kubang Semang）大鱼潭公冢，光绪五年（1879 年）带领埠众创建玄天庙，捐款最巨。又于光绪二十一年（1895 年）设立大山脚义学堂，开启迪民智之源。①

五　前期义兴公司与华社的互动

义兴公司从 1825 年的 468 人，发展到 1843 年的 3000 人，增长率高达

---

① 王琛发：《槟城客家两百年：槟榔屿客属公会六十周年纪念文集》，槟榔屿客属会馆，1998，第 126～127 页。

541%。它反映了这个以扶弱济贫、互惠互助的会党的实际社会经济功能，证实它的领导结构的严密有效。根据前引的1843年W.路易士（W. T. Lewis）警察长的报告，这一年的义兴公司已占华族秘密会社，包括和胜公司和海山公司在内总人数的67%。以香山和新宁籍为主导的中下层广州府语系领导人，特别是文科，凭着个人的领导魅力、高尚的品格以及对公益慈善事业的施舍，建立起良好的形象，赢得各方言群体的尊敬。1854年，义兴公司大哥文科独力创建了贫民医院，为30名下层病号提供医药治疗。1882年义兴公司捐献土地，促成其事，落实工程。贫民医院之后改为县立医院。

在商业资本主义的运行下，农商业的发展和烟酒饷码承包制度的执行，为殖民地政权提供固定的财政资源收入，维持例常的行政开销。但是在另一方面，帮际间的经济利益冲突，却在华族社会逐渐构成负能量的离心作用。职业上的垄断和财富分配不均的强烈对照，逐渐破坏闽粤两大群体的帮际关系。

义兴公司领导层的有效社会控制能力，以及他们个人的积极参与超帮派的宗教活动，在相当程度上，起着一定的平衡与制约作用，减轻帮派之间倾轧角逐的激烈性。

表1 义兴公司领导的公益活动表

职称	姓名	籍贯	职业	社会活动
大哥	文科	香山	钟表匠	（1）1824年重修广福宫，捐银30元 （2）1837年广东公冢信托人，建造凉亭总理，捐银20元 （3）1855年海珠屿大伯公庙信托人
二哥	黄如顺	南海	木匠	（1）1824年重修广福宫，捐银40元 （2）1826年赠送广福宫石狮一对
三哥	胡浩中	顺德	饷码承包人	（1）1824年重修广福宫，捐银10元 （2）1837年建造广东公冢凉亭，捐银6元 （3）1838年，顺德会馆创始人之一
威省领导	伍文耀	新宁	蔗糖业主	1844年重修万世安庙，捐银40元
威省领导	许栳合	潮州	蔗糖业主	（1）1837年建造广东公冢凉亭，捐银6元 （2）1846年重修万世安庙，捐银15元 （3）1855年，创建潮州公司 （4）1862年重修广福宫，捐银100元 （5）1864年，共设韩江家庙 （6）1866年，合建高渊广福宫，捐银22元

资料来源：傅吾康、陈铁凡合编《马来西亚华文铭刻萃编》第二册，马来亚大学出版社，1985。

图 11 贫民医院

资料来源：引自陈剑虹《槟榔屿华人史图录》。

此外，义兴公司与华社的互动，也表现在它对应殖民地政府政策的实施上。

六　前期义兴公司与华族会党的关系

1825~1854 年，殖民地官员，特别是负责治安的警察长，基于统治需要，各自在任内以调查访问的方式，对槟榔屿的华族会党写成报告，上报英属印度当局入档。随着会党数目和人数的增加，他们的叙述内容也有所不同。1825 年 R. 关打（R. Caunter）的报告最为简明，包括了 7 家社团（clubs）而不区分它们的类别。1829 年 6 月，J. 帕他洛（J. Pattullo）的报告大同小异，添加一个刚成立不久的会党。1843 年 3 月 W. 路易士即开始以"危险社团"（Dangerous Societies）称呼会党。至 1854 年，J. D. 沃恩（J. D. Vaughan）身兼警察长和共济会（Free Mansonry）会员的身份，对天地会和华族会党的渊源和仪规开始更深层的研究，梳理它们和共济会之间的异同。

至 1829 年止，会党的势力和权威已经渗透到乔治市和乡区各作业职场和生息角落，并且伸展到新加坡和马六甲两个海峡殖民地。其中的义兴公司、和胜公司和海山公司，分属天地会系统的二房、长房和三房。

表2　槟榔屿华族秘密会党（18世纪90年代至1854年）

名称	成立年份	地址	会首	人数	集会次数	资料来源
义兴	1790	Church St.	文科（Mun Affoh）	468（1825年）	2	Caunter
和胜	1810	Prangin Rd.	罗陆（Loh Aloke）	147（1825年）	4	Caunter
海山	1823	Ujong Pasir	何球（Hoh Akow）	393（1825年）	2	Caunter
存心	1826	King St.				Pattullo
建德堂	1844	Armenian St.	邱肇邦（Khoo Teng Pang）			Vaughan

图12　槟榔屿义兴公司的收据
资料来源：Irene Lim, *Secret Societies in Singapore*, National Heritage Board, Singapore History Museum, Singapore, 1999.

图13　海山公司的印戳
资料来源：Irene Lim, *Secret Societies in Singapore*, National Heritage Board, Singapore History Museum, Singapore, 1999.

这五大会党在槟榔屿和威省不同的地带，建立自己的势力圈子，扩张政治和经济影响力。殖民地官员所掌握的情报一致认为，义兴公司膨胀最快，它是19世纪上半期最大的秘密会党，更有洪顺义社与和合社的附属组织。

华族移民的迅速增长，是会党会众人数以倍数成长的主要动因。单以1842~1851年这十年而言，虽然数目稳定与有限，但是两地的增长率几乎达到200%。其次，殖民政权对初期会党活动的自由放任，也让一部分在周边地区避难的三合会会员进入本岛寻求庇护。英属香港殖民政府与荷属东印度政府分别于1845年和1846年宣布秘密会党为非法组织,一些党员入境海峡殖民地,伺机再起。最后,1853年厦门小刀会起义失败,以及清朝扑灭太平天国起义等重大事件,还有资本主义入侵中国沿海各地,造成农村自然经济解体和失业游民人数的大量增加,直接引发闽粤两省的另一个移民高潮。

J. D. 沃恩对这一时期的会党组织曾经细心地观察,以为"义兴虽接受任何人士入会,但其成员基本上系以广东人为主。和胜也接纳所有人士入会,甚至连马来人,葡萄牙人,吉宁人和土生印度人也属于这个会社的成员。海山系由客籍人士组成,大伯公会(即建德堂)则几乎全是侨生华人和闽籍人士,至于手指公司(即存心公司)则由闽籍和其他人士所组织而成"①。

图 14 和胜公司的传票

资料来源:Irene Lim, *Secret Societies in Singapore*, National Heritage Board, Singapore History Museum, Singapore, 1999.

事实上,槟华社会本身在19世纪前30年,已呈现不平衡的状态。各方言群体在经济利益上的冲突,特别是烟酒饷码的承包,和南来"猪仔"华工的获取,直接造成华族会党间的激烈对抗,企图打破敌对集团在相关行业的垄断现象。来自广东的第一代迁民多为劳动阶级,是槟榔屿早期耕地的开发者,不过这些土地后来却落在原籍福建漳泉的商人手中。②闽籍的先民多属商人阶级,贩商和香料园主,其中还有李獭、甘四教、林嵩泮和邱明山等人为饷码承包人,拥有华族社会的大部分财富。这种职业上的分工和财富分配上的不均,形成社会常态,破坏了闽粤两大族群的帮际关系,在华人社会内部酝酿离心作用。

---

① J. D. Vaughan, "Notes on the Chinese of Penang", JIA, 1854, pp. 16 – 17.
② J. D. Vaughan, "Notes on the Chinese of Penang", JIA, 1854, p. 3.

早期闽籍商人对 1825 年海山公司和义兴公司部分领导人，勾结暹罗 Raja Ligor 和吉打苏丹的光复领土阴谋的指控口供，就是这一历史现象的局部反映。这一时期立根于华社的秘密会党只有三个，各自的领导层还能够有效地控制和约束各自党员的行为。以义兴公司来说，大哥文科在 19 世纪 30 年代以后，凭着乐善好施的慈善和正直忠义的形象，极有节制地疏导会党的操作和对外关系，抑制大规模械斗的发生。此外，闽籍的公众人物辜国彩和殖民地政府的关系尚称融洽良好，对 19 世纪 40 年代的槟华社会的稳定性影响颇大。①

图 15　建德堂印戳

资料来源：Irene Lim, *Secret Societies in Singapore*, National Heritage Board, Singapore History Museum, Singapore, 1999.

图 16　存心公司单据

资料来源：Irene Lim, *Secret Societies in Singapore*, National Heritage Board, Singapore History Museum, Singapore, 1999.

不过毋庸讳言，1826 年成立的闽帮存心公司，就正如沃恩所说的，是针对粤帮会党的势力扩张而建立的一个不属于天地会系统的新山头组织。② 1844 年末，一批原属义兴公司的福建籍成员，在龙山堂邱公司家长，梧房 17 世邱肇邦的领导下，退出隶属的会党组织，在海二房 17 世邱菊的日落洞

---

① C. M. Turnbull, *The Straits Settlements, 1826-1867* (Singapore, Oxford University Press, 1972), p. 117.
② J. D. Vaughan, "Notes on the Chinese of Penang", JIA, 1854.

椰园里歃血结盟，创建建德堂，直接挑战跨方言结社的义兴公司。建德堂恭立大伯公为守护神，政府和民间通称为大伯公会。这个也不属于天地会系统的会党，在1850年6月，购买乔治市中区一块近1667平方米的土地，盖建总舵和其他房屋，声势浩大，财力雄厚。①

地缘色彩浓厚的闽帮两大会党，以及后来出现的闽帮全义社同路人，在经济利益当头的狭窄空间争天夺地的事件，便成为19世纪下半叶的常态。

七　前期义兴公司和殖民地政权的交涉

槟榔屿殖民当局在开埠初期，以自由贸易政策吸引商贩，不愿意采用对商业物品和农作物课税的方式来收取常年税收，应付行政支出的窘境。他们通过鸦片、烧酒、赌博、猪肉和栳叶饷码承包制度，间接向人民榨取财政收入。前三者的承包直接涉及华族社会的生活消费习惯，承包者是当时冒起来的经济商贾大亨，有的甚至来自马六甲。他们从18世纪80年代末期开始，以集资合股或独资经营的方式赢取专利权。嘉庆五年（1800年）《广福宫兴建碑记》所记载的胡永茂酒廊、赌公司和烟景公司单位，以及少数个人名称如褚艳官和辜欢官等，就是当时独树一帜的饷码承包商。

殖民地政府在1788年以烧酒饷码开其端，收取年税西班牙银780元，3年后即升高至4835元。1791年推介了鸦片饷码，收取3499元。1793年赌博饷码面市，为政府带来年税9500元。至1799年止，槟榔屿殖民政府从这三项饷码承包上所赚取的总额是29520西班牙银元。②

据黄麟根教授早年在他的荣誉学士论文里的研判，1806～1811年，闽粤籍商人分别在乔治市和詹姆士市各有烧酒和鸦片的垄断销售权，其中包括被称为大哥Tequha的粤籍甲必丹胡始明和闽籍商人林嵩泮以及第一任甲必丹辜礼欢等。自1816年以来，鸦片和烧酒饷码多为闽籍商人所独占，并且在1822年以后成为他们的垄断生意。他举出闽商李獭、甘时雨、邱明山、林嵩泮和粤商Oossoye作为典型例子，不过具有海山公司背景的粤籍商人在

---

① 陈剑虹：《福德正神庙的历史渊源》，载陈来和主编《福荫众生：槟榔屿本头公巷福德正神庙修复纪念特刊》，槟榔屿本头公巷福德正神庙，2007，第32～41页。
② Nordin Hussin, *Trade and Society in the Straits of Melaka* (Singapore: NUS Press, 2007), pp. 253-254.

1824年打破闽籍承包商的垄断局面，取得饷码承包权。他们是Atchee，刘亚昌（Achong）和胡臻麟（Alloon）。至1829年止，饷码承包权的互换是常见的经济现象。①

黄教授的论点有极其重要的参考价值，不过他以刘阿昌的海山公司会党背景，而判定他的合伙人和其他粤商都属同一会党组织，却颇有商榷余地。其次，闽粤商人基于共同商业利益而成为经济伙伴，是1816～1824年的常见现象。最后，我们不能排除部分粤籍饷码商人是当时第一大会党义兴公司成员的可能性；而在建德堂成立之前，部分闽籍商人也是义兴会员的不争客观存在事实。

经济利益上的严重矛盾，特别是当饷码承包权落入敌对的商业集团，严重损害到个人和会党的收入时，鸦片和烧酒的制作，以及走私偷运的事件便层出不穷、司空见惯，以打压市场价格、反击对方的经济盈利为目的。这样的行为也包括在地屠杀猪只，或从暹罗属地Trang走私猪肉到槟榔屿售卖。

一般上，鸦片和烧酒的垄断权为承包者和他们背后的会党带来庞大的经济利润。以1825年为例，两者营业利润率都在70%以上。

表3　鸦片和烧酒的营业利润一览

饷码	收入（元）	支出（元）	纯利（元）	利润率
鸦片	100800	30000	70800	70.23%
烧酒	50000	12100	37900	75.80%

资料来源：Nordin Hussin, *Trade and Society in the Straits of Melaka* (Singapore: NUS Press, 2007), p.258.

如此吸引人的高利润，经常导致非法事件的产生和市场的混乱，以致原来承包者呈诉殖民地当局，控告惩罚走私者。1825～1826年以及1829年鸦片承包者甘时雨、李獭、林嵩泮和邱明山等的上告，即是明证。1827年

---

① Wong Lin Ken, "The Revenue Farms of Prince of Wales Island, 1805 – 1830," *Journal of South Seas Society*, Vol.18, Nos.1 and 2, 1964/1965: 122 – 126. 以长时期阅读殖民地档案的复查经验，笔者认为早期的官员们在翻译华人姓名的过程中，以Che定性为闽籍，以A定性为粤籍。这里的中文姓名还原和叙说，即以此为准。胡臻麟的名字是依据广福宫的早年地契和文物而定，他是甲必丹胡始明的次子，见嘉庆八年仲冬（1803/1804）《钦崇福泽》横匾。

李獭被刺杀,更是双方矛盾激化的结果。①

无可否认,由于殖民地政权档案记录上没有明确说明承包者的会党身份,这一时期的义兴公司在饷码争夺权上的证据是薄弱的,他们与殖民地政府之间的交涉是灰色地带,有待进一步的厘清。同样的事实,也发生在1839年的商贩集体上陈当地殖民地政府,申诉所受到的不公平对待事件上。

19世纪前半期,槟榔屿的执法和治安系由一支人力单薄、认识不足的警察单位所管辖。由于必须兼顾槟城和威省两地,因而在面对流动率颇高、成分有所不同的各族人民问题上,他们的工作效率和态度不时遭受批评。

1839年11月12日,在港仔口至社尾一带,通称为Beach Street营业的134名店主和商人,上告威尔斯太子岛,即槟榔屿的S. G. 博哈姆(S. G. Bonham)总督,控诉乔治市警察头子西顿(Siddons)滥用职权,暴力干涉在这一地区经商营业的商家和小贩。在执法的名义下,警察头子和

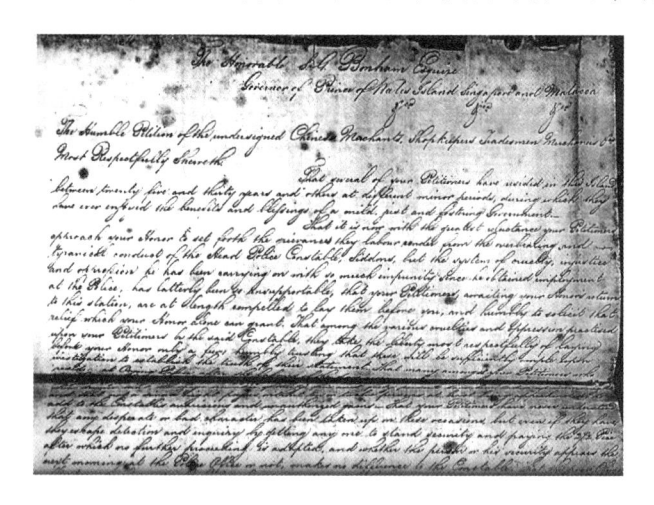

图17 1839年华籍商民上禀书原件

资料来源:引自SSR, "Petition of Chinese Merchants, Shopkeepers and Tradesmen to Governor of Prince of Wales Island", 1839 – 11 – 12。

---

① Wong Lin Ken, "The Revenue Farms of Prince of Wales Island, 1805 – 1830," *Journal of South Seas Society*, Vol. 18, Nos. 1 and 2, 1964/1965:126 – 127. Che Toah 长久以来被误译为何道,现在根据笔者拥有的褚艳遗产执行人的复印件签名还原为李獭,另外一位执行人是林嵩泮。

他的扈从，经常在黄昏时刻粗暴对待以华籍为主的商民，以及从郊区到此摆摊的菜农。他们刻意以违法为理由，踢毁或充公在店前的商品，或以超越公市界限而指控和粗鲁对待菜农和小商贩，引起公愤和摩擦。

我们虽然不能直接证明会党力量，特别是义兴公司在整桩事件中的影响，但是在当时的社会经济形态空间下，会党相当肯定扮演了居中组织协商集体行动的落实活动。此外，从上禀者的身份中不难发现一些有财势，又有会党背景的闽商所起的作用。这些人士包括后来在1844年末带头退出义兴公司，另外建立建德堂大伯公会，并且成为领导的邱菊、邱肇邦、王复泰等。①

八　结　论

19世纪前半期的槟榔屿义兴公司，是一个华族盟誓兄弟会。基本上，它容纳各华人族群、各方言群体、各字姓血缘和各行业的平头百姓为一个综合体，捍卫权益，共谋福利。公司的政治、社会和经济特性，无一不显现在19世纪前半期的组织和活动上。它和社区宗教事务和义冢公益活动的互动，以及所提供的连锁性领导模式，是整合槟榔屿华人社会的有效示范。公司部分领导人的承包饷码税收和农商业发展，是早期华族整体资本累积和劳动力调用的经济行为表征。在涉外关系上，它凭借领导智慧和会众集体力量，维护迁民的生存作息空间，居中与殖民地政权斡旋争取。这种种特质，一直延续到19世纪后半期，并且有所变化和发展。

The Development of Ghee Hin Kongsi in the First Half of 19th Century Penang

Tan Kim-Hong

(Han Chiang College)

Abstract：The Ghee Hin Kongsi in Penang was the progenitor of all secret

---

① SSR, "Petition of Chinese Merchants, Shopkeepers and Tradesmen to Governor of Prince of Wales Island", 1839-11-12.

societies of the same genre in Singapore and Malaya. With the discovery of new source materials and cultural relics in field work, this paper seeks to throw some new light on secret societies' leadership structure, evolving ecosystem, interaction with Chinese societies and bargaining with colonial authority.

Keywords: Penang, Secret Societies, Ghee Hin Kongsi

（责任编辑：林伟钿）

马来西亚沙巴"华北人"社群研究*

马来亚大学 苏庆华 张晓君**

摘 要 相对于大部分新马华裔祖籍来自闽粤两省,本论文将谈论的对象是居住于沙巴州的华北社群。这群身份独特的华北人,是在双方政府(即中华民国袁世凯政府以及当时殖民沙巴的英属北婆罗洲特许公司)签约下,于1913年从中国河北省、天津、北京等华北地区,举家搬迁移民至沙巴亚庇。除了详谈这群华北人迁徙的原因与过程、初期的社会文化特征外,本论文兼论他们在当地的经济活动,并略谈论其饮食文化、节庆、"红白"事习俗,以及他们目前的概况(包括现居地、与当地社群和中国的相互关系等)。

关键词 沙巴华人 华北人 文化特征

前 言

沙巴自1881年起,由英属北婆罗洲特许公司(以下简称"渣打公司")[1]管辖,它于"二战"期间(1941年至1945年)受日本统治。战后,因渣打公司无力从事重建工作,沙巴遂归属英国皇家,改称"英属北婆罗洲"。直至1963年9月16日,它联合砂拉越、新加坡与马来亚组成马来西亚联邦。需要说明的是:为了方便讨论,本文于行文中统一使用"沙巴"之称谓,而不据不同时段历史将地名区分。

---

* 本文所展开的田野调查、研究时间为2007年至2009年,据此调研完成的张晓君硕士学位论文由苏庆华博士指导。
** 苏庆华,马来亚大学中文系前系主任;张晓君,马来亚大学中文系荣誉学士、硕士。
[1] 有别于马来亚半岛和砂拉越的殖民历史,沙巴的殖民政府是由一所专门为股东赚取盈利的特许公司所"经营",英属北婆罗洲特许公司(British North Borneo Chartered Company)一般被翻译成英属北婆罗洲渣打公司,简称"渣打公司"。

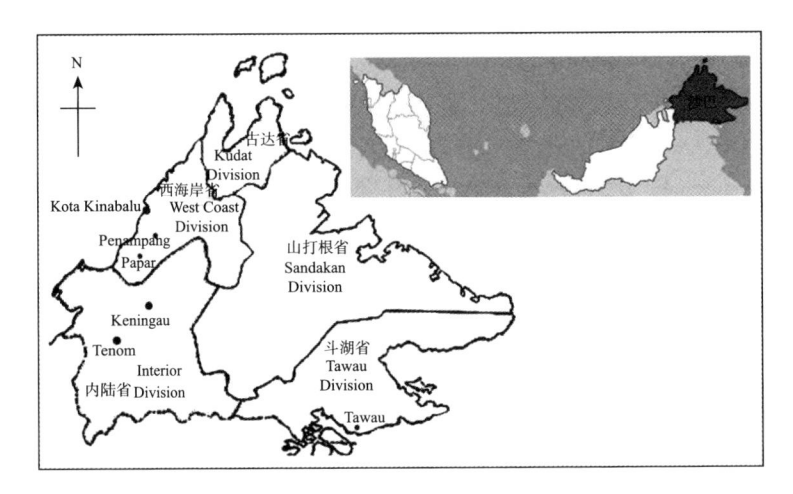

图1 沙巴州位置图与其五省分布图

资料来源：作者自制。

再者，本文所指涉的沙巴华北人，仅局限于1913年，经中、英政府双方签约下，由中国直隶省①，移民至沙巴的华裔移民。相对于大部分祖籍源自闽粤两省的新马华裔，在"二战"以前就移居沙巴州的华北人的身份无疑是独特的。根据黄子坚的推论，他们或许是"二战"以前唯一集体移居东南亚的华北移民。②

前人研究沙巴华北人的成果，主要有田英成于1985年发表的《一个华北移民的村庄——沙巴的山东村》③，以及陈志明于1997年发表的《马来西亚沙巴的华北人》（The Northern Chinese of Sabah, Malaysia: Origin and Some Sociocultural Aspects）④这两篇论文。前者除了略谈华北移民离乡背井的推拉因素，还附上了华北移民的条约与章程，同时也记录了早期的村长制度、华北移民与友族通婚的情况，并概述了他们所建立的小学与会馆。后者则

---

① 直隶省，明朝时称北直隶，清顺治二年（1645年）改称直隶，康熙八年（1669年）称直隶省，先后定省治为大名府、保定府、正定府。1928年6月20日，中华民国政府将直隶改为河北省，省会设在天津，旧京兆区20县，一起并入河北省。
② Wong Tze-Ken, Danny, "The Chinese in Sabah: An Overview", In Lee, Kam Hing & Tan, Chee-Beng eds., *The Chinese in Malaysia* (Shah Alam: Oxford University Press, 2000), pp. 381-403.
③ 田英成：《一个华北移民的村庄——沙巴的山东村》，《亚洲文化》1985年第6期。
④ Tan, Chee Beng, "The Northern Chinese of Sabah, Malaysia: Origin and Some Sociocultural Aspects", *Asian Culture*, Vol. 21 (1997): 19-37.

从华北移民的缘起开始论述，接着概述他们早期的社会文化特征与日据时期和战后的居住地。该文的研究范畴还包括了：华北移民的族群关系与通婚、教育、宗教、社团和族群标签等。其他有关这群华北移民的论述，则散见于中英报章和一些沙巴华人的研究专著当中。本文的写作，乃根据访谈、田野调查所得、官方与地方文献等档案资料，将之整合以便勾勒出华北移民迁徙沙巴的原因与过程、初期的社会文化特征、经济活动、饮食文化、节庆与"红白"习俗，以及其目前的概况。

一 沙巴华北人的移民原因与过程

如前所述，在双方政府的签约下，华北人由中国北方举家搬迁到马来西亚的沙巴州落地生根。有关移民引进计划，由殖民沙巴的渣打公司于1912年向中国政府提出。据官方档案记载，此计划的倡导人为当时的渣打公司主席韦斯特·里奇威爵士（Sir West Ridgeway）。[①]

众所周知，华人背井离乡下南洋的主要因素包括中国政治动荡与经济不稳定的"推因"，以及殖民地政府于开荒劈土时需要大量苦力劳工的"拉因"。然而，到底基于何种原因致使"二战"以前不曾在海外移民群当中出现过的华北人响应了渣打公司此项移民引进计划？而渣打公司又基于何种原因选择自中国北方引进这批华北人呢？

这批华北人，从当时的直隶省举家搬迁至此。而在晚清时期，直隶省是自然灾害[②]的高发区。据统计，从1840年至1911年的71年间，直隶省受灾事件累计达3797起，平均每年有50多个州县饱受灾害之苦。主要灾区集中于顺天、保定、天津、河间、广平、大名等6府，其中，天津、大名两府

---

① 见 Report of the 61st Half-Yearly Meeting of the British North Borneo Chartered Company, 15th July 1913。虽然如此，几乎所有华北人相信他们是由温大人（Captain H. V. Woon）所招募的。这在陈志明1997年发表的《马来西亚沙巴的华北人》里所访问的第一代以及笔者所采访的第三代华北人皆如此认为。这显然是祖先遗留给子孙们的口述历史，他们全然不晓得此移民引进计划由韦斯特·里奇威爵士促成，而温氏不过为被委派照顾这群华北人的移民监督（Superintendent of Immigration）。他在欧洲人中颇受欢迎，对华北人更是照顾得无微不至。他甚至把自己的旧居奉献出来供华北人扩建校舍，并且积极为他们争取校舍硬件建设和校长的薪金。他在华北人当中深孚众望，以致他于1923年退休回国时大批华北人依依不舍地欢送他。

② 这些自然灾害包括水灾、旱灾、虫灾（特别是蝗灾）、地震、冻害、雹灾等。

均为水旱较严重的地区。[1] 严重且频繁的自然灾害，使农业遭到巨大的损失和破坏，导致民众生存条件急剧恶化，最后引发了社会秩序的动荡。许多难民、饥民参与了 1900 年爆发的直隶义和团运动[2]。正是在这种民不聊生的氛围下，华北人被一步步地推向了往海外移民的道路上。

勸直隸人移墾波羅州白話

我們中國人在南洋羣島一帶　爲農爲商　因而致富的狠多　大半是廣東福建兩省的人　他
們起初出國的時候　多半因爲家無恒產　生活困難　乃想到南洋去謀生　那時候自己出洋
既無外國人的招呼　又無本國政府的保護　實在是件難事　可是現在有個頂好的機會
給大家說一說　南洋羣島裏邊　有個地方叫作北波羅州　是英國的屬地　地面狠寬闊　一
大半是未開墾的荒地　北波羅州的政府　打算在直隸招些農民　到那裏去開墾　我們外交
部　就同駐京的英國公使　北波羅州總督的代表　當面商議了好幾次　訂了條欵十二條
章程十一條　我把其中的利益　再說給大家聽聽　這波羅州地方　就在廣東的南邊　坐輪
船去不過三幾天路　就像到暹新嘉坡一樣遠　是個著名的大海島　島中居住的人極多　富
家亦極多　都是在別處搬到這裏來發了財　因這地方在赤道底下天氣不冷　單給衣服　卽
可過冬　出產極盛　除稻粱外　各樣的木料　藥材　俱是極貴重的東西　可以致富　凡到
波羅州去的人　他們政府給預備房屋　每家給地十英畝　如果租地的人願意多種　亦可多
給幾畝　按英國一畝地　合中國六畝多地　十畝卽合中國六十多畝　每年一畝地　祇納地
租五毛錢　頭一兩年并且不要地租　初到時種地的籽種　亦由他們發給　凡種地的人　就
算是地主　不願種時亦可轉賣　至於出洋的路費　全由他們政府發給　到了以後每一個男
子　每天還給錢三毛五分　等着地有收成的時候　纔停止這項錢　如帶着家眷去　另外給
路費　每天的零費　亦要多添些　不帶家眷的　每人給些個安家費　凡去的墾戶　他們政
府皆好好的待承　如有不便的地方　我們政府所派的監理員　可與他們設法交涉　商議改
良　以上所說的話　全是條欵章程裏邊規定的　決不會錯　天津有個仁記洋行　是英國人
的買賣　波羅州政府　就託這仁記洋行辦理招募墾戶的事情　現在仁記洋行同天津直隸省
行政公署　都派人往各處招募去了　至於我們政府派去的監理員　姓謝名天保　已經到了
天津　等着招募妥了　就要一齊動身　按這件事情　既有英國人的格外招呼　又有政府的
保護　正好趁這個機會　去到波羅州立一份事業　謀自已的生活　比困在家裏受窮受苦
豈不强的多麽　如有願意去的　就可赶緊的報名前往　千萬不要錯過這個機會呀

图 2　中国政府发出鼓励直隶人移民的布告

资料来源：Public Record Office CO874/737 Chinese Immigration 1913。

不过，这当中还有另一特殊的“推因”值得一提，那就是：上述渣打公司移民招募计划竟然受到中国官方的积极响应，并有史以来首次鼓励其子民“移垦”海外。除了双方签署正式合约外，时任直隶行政公署民政长官的刘为（即刘若曾）还特地为此项招募计划发表演说并张贴描述沙巴当

---

① 池子华、李红英：《晚清直隶灾荒及减灾措施的探讨》，《清史研究》2001 年第 2 期。

② 义和团，又称义和拳，是 19 世纪末中国发生的一场以“扶清灭洋”为口号，针对西方在华人士包括在华传教士及中国基督徒所进行的大规模的群众暴力运动。在义和团运动中，有 240 多名外国传教士及 2 万多名中国基督徒死亡，也有许多与教会无关的中国人被义和团杀害，数量远超被害教民。

地情况的布告（见图2），鼓励华北人把握此次出国的机会。他甚至邀约了来自同乡的五六户亲戚，变卖其国内产业以便移民至沙巴。①

此前，渣打公司于落实招募华裔移民政策之尝试上却屡碰钉子。除了招募工作屡遭失败②，来自中国南方契约华工口中传播的信息，渣打公司管辖下的沙巴在当时好比是人间地狱。③ 于是，韦斯特·里奇威爵士建议改为招募正面临水灾的华北灾民。他于1913年7月15日举行的第61届公司年中股东大会上报告此项招募计划已如火如荼地进行，只要合约签订，将会有200至250户家庭移民到沙巴。韦斯特·里奇威爵士对此招募计划的落实志在必得，他认为新成立的民国政府对待华侨事务较为认真与用心，公司招募计划的章程和条款必须具有吸引力。④ 因此，这项合约条款不仅承诺移民者将获得10英亩垦地与提供开垦所需的工具和种子、免川资且有津贴，⑤同时备有学堂让移民的孩子受教育；⑥ 移民若不幸死亡，也可要求公司将其灵柩运回中国安葬。

经过多番的斡旋谈判，双方终于在1913年8月正式签署了《英属北婆罗洲招殖华民条款和章程》。渣打公司方面委派了中介公司仁记洋行（Messrs. William Forbes & Co.）负责招募移民的工作。中介公司派遣负责人主要在天津（杨春和）、河间（易青云）、保定（刘伯平）和顺天（李鸿

---

① 刘若曾，Public Record Office CO874/737 Chinese Immigration 1913 记录为 His Ex. Liu Joo Tsang（威妥玛 拼音），称其为"Civil Governor of the Province"。在前所述的"告白"中，则署名为署直隶民政长刘为。
② 华侨在马来半岛参与开垦建设的事迹，让渣打公司从一开始就坚信招募华侨有助于殖民地的发展。奈何1883年、1891年、1895年的华侨招募工作都以失败告终。其中原因包括了招募对象并不是劳工，而是生意人，对还是蛮荒之地的沙巴并不感兴趣。参见 Public Record Office：C. O. 874/754 Chinese Immigration and Labour in North Borneo Memorandum。
③ 例如：1902年12月至1903年6月，由厦门、福州和广东所招募的契约劳工，在保佛—丹南的铁路建筑过程中，因染上疟疾，在共计169人的劳工当中，竟死了103人。见 Public Record Office：C. O. 874/754 Chinese Immigration and Labour in North Borneo Memorandum。
④ 韦斯特·里奇威爵士对新成立的中国政府在华侨事务上有此看法并不出奇，因为新成立的中国政府在革命期间，受许多海外华侨金钱和精神上的支持，因此特别眷顾海外华侨。事实证明他的看法正确，因为中国政府在这次招募计划中，要求委派官员随航，同时在章程中也要求凡运送垦户之船，应遵照英国运送出洋旅客的章程。
⑤ 其中还包括享有收成以前在沙巴的每日津贴，以及给予未跟随移民沙巴的家眷津贴。
⑥ 有关该学堂的研究，陈志明（1997）已详谈，故本文将不赘述。有关学堂初期名为"津桥学校"，马来西亚成立后已改称"中英小学"，并且公开招收任何籍贯和民族的小学生入读，不再限制于华北人。

寿）这四个府展开招募工作。与此同时，中国政府也委派四名官员到上述募点，向群众解释有关移民计划已获得政府的承认。这一点足以说明大多数沙巴华北人的祖籍何以源自以上这四个地方。

经过几个月的招募，第一批华北移民于1913年11月25日在天津港口登上"惠州号"，约一周后（12月2日）抵达香港转乘"婆罗洲号"，最终在12月6日到达目的地——沙巴亚庇（当时称为杰士顿，Jesselton）。根据中介公司所发的电报，船上共有106户人家，包括149名男人、110名女人、105名男孩和69名女孩（包括婴儿）。随航的还有：中国委派的监理员谢天保[①]与其家人、中介公司负责人赫伯·雪帕（Herbert Sheppard）、医护人员等。[②] 此外，船上还运载了华北人的主食，如：高粱、麦、绿豆、黄豆等干粮。

上岸后的华北人先被安置在码头的大货舱，之后再以抽签方式决定所分配的地段。有关地段范围从水塘路（Jalan Kolam Ayer）一直延伸到兵南邦路（Jalan Penampang）四五里处，每户人家分得的土地10英亩。因地段范围辽阔，各人所得的土地情况不一：有的地处平地，有的地处沼泽，有的则地处斜坡。一直到1914年1月底，众人才在自己的地段上建立家园。[③]

二 沙巴华北人的初期社会文化特征

有别于南洋华侨一般新客的移民模式，本文研究对象的这群华北人是举家移民至沙巴的。究其原因，乃渣打公司希望所招募的这群移民都能在沙巴落地生根，从而增加沙巴的人力资源。就华北人移民家庭类型而言，

[①] 谢天保后来成为中华民国驻北婆罗洲的第一任领事，见 Wong Tze-Ken, Danny, *The Transformation of an Immigrant Society: A Study of the Chinese of Sabah* (London: Asean Academic Press Ltd., 1998)。

[②] 根据1914年1月2日《北婆罗洲先驱报》的报道，共计107户人家在码头上岸。而根据笔者所得的《山东村父老下南洋花名册（修订版）》，共有110户人家（其中有一户名字不可考），包括129名男人（年龄大于20岁者）、110名女人、130名男孩（年龄小于18岁者）和71名女孩（年龄小于17岁者）。不过，沙巴华北人习惯自称108户人下南洋。根据他们的说法，有的男丁在兄长的户头下登记为"副"，但之后成家立业，所以也应当算为户。

[③] 《1914年华裔移民年度报告》（*Annual Report on Chinese Immigration*），Public Record Office CO874/740 Chinese Immigration 1915–1917。

多数为不超过 6 口人家的小家庭，而且成员年龄多为 21～39 岁的青壮年。除了 9 户没有小孩，丈夫的年龄介于 21～49 岁，妻子的年龄则介于 15～44 岁。在登记为亲属的儿女类别上，总计有 210 名为小孩，其中 164 名的年龄小于 10 岁。另外，登记为丈夫亲属的父亲、兄弟或侄儿总共有 10 人。[①]

如前所述，一般认为，这群沙巴的华北人来自清末的直隶省，且祖籍以天津、河间、保定和顺天四府占多数。不过若细加以考究，却发现沙巴华北人实际上主要来自今天的天津直辖市与河北省。属天津直辖市者，多来自静海县；而属河北省者，则以沧州市和廊坊市占多数（见表 1 和图 4）。

考究沙巴华北人祖籍时，我们还可发现仅仅百余户人家，当中竟然来自 76 个不同的乡村（另有 8 户来自城市），显然在移民前他们彼此并不认识。他们的多元姓氏，也足以证明这一点。根据笔者获取的《山东村父老下南洋花名册（修订版）》[②]，单单是丈夫就有 51 个不同的姓氏；若加上妻子的不同姓氏，则数据将增加 20 个。[③]

虽然来自不同的乡村，但大家即将移民到一个陌生的地方，了解到众人生死与共的未知命运，在航程中这群华北人已然透过收养义子或养子、为年幼的女儿找夫婿（童养媳）和结拜兄弟等方式，从而建立起彼此间的牢固"亲属"关系。

从《山东村父老下南洋花名册（修订版）》以及《华北祖先北上南下来北婆罗洲（沙巴州）民族文化 108 户族谱历史回顾史》[④] 中的族谱，可发现至少有四起收养（义子 2 起和养子 2 起）、8 起童养媳和超过 10 人结拜的

---

① 限于篇幅，这里将不拟详谈每个家庭的情况。欲了解详情，请参考前揭 Tan, Chee Beng, "The Northern Chinese of Sabah, Malaysia: Origin and Some Sociocultural Aspects", Asian Culture, Vol. 21 (1997): 19–37.
② 《山东村父老下南洋花名册（修订版）》（未刊稿）由受访者聂惠庆提供，初稿为第一代华北人韩林泉于 1913 年 11 月 1 日制作，后由聂惠庆的父亲聂宝荣修订。
③ 丈夫的姓氏有：韩、杨、胡、尹、靳、陆、于、宫、金、卢、聂、庄、徐、买、饶、朱、董、毛、孙、任、苏、田、马、郭、郝、扈、宋、萧、丁、洪、杨、贾、王、斐、石、张、杨、寇、刘、唐、崔、范、李、侯、臧、迟、赵、薛、吴、陈、夏；另 20 个不同的妻子姓氏是：何、俞、倪、党、兰、吕、周、姚、戴、方、曹、木、程、艾、葛、褚、邵、闫、魏、鲁。
④ 张景程编《华北祖先北上南下来北婆罗洲（沙巴州）民族文化 108 户族谱历史回顾史》，马来西亚沙巴华北同乡会，2009。

"盟兄弟"案例。此外，沙巴华北人的多元姓氏，也使早期的华北移民得以在婚嫁上实行不与其他方言群或土族通婚的"内婚制度"（endogamy）。也正因如此，属于沙巴少数族群的华北人认同（identity），得以相当稳健地延续下去。

表1 沙巴华北人"府"祖籍与目前所在地

祖籍*（户）	目前所在地**	户
天津府沧州县上河沿（1） 天津府沧州县北浦子（1） 天津府沧州县南门外（1） 天津府沧州县城内（4） 天津府沧州县大地庄（1） 天津府沧州县居棍（1） 天津府沧州县捷地（1） 天津府沧州县文成街（1） 天津府沧州县梁安屯（1） 天津府沧州县聚官屯（1） 天津府沧州县花园（2） 天津府沧州县菜市（2） 天津府沧州县西门外（1） 天津府沧州县马连坡（1） 天津府沧州县马长街（1） 天津府河间县刘庄桥（1） 天津府盐山县仙庄（2） 天津府盐山县城内（1） 天津府盐山县姐妹韩庄（1） 天津府盐山县故县村（1） 天津府盐山县曾庄（1） 天津府盐山县望树村（1） 天津府盐山县泡北庄（1）	河北省沧州市	35
天津府盐山县花园（1） 天津府盐山县薛家庄（1） 天津府盐山县马连坡（1） 天津府盐山县高湾村（1） 天津府青县刘庄（1） 天津府青县鲍家嘴子（1）	河北省沧州市	35

续表

祖籍*（户）	目前所在地**	户
天津府静海县长屯（1） 天津府静海县琛（1） 天津府静海县城内（2） 天津府静海县地理堡（1） 天津府静海县独流（1） 天津府静海县古佛庄（4） 天津府静海县管堡头（2） 天津府静海县郭庄（1） 天津府静海县贾口（1） 天津府静海县宽河村（1） 天津府静海县刘家新庄（1） 天津府静海县泡庄（1） 天津府静海县小白庄（1） 天津府静海县闫家庄（1） 天津府静海县闫庄（3） 天津府静海县姚家村（1） 天津府静海县姚家园（1） 天津府沧州县永古屯（1） 天津府（1）	天津直辖市	26
天津府文安县苏桥（1） 天津府霸县下码头（1）	河北省廊坊市	2
天津府沧州县纪家屯（2）	河北省邢台市	2
天津府沧州县盐厂（1）	河北省张家口市	1
顺天府霸县苏桥（1） 顺天府文安县荆州（1） 顺天府文安县苏桥（2） 顺天府文安县西流河（1） 顺天府文安县下码头（4） 顺天府永清县城内（1） 顺天府永清县刘家庄（1） 顺天府永清县刘庄（1） 顺天府永清县新民庄（2） 顺天府霸县高阁村（1） 顺天府霸县麦家村（1） 顺天府霸县王家房（1） 顺天府霸县夏王庄（1） 顺天府霸县杨青口（3） 顺天府霸县赵葛庄（1） 顺天府文安县胜芳（3）	河北省廊坊市	25

续表

祖籍*（户）	目前所在地**	户
顺天府宁和县崔家码头（1） 顺天府宝坻县大沽屯（1） 顺天府武清县穆庄（1） 顺天府武清县杨村（2）	天津直辖市	5
顺天府通县张家湾（1）	北京直辖市	1
顺天府东安县朱官屯（1）	河北省张家口市	1
河间府东光县谢家庄（1） 河间府任邱县圈头村（2） 河间府任邱县水圈头（1） 河间府任邱县郑州（1） 河间府交河县泊头镇（1）	河北省沧州市	6
保定府清苑县大望亭（1）	河北省保定市	2
冀州府南宫县小邹庄（1）	河北省邢台市	1
宣化府蔚州县白乐（1）	河北省张家口市	1
山东府济南县陵（1）	山东省德州市	1
济南府陵县石家庄（1）	山东省德州市	1
	共计	110

* 在所获得的《山东村父老下南洋花名册（修订版）》里，清楚列明每户人家来自的府、县、村的祖籍。

** 目前所在地是根据《山东村父老下南洋花名册（修订版）》里，各户人家来自的府、县、村进行考究所得的结果。若单看华北人的府祖籍，并不能准确地考究华北人的原乡。比如说，顺天府虽然多已成为今天的北京直辖市，但事实上，注明原籍顺天府的华北人，在经过核对其县与村后，可发现他们更多的是来自今天河北省的廊坊市。限于篇幅，目前所在地仅列出省市，不详列其区镇。

资料来源：根据《山东村父老下南洋花名册（修订版）》制作。

三 沙巴华北人经济活动的变更

据渣打公司的招募条款规定，华北人在所给予的 10 英亩土地上，至少有一半的土地必须用来种植稻米、椰子、咖啡或花椒等农作物。然而，并不是所有的土地都适合种植此类农作物。

20 世纪 20 年代，伴随着汽车生产量的增加，橡胶价格急速上升，许多华北人转而以种植橡胶为生。华北人在橡胶种植业所获得的成功，多次记录在渣打公司官方文献上①，韩铣丰的研究甚至指出：华北人因为在橡胶种植业上的成功，继而开发了第二个位于吧巴巫路金马利的村庄。② 除了从事农耕，部分华北移民受聘于政府公共工程部，工作范畴包括了马路建设、水利工程等。③

"二战"后，华北人的经济活动因环境与时代的改变而日趋多元（见图3）。在第三代华北人男性中，仍然有不少华北人在祖传的土地上进行农耕。除了橡胶种植，部分华北人转而种植油棕，亦有从事森林伐木工作者。

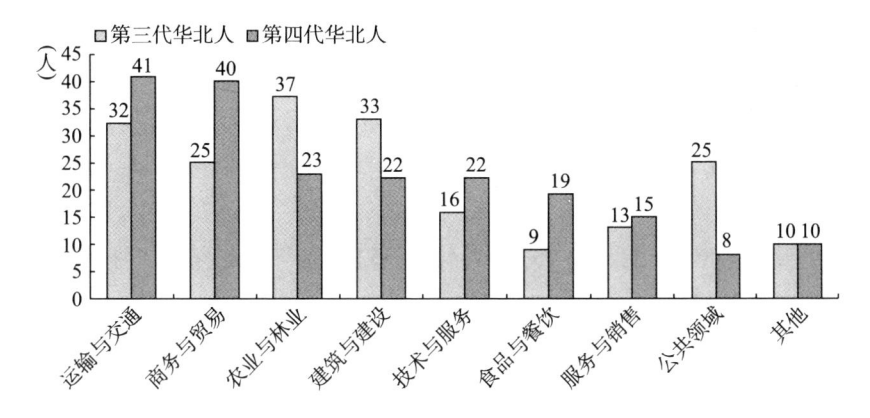

图3　第三代与第四代华北人男性的经济活动调查数据

资料来源：作者自制。

随着城市的发展，越来越多的硬件建设带动了沙巴州建筑业的发展。为抓住契机，许多第三代的华北人也从事建筑业的工作。其中一个受访者，

---

① 如：1922年第79届年终股东大会报告以及1926年度北婆罗洲渣打公司进度报告。虽然如此，一些受访者在受访时说，沙巴华北人初期种植橡胶是"偷偷种植"，若被当局发现橡胶树则会被连根拔起。前揭陈志明（1997）在其研究中，也提及他的受访者表示在初期橡胶种植并不被官方所鼓励。不过，Public Record Office CO874/738 Chinese Immigration 1913保存了一份由当时中国政府向招募者发布的"告白"，当中明确写道："垦户不但按季播种米、棉花、糖、烟草，亦可随时种树如胶皮（即橡胶）、胡椒、椰子、咖啡、香料等类，以及各种油草，俾得利益。"
② Han, Sin Fong, *The Chinese in Sabah*, *East Malaysia* (Taipei: The Chinese Association for Folklore, 1975), p. 85.
③ 受访者张景程表示，其第一代祖先曾经参与衔接亚庇和丹南的铁路工程。黄子坚（Wong Tze-Ken, Danny, *The Transformation of an Immigrant Society: A Study of the Chinese of Sabah*, London: Asean Academic Press Ltd., 1998, p. 60.）表示，华北人在本身土地开垦之余，每周需抽出2~3天于政府公共工程部工作，其工作包括修建铁路。然而，官方文献中，并没有记载华北人参与铁路建筑工程；此外，招募条款上清楚说明"华民到婆罗洲无须定立合同"，在招募章程上也列明"该垦户除耕种外，不得迫令改就他项工作，惟本人自愿经营他项事业，当听其便"。可见，华北人受聘于政府公共工程部应当被视作一个工作机会，而不是一项强制性的工作。

更在建筑领域中崭露头角，其建筑公司从 E 级承包工程（只限承包不超过 20 万林吉特的工程）开始做起，目前已提升至 A 级的最高级别（资金没有上限）。目前，其公司的主要业务，为政府建筑学校、校舍等工程。

如果说华族移民社会中过去曾经呈现某一籍贯群体从事的"专属"类别经济活动的话，那么早期的沙巴华北人必然是以橡胶种植业闻名。而现今的华北人从事的职业，则多与交通及运输行业挂钩。[①] 根据调查，第四代华北人男性中，越来越多从事个人生意，如：开金店、电器行、车行、电话售卖店、超市、家具店、杂货店，等等。此外，投入饮食领域者，人数也明显增加。至于第四代的华北人，19 人当中有 5 个人乃以经营销售水饺、锅贴等传统华北人食品为生。

四 沙巴华北人的饮食文化、节庆与"红、白"习俗

祖籍中国北方的沙巴华北人，其原来饮食文化主要包括：面条类（凉面、捞面）、蒸食类（馒头、包子、花卷）、馅食类（水饺、锅贴、合子、元宵）等传统面食和饼食类（烙饼）。经过将近百年在沙巴的落地生根，华北人已经习惯以米饭替代面食的主食。虽则如此，当华北人聚集在一起或庆祝节庆时，传统华北面食即成为他们"不二选择"的桌上佳肴。特别是在农历新年期间，面食更是不可或缺的节庆食品（见表 2）。华北人有句俗话说："初一饺子、初二面，初三合子往家转"，正好印证了大马沙巴华北人在节庆时对传统面食习俗的坚持。

表 2　农历新年正月特别日子的食物与其意涵

正月日子	食物	食物意涵
初一	饺子	形状似金元宝，可带来财富
初二	捞面	长长的面条，表达长寿的愿望

[①] 在第三代与第四代各 200 名的华北人男性当中，计有第三代共计 32 人、第四代共 41 人从事与交通运输业相关领域的行业。一名 76 岁（2008 年）的第三代的受访者宣称"二战"结束后，百业待兴，许多华北人在码头从事搬运工作。他本身从码头搬运工人开始，后来在码头的运输公司充当司机直至 1988 年退休。至于第四代的华北人男性，其中 14 人为德士司机、7 人为校车司机、5 人为冷冻运输车司机，其他包括罗里司机、旅游巴士司机、租车司机等。

续表

正月日子	食物	食物意涵
初三	合子	以两片饺子皮包馅，象征合家团圆
初五	饺子	黏饺子皮，象征不要让小人到处造谣生是非
十五	元宵	与汤圆一样象征合家团圆，为其以肉馅为主

资料来源：根据作者采访所得制作。

此外，沙巴华北人的饮食文化，还受到沙巴人口居多的客家族群和土著的影响。许多华北人也爱享用客家扣肉，甚至在同乡会的聚会上，客家扣肉与其他传统华北人的"大锅菜"、"木耳烩肉丸"、"冬菇焖煮肉"等同为桌上主要的菜肴。至于土著的咖喱，也是华北人喜爱的菜肴之一，他们尤其爱以自制的烙饼、馒头和花卷，代替米饭，配以咖喱鸡进食。

图 4 沙巴华北人经营的餐馆中售卖的凉面（张晓君拍摄于 2008 年 12 月 8 日）

图 5 沙巴华北人经营的摊子售卖的锅贴、水饺（张晓君拍摄于 2007 年 5 月 30 日）

图 6 沙巴华北人在中秋联欢会上，以馒头、花卷就着咖喱鸡享用（张晓君拍摄于 2007 年 7 月 10 日）

大致上来说，沙巴华北人所庆祝的华人传统节庆与其他籍贯的华人雷同。在农历新年除夕的早上，沙巴的华北人都会到坟地去祭拜祖先，并"邀请"祖先回家过年。此祭拜以烧香和供奉鲜花为主，并不供奉三牲或酒水。华北人的除夕团圆饭，一般会在晚上 12 点才开始。是夜，饺子将替代米饭成为主食。到了午夜 12 点，供奉家里祖先灵位后，方可开始享用除夕团圆饭。

与其他祖籍中国南方的华人不同的是，沙巴华北人至今仍庆祝农历十月初一的"送寒衣节"。中国北方有四季之分，每年冬天即将来临时，北方人便开始准备寒衣。除了为"生人"准备寒衣，他们也为死去的祖先"送寒衣"（即烧纸衣）。沙巴华北人在农历十月初一"送寒衣节"当天，会到坟地祭拜祖先、给祖先"送寒衣"。除了清明节和中元节，沙巴华北人一年里共扫墓四次,包括除夕和"送寒衣节"。

图7 除夕清晨,华北人会到坟地"邀请"祖先回家过年(张晓君拍摄于2009年6月2日)

图8 除夕团圆饭,饺子将作为主食(张晓君拍摄于2009年6月2日)

图9 午夜12点供奉家里祖先灵位后,才开始吃除夕团圆饭(张晓君拍摄于2009年6月2日)

严格来说,现在沙巴华北人于"红事"(生日与结婚喜庆)方面已经大大简化和趋于西化了。早期,沙巴的华北移民会在婴儿出世的第十二天招待亲友吃饺子,庆祝"十二响";如今,随着其后代与其他籍贯的华人通婚,沙巴华北人亦改为替初生婴儿庆祝满月。同样的,沙巴华北人在婚庆方面的许多习俗已不复遵循。唯一有别的是,华北人的婚庆礼仪中,并没有传统的"敬茶仪式",而是"认亲仪式"。一对新人只需要向长辈敬礼,跟随伴侣开口"称呼"而不需要向长辈奉茶。虽然已是第五代、第六代,沙巴华北人至今仍严格遵循亲属称谓的使用;反观沙巴其他籍贯的华人经常只使用西化的"uncle"或"aunty"称呼。

表3 沙巴华北人亲属称谓

父亲一方的亲属称谓		母亲一方的亲属称谓		姻亲关系的亲属称谓	
F	爸爸/爷	M	妈妈/娘	HF	公公
FF	爷爷	MB	舅舅	HM	婆婆
FM	奶奶	MBW	舅母	WF	老丈人
FFF	祖爷爷	MZ	姨姨	WM	老丈母娘
FFM	祖奶奶	MZH	姨丈	DH	姑爷
FFFF	重祖爷爷	MF	姥爷		
FFFM	重祖奶奶	MM	姥姥		
FeB	伯	MFF	祖姥爷		
FeBW	伯娘	MFM	祖姥姥		

续表

父亲一方的亲属称谓		母亲一方的亲属称谓		姻亲关系的亲属称谓
FyB	叔	MFMB	舅爷爷	
FyBW	婶	MFMBW	舅奶奶	
FZ	姑	MFMZ	姨姥爷	
FZH	姑父	MFMZH	姨姥姥	
FFB	大爷爷			
FFBW	大奶奶			
FFZ	姑奶奶			
FFZH	姑爷爷			

缩写释义：
F = 父亲，Father；M = 母亲，Mother；B = 兄弟，Brother；Z = 姐妹，Sister；
S = 儿子，Son；D = 女儿，Daughter；H = 丈夫，Husband；W = 妻子，Wife；
e = 长，elder；y = 幼，younger。
资料来源：根据《历代祖传祖先辈份称呼规则》（载张景程编《华北祖先北上南下来北婆罗洲（沙巴州）民族文化 108 户族谱历史回顾史》，马来西亚沙巴华北同乡会，2009 年）整理。

相较"红事"而言，沙巴华北人的"白事"（即：丧葬）则保存得较为完善。有别于沙巴其他华裔将丧葬礼仪交由殡仪馆打点，沙巴华北人的丧葬礼仪仍由沙巴华北同乡会的"人寿股"负责打点一切。若亡者生前按时缴股金，[①] 是人寿股的会员，那么亡者的家属将收到人寿股提供的 1000 林吉特的帛金以补贴丧家治丧的开销。除了经济援助，人寿股主要的任务其实是替丧家操办白事礼仪。从自制"引魂幡"、公鸡枕、打狗饼、打狗棒、咽食罐等仪品，到协助丧家为亡者进行小敛、大敛（棺敛）、盖棺、发引、下葬等，可谓面面俱到。根据笔者采访以及田野调查所得，沙巴华北人的棺敛仪式，主要于遗体入棺前在棺木最底层铺上黄布（若"喜丧"可先以红布垫底），摆置"七星钱"和"公鸡枕"。将遗体入殓后，使亡者手握"打狗饼"和口含糖，再盖上白布（若"喜丧"可以使用带有红色的白衾单），意为亡者"铺金盖银"。接着，执事将协助亡者的长媳妇，为亡者"开光"。[②] 开光之后，亲属

---

① 若"人寿股"会员死亡，其会员籍将自动由其伴侣承继。
② 其做法是，盛一碗清水，用棉花蘸水，在亡者的眼睛、鼻子、嘴巴、耳朵擦拭。边擦边念："开眼光，看八方；开鼻光，闻八方；开嘴光，吃八方；开耳光，听八方。"开光完毕，倒掉清水，先将碗放在棺材下方。接着，再用一面镜子给亡者从头照到脚，然后覆盖式放在棺材尾端的下方。开光时，孝子、孝女等都站在棺两旁看着。

可将亡者生前使用的物品和冥纸放入棺内。由于沙巴华北人至今仍依循夫妻合葬传统，所以盖棺后会在棺盖上同时钉上"五彩线"，好让棺木下葬时，与亡者伴侣棺木上的五彩线"叠"在一起。① 盖棺以后，棺材上覆盖一块红衾单。接着，由亡者的媳妇们轮流使用新扫帚和筛子在棺盖上从头到尾扫一遍，同时边扫边念："留财"。过后，此扫帚和筛子将由长媳妇保管。

发引时，从亲属们各人手持物件可得知其与亡者的关系。一般而言，长子手持引魂幡，次子手抱灵牌，其他儿子（包括长孙）手持哭丧棒，长媳妇则手抱咽食罐。棺木起杠时，长子把早前"开光"用的碗用力摔碎。② 摔碗当下，负责抬杠者迅速起杠，同时鸣放鞭炮告知左邻右舍出殡仪式正式开始。下葬的时候，开光时用的镜子，长媳妇怀抱的咽食罐，孝子们手握的打狗棒等将当作陪葬品。填土的时候，先将引魂幡拔起共三次代表"三升"，然后使其插立于棺木之上，半埋于坟中。亡者下葬后第三天晨曦，丧家再次来到坟地进行"圆坟"（即：给坟添添土），又称"暖坟"。

图10至图12　执事将协助亡者家属进行所有丧事礼仪。图左至右，分别为亡者长媳以镜子为亡者"开光"；棺盖上的五彩线是让棺木下葬时，与伴侣棺木上的五彩线"叠"在一起；亡者的媳妇们轮流使用新扫帚和筛子，在棺盖上从头到尾扫一次，边扫边说："留财"（张晓君拍摄于2007年10月26日）

五　沙巴华北人当前的概况——兼论与沙巴当地社群和中国之间的关系

诚如陈志明在《马来西亚沙巴的华北人》一文中所叙述："二战"后华

---

① 若亡者是女性，就在棺材的右边，钉两个大钉，左边连着五彩线钉一个大钉。根据棺木在下葬时，男左女右的排序，因此该五彩线将钉在女死者棺材的左边；若是男死者，则钉在棺材的右边。不管哪方先去世，在合葬的墓穴里，双方的五彩线最终将"叠"在一起。
② 这仪式叫"摔盆"，只能由亡者长子或者长孙负责摔碎"开光"用的碗。

北人开辟了第二个聚集地——吧巴巫路金马利（Ulu Kimanis, Papar）。该地段距离吧巴市镇约需一小时车程，它原是一片未经开发的原生态土地。刘树林先生于1952年继任村长后，决定率领部分第二代华北人子弟迁移该处开辟新家园。1953年他开始向政府申请该处土地，并于翌年及其后让第二代陆续搬迁该处；而他们的第三代孩子则随后在1957年迁往该处。[①]

初期，吧巴巫路金马利的华北人继承祖辈开发第一村的经验，除了以农耕、打猎和捡拾野外果实为生外，也种植橡胶作为经济来源。20世纪70年代橡胶价格下跌，许多华北人迁回了原本的聚集地。目前，该处有一所华北人向政府申请成立的"政民小学"（建于1959年）和一所"政民幼稚园"（建于80年代）。与此同时，该处的华北人也于1990年成立了"吧巴华北联委会"，并于2006年建立了会所兼多用途礼堂。该礼堂能容纳500人，可成为室内篮球场或室内羽球场，亦可成为华北同乡会醒狮团练习的地方。该礼堂也设有一个表演舞台。华北同乡会每年的中秋联欢会即在此举办；附近的土著亦可商借该礼堂。此外，华北人向马来西亚政府申请了一块在该处大约10英亩的坟地，作为沙巴华北人的第四个坟地，名为"华北津桥义山"，[②]并按现代墓园规划方式规划了1000个墓穴，供华北人往生者入土安息，当中也包括了华北人穆斯林墓地。

除了吧巴巫路金马利，部分华北人迁移到了沙巴东海岸的斗湖省（Tawau），并在该处成立了"斗湖华北联委会"。事实上，沙巴华北人再也不像以往那样在特地一处聚居。随着城市的发展，许多华北人变卖了自己的土地[③]，并搬迁到发

[①] 陈志明的受访者指出：政府给予他们的土地共1600英亩（见Tan, Chee Beng, "The Northern Chinese of Sabah, Malaysia: Origin and Some Sociocultural Aspects", *Asian Culture*, Vol. 21 (1997): 19 – 37.）；但曾在该处生活长达26年的张景程则于《华北祖先北上南下来北婆罗洲（沙巴州）民族文化108户族谱历史回顾史》里表示，所获土地大约有850英亩。

[②] 华北同乡会一共管辖四个坟地，即：津侨坟地、津侨回教义山、华北津侨天主教义山和乌路金马利的华北津桥义山。津侨坟地、津侨回教义山同属一个地点，坐落于亚庇路阳区。因穆斯林不能与非穆斯林同葬，因此两块坟地以篱笆分隔。截至2008年8月，这两个坟地大约有150个坟；华北津侨天主教义山距离前两个坟地大约1.4公里，主要埋葬信仰天主教的华北人。截至2008年8月，该坟地有20~30座坟。

[③] "英属北婆罗洲招殖华民条款"第三项注明：若该民每年应照此等所纳微末之租，即可作为该地之主，准其转售妥当之华人。根据官方记载，最早的土地买卖可追溯至1923年，其他包括了1925年、1927年、1938年和1941年，在有关资料中部分注明买家身份是客家人，见Pink File 1125: Transfer of Land held on Chinese Settlers Terms。另外，官方资料还记录了华北人于1933年，将一块土地卖给了天主教会，见Pink File 687: Roman Catholic Mission sale of land of Northern Chinese settlement。

展商开发的花园住宅区；有的迁居到别的城市，有的甚至为了升学和工作而移居国外。根据笔者田野调查所得，大部分华北人依然居留在沙巴西海岸省（见表4），其他少数还包括迁居古达省（2户）、山打根省（2户）、斗湖省（10户）和内陆省（9户）者。①

表4　沙巴华北人于沙巴西海岸之分布

区	户
亚庇区 Kota Kinabalu District	**324**
Kepayan	3
亚庇 Kota Kinabalu	230
路阳 Luyang	33
丹蓉亚路 Tg Aru	3
水塘路 Jalan Kolam Ayer	1
山东村路 Jalan Shantung Settelement	54
斗亚兰区 Tuaran District	**25**
里卡士 Likas	5
下南南 Inanam	3
孟加达 Menggatal	15
斗亚兰 Tuaran	1
担布罗里 Tamporuli	1
兵南邦区 Penampang District	**108**
兵南邦 Penampang	108
吧巴区 Papar District	**84**
吧巴 Papar	63
乌路金马利 Ulu Kimanis	21

资料来源：根据《华北祖先北上南下来北婆罗洲（沙巴州）民族文化108户族谱历史回顾史》整理。

华北人自1976年开始筹组创立本身的地缘性社团，并于1977年10月1

---

① 笔者从《华北祖先北上南下来北婆罗洲（沙巴州）民族文化108户族谱历史回顾史》第649至666页的会员名单中，整理出可信赖的564位会员资料进行分析。该名单有会员912位，其中193位已经去世，137位没有提供详细地址，17位所提供的地址不可考，以及一位地址注明马来西亚西马半岛的吉打州，以上348位会员皆不计算在表4的数据里。

日正式成立"沙巴华北同乡会"①。该社团成立的宗旨包括敦促同乡们的联谊和教育，提供福利予同乡们，并且协助马来西亚政府推行发展计划以及促进各族的联系。② 有鉴于此，同乡会属下设有不少职务或小组以推动会务。这些职务和小组，较为特别的有：幼稚园董事（华北幼稚园）、人寿股、义山组、回教经济事务等。表5列出了同乡会所筹办的活动，并据活动性质和主旨加以分类。

表 5　沙巴华北同乡会活动及其分类

活动主旨	活动
敦促同乡联谊	旅游团、野餐、攀登神山、家庭拜访等
提供福利	探访老人院（京那律，Kinarut）、孤儿院（担布南，Tambunan）、儿童院（本笃都汉，Bundu Tuhan）、视障之家（斗亚兰，Tuaran）；筹办捐血运动、赈灾（水灾、火灾、风灾）；捐献予残障者或病人等
展现孝亲敬老精神	举办长者烧烤会、双亲节庆祝会；教师节捐献等
与当地社群交流	歌唱比赛公开赛、足球公开赛、篮球公开赛等

资料来源：根据《华北祖先北上南下来北婆罗洲（沙巴州）民族文化108户族谱历史回顾史》所收录的剪报、活动照片说明、文稿和网上资料整理。

值得一提的是：华北同乡会的会员资格，允许女性华北人的丈夫和孩子入会。此举是为了确保女性不会在结婚后，与华北同乡渐行渐远。这对维护属于少数籍贯社群的沙巴华北人认同来说，未尝不是个解决方案。一位受访者指出：王进良的母亲是华北人，其父亲是广东人。由于其父亲在他年幼时就去世了，母亲于是将他"带回"华北社群。他积极参与同乡会的活动，在华北同乡会最高职务是理事会副主席。他和他家族的族谱也被收录在《华北祖先北上南下来北婆罗洲（沙巴州）民族文化108户族谱历史回顾史》里。

经过数十年的磨合与相处，华北人不再具"排他性"。他们过去所坚持

---

① 筹组社团时，提出的社团名称包括"津侨同乡会"、"河北同乡会"、"山东同乡会"等，最后由村民选出以"华北同乡会"作为该会名称。此名称可以有效地概括了所有移民的原乡，其实"华北"（Northern Chinese）一直是官方文件中的用语。
② 见沙巴华北同乡会条规与章程，"Rules and constitution of the Sabah Northern Chinese Association"。

的"内婚制",已被子女的自由恋爱,甚至与其他民族对象结婚而无从持续。如今,华北人与当地社群保持良好关系,并且积极参与当地社群的活动。除了举办一些公开赛邀请其他社团参与,华北同乡会也会参与其他社团举办的活动。当华北同乡会为了建立会所筹募基金时,当地社团慷慨解囊;同样的,当别的社团募款时,华北同乡会也会义不容辞地帮忙。事实上,沙巴华北同乡会联合其他当地的地缘组织,成立了沙巴亚庇华人同乡会馆联合会,简称"乡联会"①。每年由乡联会所主办的"新春龙麒狮大团拜"②,华北同乡会醒狮团会派出"北狮"参与。另外,华北同乡会也参加由沙巴旅游局暨沙巴华人文化协会联办的年度"沙巴国际龙舟赛"。

田英成在其研究论文里曾指出:"……这群华北同乡,至今与中国家乡的联系已近乎断绝。抗日战争时期,华北同乡与许多海外华人一样,曾给予中国物资支援;但50年代之后,由于中国政局变化,关系逐渐疏远而淡化,而第二代的子女对中国的认识与感情已逐渐疏远……"③

田氏之说,确实反映了20世纪60年代马来西亚成立后华北人与中国的关系。然而随着中马1974年建立邦交,华北人也开始积极回乡寻根拜访。不过,正式的回乡拜访一直延至1993年。根据笔者与张景程所做的访谈,沙巴华北人与祖籍地的联系,主要靠北京的吴则忠和他的表侄卢首林促成。吴则忠向中国沧州市侨办传达在马来西亚沙巴州内有一群华北移民。于是,当时的沧州市侨办主任白中月向沙巴华北同乡会发出了出席两年一度的"沧州武术节"邀请函。为此,沙巴华北同乡会连续出席了1993年和1995年的武术节,并借此机会回乡寻根,同时参观了一些当地的工业发展和旅游景点。后来,白中月也向天津、北京以及河北省的人民政府侨务办公室,还有北京市马来西亚归国华侨联谊会,介绍了沙巴华北同乡会。到现在,沙巴华北同乡会组团拜访中国或邀请对方拜访沙巴的活动仍持续进行(见

---

① "沙巴亚庇华人同乡会馆联合会"由15个社团组成,即:亚庇福建会馆、亚庇客家公会、沙巴州西海岸广肇会馆、亚庇海南会馆、亚庇龙岩会馆、沙巴州西海岸四邑公会、沙巴三江公会、沙巴州大埔同乡会、亚庇潮州公会、沙巴华北同乡会、亚庇福州公会、沙巴安溪会馆、沙巴永春会馆、亚庇兴安会馆和沙巴南安会馆。属会下的联合青年团,简称"乡联青",也经常筹办活动供当地青年参加。
② "新春龙麒狮大团拜"集合来自亚庇区所有龙麒狮队伍参与大团拜,被视为亚庇华人农历新年庆典重头戏。该大团拜获得沙巴旅游局的支持,被列为沙巴旅游盛事之一。
③ 田英成:《一个华北移民的村庄——沙巴的山东村》,《亚洲文化》1985年第6期。

表6和表7）。

2009年，笔者有幸参与沙巴华北同乡会到中国分发所出版的《华北祖先北上南下来北婆罗洲（沙巴州）民族文化108户族谱历史回顾史》拜访团。该团由张景程组团，并由北京市马来西亚归国华侨联谊会执行会长卜鼎顺安排行程，包括了天津市、北京市和河北省的石家庄、保定和沧州。所到之处，当地的人民政府侨务办公室皆亲自宴客招待，并安排到当地旅游景点观光或参观当地的工业发展。双方的互动，特别是张景程和当地官员的互动，反映了双方的亲密关系。在北京，一位全国人大常委还出席了宴会，亲自接待拜访团，可见中国官方非常重视沙巴华北同乡会的到访。

表6 拜访中国活动一览

年份	邀请单位/机构	活动
1993	沧州市人民政府侨务办公室	沧州武术节
1995	沧州市人民政府侨务办公室	沧州武术节
1997	河北省人民政府石家庄市侨务办公室	工业展览会
1998	天津市人民政府侨务办公室	世界天津人大会
1998	河省人民政府	探访旅游（石家庄市、保定市、涿州）
2002	天津市人民政府侨务办公室	世界天津人大会
2006	天津市人民政府侨务办公室和天津市人民政府妈祖文化交流团	团拜妈祖会600周年盛会
2007	天津市人民政府侨务办公室	世界天津人大会
2007	北京马来西亚归国华侨联谊会	北京侨联10周年纪念会
2007	全国政协办公厅、中共中央统战部、国务院侨务办公室、国务院港澳事务办公室、国务院台湾事务办公室等	中华人民共和国成立58周年招待会

资料来源：根据《华北祖先北上南下来北婆罗洲（沙巴州）民族文化108户族谱历史回顾史》所收录的剪报、活动照片说明和文稿等整理。

表7 中国拜访团与活动一览

年份	单位/机构	活动
1994	沧州市海外交流使节团	友好访问
1996	中国吴桥杂技艺术团	为华北幼稚园义演筹款

续表

年份	单位/机构	活动
1996	沧州市人民政府侨务办公室	友好访问并见证理事会宣誓就职典礼
1998	天津市人民政府侨务办公室	友好访问
2002	天津市人民政府侨务办公室	友好访问
2003	北京马来西亚归国华侨联谊会、天津市人民政府侨务办公室和北京市人民政府侨务办公室	祖先下南洋北婆罗洲（沙巴）90周年千人宴
2004	北京马来西亚归国华侨联谊会	友好访问
2005	天津市人民政府妈祖文化交流团	友好访问
2006	中国侨联及中央企业侨联	友好访问
2007	天津市人民政府侨务办公室	友好访问
2008	北京马来西亚归国华侨联谊会文化团	为华北幼稚园义演新春联欢会筹款

资料来源：根据《华北祖先北上南下来北婆罗洲（沙巴州）民族文化108户族谱历史回顾史》所收录的剪报、活动照片说明和文稿等整理。

六 结语

华北人移民至沙巴近100年，从原初的第一代移民，到其衍生的后代早已落地生根变为土生土长的大马华裔。沙巴华北人新生代在身份认同上，以马来西亚为依归。事实上，早在"二战"期间，沙巴华北人便已积极投入抗日活动，为捍卫这片土地而挥洒热血。除了是神山游击队主创成员之一，许多华北人响应游击队的募款，有的还成为游击队的一分子。

作为少数华裔社群的沙巴华北人，他们在维护自身文化方面颇见坚持。从早期坚持的内婚制，到如今逢节庆时的华北饮食文化展现、对亲属称谓的严格遵循，乃至持续由"人寿股"为同乡操办传统丧葬礼仪等方方面面，可视为该社群回应世代变更挑战和身份认同变异而做出的相应举措。

至于他们所从事的经济活动，则已从早期的垦殖、农耕领域转换到涉及交通运输、建筑业和饮食业等城市化的商业活动。他们的居住地，再也不局限于当初被分配的土地上。虽然大部分华北人仍然"留守"在沙巴西海岸省，但也有许多人已经迁移至外地谋求发展。

"沙巴华北同乡会"的适时成立，避免了华北人因不再集聚群居而导致彼此间关系疏远的可能性。透过华北同乡会的统筹，沙巴华北人可经常进行各类联谊活动。与此同时，同乡会属下职务和活动小组的设置，使他们因获得相关指导而有效地保留自身的文化。更重要的是，华北同乡会作为桥梁，对内协助联系华北人；对外则联系和派代表参与沙巴当地社群的活动，以及担负起强化同乡会与中国方面联系的任务。

A Study of Northern Chinese Social Group in Sabah, Malaysia

Soo Khin-Wah, Bernadette Teo Siau Jin

(University of Malaya)

Abstract: Most Chinese in Singapore and Malaysia owe their origin to Fujian and Guangdong. However, this paper focuses on the northern chinese at sabah. The northern chinese group with special identity was a resultant of agreement signed between the two governments of Republican China ruled by President Yuan Shikai and the British North Borneo Chartered Company of Sabah colonial government at that time. Besides of discussing the reasons for migration, the process and their social cultural characteristics in early days, this paper also touches on their local economic activities, food diet, custom and festive celebrations, as well as a survey of their current situation in Sabah today.

Keywords: Ethnic Chinese in Sabah; Northern Chinese; Social Cultural Characteristics

（责任编辑：邓进升）

马来西亚沙巴华族族群语言与文化的维护：
以当地华文中学的兴办为例

东海大学 曹淑瑶*

摘 要 第二次世界大战后，英国接管英属北婆罗洲公司属地，成立英国北婆罗洲殖民地政府，1962年时原有的亚庇华侨中学、丹南中华中学、山打根中华中学、双修中学、古达华联中学等5所华文中学，接受殖民地政府的津贴条件，改制为以英文为教学媒介的官立中学。为招收小学会考失败或因超龄被摒除在学校之外的华族子弟，沙巴华族社会乃新办9所华文中学，这些华文中学在维护华族族群语言及文化上扮演着重要的角色，本文拟对今日沙巴地区的华文中学做一探讨。

关键词 沙巴华人 华语 华文中学

一 前言

沙巴旧称北婆罗洲，原为文莱苏丹领土之一部分，1846年割让给一批英美商人，1881年11月英属北婆罗洲公司成立后，成为公司属地，[①] 为开发该地，曾招募大批华工，尤其客家族群前往垦殖，也有许多福建（闽南）人由新马地区移居此地。[②] 20世纪20年代，因华族移民增多，当地的华文教育才开始发展，山打根中华中学为该地华族首创的华文中学，在第二次世界大战前，也只有山打根中华中学开办中学教育，其余皆为小学。第二

---

* 曹淑瑶，台湾东海大学通识教育中心副教授。
① K. G. Tregonning, *Under Chartered Company Rule: North Borneo, 1881 – 1946* (Kuala Lumpur: S. A. Majeed & Co., 2007), pp. 15 – 60.
② 黄子坚：《北婆罗洲（沙巴）1941年以前的福建领袖》，2011年成功大学闽南文化国际学术研讨会，台南，2011，第127页；饶尚东：《东马华人的历史与发展》，载林水檺、骆静山编《马来西亚华人史》，马来西亚留台校友会联合总会，1984，第151～155页。

次世界大战后，山打根中华中学复校，亚庇华侨中学创立，丹南中华学校及山打根双修学校也开办中学，古达的华联学校也成为中学，[①] 但接管本地的英国北婆罗洲殖民地政府，开始陆续颁布学校津贴法令、学校注册法令和学校章程课程条例，企图逐步加强限制当地的华文教育发展。[②]

1955 年英属婆罗洲[③]请英国教育家伍德海（E. W. Woodthead）调查当地教育情形，根据伍氏之报告，北婆罗洲立法会议宣布新的教育政策，在《一九五五年第十一号白皮书》中，认为北婆罗洲必须实行免费初等教育，而政府应直接负起设立与管理学校之责任，任何学校如拒绝由政府负责接办，则政府不给予补助。[④] 次年英国北婆罗洲殖民地政府颁布《一九五六年北婆罗洲修正教育法令》，依此法令，殖民地政府对各级学校之注册与教员注册可加以控制，此时，北婆罗洲全境有亚庇华侨中学、丹南中华中学、山打根中华中学、双修中学、古达华联中学等 5 所华文中学。[⑤] 1959 年英国北婆罗洲殖民地政府宣布实施华校改制计划，[⑥] 原有的 5 所华文中学，表示愿意接受政府经费津贴，改制成为以英语为教学媒介语的官立中学。[⑦] 为招收小学会考失败或因超龄被摒除在官立中学校门外的华族子弟，沙巴地区一些支持华族母语教育的人士，又先后创立了 9 所华文中学。[⑧] 这 9 所私立的华文中学，被马来西亚华社称为"华文独立中学"，本文拟对这些华文中学做一探讨。

二 背景

马来亚地区华文中学在设立之初，在经济上多半自立，第一次世界大

---

① 宋哲美：《英属婆罗洲华侨教育》，华侨教育丛书编辑委员会，1958，第 24~32 页。
② 第二次世界大战前，北婆罗洲无专职教育监督官员，由华民政务司兼督学官，亚庇中华学校所采用之课本如受兼职的督学官干涉，只"须引避"，见谢育德《北婆罗洲（沙巴）百年简史》，亚庇中华工商总会，2012，第 32、38 页。
③ 此时的英属婆罗洲包括砂拉越、北婆罗洲及文莱 3 地。
④ 宋哲美：《英属婆罗洲华侨教育》，华侨教育丛书编辑委员会，1958，第 46~51 页。
⑤ 宋哲美：《英属婆罗洲华侨教育》，华侨教育丛书编辑委员会，1958，第 24~32、46~51、55~63 页。
⑥ 董教总全国华文独中工委会资讯局：《今日独中之二——沙巴 9 间独中》，董总，1991，第 72、142 页。
⑦ 这些原华文中学改以英语为教学媒介语后成为官立中学，在沙巴成为马来西亚的一州后，这些官立中学被称为"国民型中学"。
⑧ 董教总全国华文独中工委会资讯局：《今日独中之二——沙巴 9 间独中》，董总，1991，第 4、18、36、48、58、80、100、110 页。

战后，英国殖民政府开始给予符合补助条例之学校津贴。马来亚独立后，直到1961年为止，执政当局依例给予华文中学全部经费津贴或部分津贴。①1961年依《达立报告书》②制定的教育法令实施后，废除部分津贴制度，接受全部津贴的华文中学便须改制，以官方语文作为教学媒介，不接受政府改制的中学，便得不到政府的津贴，被称为独立中学。③马来亚联合邦政府依《达立报告书》中第89条C项规定之建议，小学毕业生必须通过中学入学考试（Malayan Secondary Schools Entrance Examination）才能入学，而中学入学考试仅录取成绩最优的30%之学生。④北婆罗洲英殖民地政府可能受到当时马来亚教育政策的影响，采取类似政策，也以中学学额不足，无法容纳所有的小学毕业生为由，开始规定，只有少部分的适龄小学毕业生，在通过小学会考后，可进入官立中学，因而造成为数众多的会考落第生以及不少超龄生被改制后的中学拒于门外，⑤为收容小学会考落第生和超龄生的学生，沙巴地区支持华文教育的人士，另外创办了新的华文中学。

三　沙巴州华文中学的成立

1963年9月16日，北婆罗洲以沙巴之名与马来亚、新加坡、砂拉越合组为马来西亚。⑥ 在成为马来西亚一州之前，沙巴已有山打根育源中学

---

① 教总三十三年编辑室编《教总33年》，马来西亚华校教师会总会，1987，第891页。
② 《达立报告书》全文见 Federation of Malaya, *Report of the Education Review Committee* (*The Talib Report*), 1960 (Kuala Lumpur: The Government Press, 1960)。
③ 《达立报告书》指出，为了"创造国家意识"，以及减少语文与种族的差异，建议以两种官方语文（巫文和英文）为教学媒介。1961年马来亚国会通过以《达立报告书》所建议之政策为基础而制定的《一九六一年教育法令》，该法令强调，马来亚必须发展一个以国语（巫语）为主要教学媒介的教育制度，并将当时的华文中学分为"全津贴中学"和"独立中学"两种。
④ 由于受限于经费，当时的所有公立或受政府津贴的中学无法提供足够的学额容纳所有的小学毕业生，政府预测中学只能容纳30%的小学毕业生。Federation of Malaya, *Official Year Book*, 1962, Vol. 2 (Kuala Lumpur: The Government Press, 1962), pp. 353–355.
⑤ 依当时之规定，初中一年级的入学年龄为12～13岁。超出年龄的青少年不能进入政府津贴的中学，当地华社称他们为超龄生。马来西亚华社称政府举办的中学入学考试为会考，那些已读完小学，但未能通过政府举办的小学会考者为落第生。Keiko T. Tamura, "Chinese Education and Society in Sabah, East Malaysia," *Journal of Social System Studies*, No. 2 (March 2012): 79–80.
⑥ Mohamed Noordin Sopiee, *From Malayan Union to Singapore Separation: Political Unification in the Malaysia Region 1945–65* (Kuala Lumpur: University of Malaya Press, 1976), pp. 183–229.

（Sekolah Menengah Yu Yuan Sandakan）及亚庇建国中学（Kian Kok Middle School）等两所华文中学的设立。前者系为收容当地因小学会考失败而无法进入官立学校的华族子弟，在原籍广东东莞的魏亚贵领导下，于1963年初创立，初设英文部及华文部，学生人数一度达500人，[1] 后来因小学会考的废除，至1977年时学生仅剩122人，魏氏家族遂宣布改组董事会。1982年1月，该校董事会通过以"诚朴恒毅"作其校训。[2] 亚庇建国中学亦因当时官立中学招收之初中生学额有限，为使华族子弟有升学管道，在亚庇福建会馆的筹设下于1963年初成立，以"敬业乐群"为校训，当时招收初一男女新生共60余名，至1965年1月，全校初中男女学生计达366名。1966年初，又为初中会考落第学生增设高中班级，成为一所完全中学。1970年，初、高中两部共有学生465名，但在小学会考及格率逐年提升背景下，亦面临学生来源减少的困境。1972年，学生人数降为336名，1973年，学生人数再下降至286人。[3]

除上述两所华文中学外，在沙巴地区华族人士聚集的其他城镇，为解决华族子弟失学问题，亦于1964年至1969年间，先后在亚庇创办了沙巴崇正中学（Sabah Tshung Tsin Secondary School），在斗湖成立了巴华中学（Sabah Chinese High School），在吧巴成立了吧巴中学（Sekolah Menengah Papar），在丹南成立了崇正中学（Sekolah Menengah Tshung Tsin Tenom），在保佛成立了保佛中学（Sekolah Memengah Beaufort），在古达成立了古达培正中学（Sekolah Menengah Pei Tsin，Kudat），在拿笃成立了拿笃中学（Lahad Datu Secondary School）等7所华文中学。[4]

四 沙巴州华文中学的改革与发展

马来西亚成立后，东、西马两地的发展渐趋一致，1971年以后，马来

---

[1] 沙巴州山打根客属公会：《马来西亚沙巴州山打根客属公会成立九十二周年纪念特刊》，沙巴州山打根客属公会，1979，第20页。
[2] 山打根育源中学网页，http://www.yuyuan.ws/body.php?p=sch-intro-I，最后登录日期：2014年12月1日。
[3] 亚庇建国中学：《2012年亚庇建国中学第四十八届初中毕业班、第四十五届高中毕业班毕业特刊》，亚庇建国中学，2012，第3~13页。
[4] 董教总全国华文独中工委会资讯局：《今日独中之二——沙巴9间独中》，董总，1991，第35、47、79、89、99、109页。

西亚语文（Bahasa Malaysia），也就是马来语文（巫语文）成为沙巴州的唯一官方语文，巫语文的应用急速地在各教育机构推行。[1] 为配合中央政府的延长义务教育政策，沙巴地区开始逐年提高小学会考的通过率。1974 年，沙巴州小学会考可升入中学的通过率增至 75%。1975 年，沙巴州正式废除小学毕业会考，实行九年义务教育，以落第生为主要学生来源的各华文中学，自然都受到重大的冲击。1970 年，沙巴的华文中学学生共 1648 人，1974 年降至 1331 人，例如 1973 年时，亚庇建国中学的学生人数下降至 286 人，拿笃中学学生只剩下 77 人，丹南崇正中学只剩下 74 名；沙巴崇正中学在 1974 年只剩下 20 多名学生，山打根育源中学 1977 年的学生只剩下 122 人，吧巴中学在 1979 年时学生人数也下降至 68 人。[2]

在面临学生人数逐年减少的危机下，缺乏政府支持的华文中学为了生存与发展，势必作出调整。在沙巴地区，成功化危机为转机的华文中学，首推位于亚庇的沙巴崇正中学。1965 年，由山打根客属公会与亚庇客属公会[3]共同创立的沙巴客属总会，在亚庇创办了沙巴崇正中学（Sabah Tshung Tsin Secondary School），以"礼义廉耻"为校训。学生人数由 1965 年的 78 人，增至 1966 年的 200 余人，至 1967 年达最高峰，有 670 多人，后因九年义务教育的逐步实施，学生人数开始逐年下降。1974 年，全校学生仅剩下 24 名。[4] 1974 年初，沙巴客总接到了州政府的来函，以沙巴崇正中学学生人数不足为由要接管该校。一批客籍母语教育支持者，决定把该校的管理权交托亚庇客属公会，改组学校董事会，[5] 11 月聘请郑佑安为校长，发动全

---

[1] Gordon P. Means, *Malaysian Politics: The Second Generation* (Oxford: Oxford University Press, 1991), pp. 40 – 41.
[2] 董教总全国华文独中工委会资讯局：《今日独中之二——沙巴 9 间独中》，董总，1991，第 18、31、54、75、105 页；吧巴中学：《吧巴中学创校廿五周年纪念特刊》，吧巴中学，1990，第 32 页。
[3] 1940 年成立的北婆罗洲西海岸客属公会，1956 年更名为北婆罗洲客属公会，1964 年沙巴客属总会成立后，在亚庇的客属公会被简称为亚庇公会，1972 年更名为亚庇客属公会，1988 年 8 月 4 日再改名为亚庇客家公会。
[4] 沙巴崇正中学：《沙巴崇正中学四十周年纪念特刊（1965 - 2005）》，沙巴崇正中学，2005，第 24 页。
[5] 沙巴州山打根客属公会：《马来西亚沙巴州山打根客属公会成立九十二周年纪念特刊》，沙巴州山打根客属公会，1979，第 261~263 页；沙巴州斗湖客家公会网页，《沙巴客属总会创办崇正中学与斗湖客家公会成立微妙关系》：http://www.tawauhakka.com/history01.html，最后登录日期：2014 年 11 月 12 日。

体亚庇客属公会理事与沙巴崇正中学董事，分组向客属家长招生，结果招到初一新生250人，中四生60多人，于1975年1月举行校政改革后首次开学典礼。[1]

为求学校的生存与发展，沙巴崇正中学董事会委派董事长杨紫峰、监学曹德安、校长郑佑安等人与亚庇建国中学代表一同前往西马各华文独中和董教总参访。返回沙巴后，决定修订课程，在兼顾学生升学与就业出路的考量下，实施华、巫、英三语并重并授的教学方法，除重视马来西亚华文独立中学统一考试（统考）外，也鼓励学生参加政府会考和国外各种考试，[2] 高、初中各科目的主要教学媒介，除语文课分别依华、巫、英三语讲授外，根据考试、升学与就业需要对各课程的教学媒介语规定如下：中国文学、中国历史、音乐、美术以华文媒介；地理、历史、道德、生活技能科以巫文媒介；数学、科学、电脑、商科以英文媒介。[3] 1980年，沙巴崇正中学因学生在统考和大马教育文凭（Sijil Pelajaran Malaysia，SPM）考试上，屡获佳绩，报读初一的学生突破600人，董事会决定采纳监学兼策划组的建议，举行入学考试，以成绩遴选学生。[4] 1989年，沙巴崇正中学学生在政府举办以马来文为主要考试媒介语的初级教育文凭考试（Sijil Pelajaran Rendah，SRP）中取得了97.86%的高及格率，SPM的及格率也有83.5%。[5] 1993年又在政府举办的初中检定考试（Penilaian Menengah Rendah，PMR）[6]上，获得339名考生全数及格的好成绩。[7] 沙巴崇正中学的考生不但能通过

---

[1] 沙巴崇正中学：《沙巴崇正中学四十五周年纪念特刊（1965-2010）》，沙巴崇正中学，2010，第20页。
[2] 2014年9月5日笔者访问曾先后出任沙巴崇正中学监学、董事长及沙巴副首席部长的曹德安，曹德安在谈话中一再表示，华、巫、英三语并重并授的教学方法是沙巴地区华文中学的特色，也是沙巴华族保存母语的最佳策略。
[3] 沙巴崇正中学：《沙巴崇正中学创校卅五周年暨复兴廿五周年纪念特刊》，沙巴崇正中学，2000，第31页。
[4] 沙巴崇正中学：《沙巴崇正中学四十五周年纪念特刊（1965-2010）》，沙巴崇正中学，2010，第21页。
[5] 《沙巴崇正中学第十三届董事会常年工作报告书（1989年12月至1990年11月）》，沙巴崇正中学图书馆藏。
[6] SRP后改称为Penilaian Menengah Rendah，PMR（Lower Secondary Assessment）。沙巴地区的华文报纸有时称PMR为初中评估考试，有时仍称其为大马初级教育文凭考试，是一项由马来西亚政府对初中学生的学术程度所举办的认证考试。
[7] 《首次参加初中评估考试 沙巴亚庇崇正中学及格率100%》，《华侨日报》1993年12月1日，沙巴崇正中学图书馆藏剪报，无版码。

由官方举行的以马来文为主要考试媒介语的考试,也在以华文为主要考试媒介的统考中表现良好。1990年,沙巴崇正中学学生初中统考各科平均及格率为84%,高中统考及格率为81%。① 2008年,其初中统考的及格率达96%,高中统考的及格率为95%。② 2013年,沙巴崇正中学已是拥有2490名学生,152位教职员的大型华文中学。③

学生人数一度下降至286人的亚庇建国中学,在与沙巴崇正中学一起派员前往西马地区参访办学比较成功的华文独立中学后,于1976年修订课程,宣布施行留级制度,在初一、初二班级实施下午辅导课以提升学生程度,④ 力求恢复学生家长对学校办学的信心。1989年开设电脑班、校务采用电脑化作业、改善教职员工福利,还派员前往各华小招生。1990年,更正式宣布实施"双轨制",自初一起,学生上午念独中课本,下午则教政府考试的课程,各科课本都附有华、巫、英三种语文摘要及名词对照,俾使学生具备通过政府考试及统考的学识。⑤ 经董、教一起努力与改革,亚庇建国中学的学生人数开始回升,至1991年已增至864名,学生在统考与政府考试的成绩表现亦逐年进步,1992年高中统考的及格率是61%,初中统考是69%,SRP的及格率是82%;1993年,高中统考的及格率是80%,初中统考是73%,SRP及SPM的及格率分别是91%及57%;1995年,高中统考的及格率是70%,初中统考是94%,SRP及SPM的及格率分别是94%及61%。随着学生在校外考试成绩的进步,建国中学学生人数也逐年增多,1992年的学生人数达1063人,1996年学生人数更接近1400人。此后,由于硬件设备受限,学生人数一直维持在1400人上下,⑥ 例如,2011年的学生人数是1405人。⑦

---

① 董教总全国华文独中工委会资讯局:《今日独中之二——沙巴9间独中》,董总,1991,第76页。
② 《2008度全国独中统考成绩揭晓,沙巴崇正成绩优异》,《星洲时报》2008年12月13日,沙巴崇正中学图书馆馆藏剪报,无版码。
③ 数据得自2013年8月15日沙巴崇正中学丘和新校长所提供之教职员名单及各班学生名单。
④ 亚庇建国中学:《2012年庇建国中学第四十八届初中毕业班、第四十五届高中毕业班毕业特刊》,亚庇建国中学,2012,第9页。
⑤ 2013年8月12日亚庇建国中学校长林鉴面告笔者,在过去的20多年他主校政期间,亚庇建国中学持续采取此项办学方针。董教总全国华文独中工委会资讯局:《今日独中之二——沙巴9间独中》,董总,1991,第22页。
⑥ 2013年8月15日亚庇建国中学校长林鉴提供。
⑦ 钱久思:《亚庇建国中学董事监学校务报告》,亚庇福建会馆2012年度会员大会,2012,无页码。

沙巴州的其他华文中学，自沙巴崇正中学改革成功后，也先后仿照其办学方式，采"双轨制"并实施华、巫、英三语教学的方式。① 例如，山打根育源中学原由魏氏家族独资经营，1977 年扩大经营基础，重组董事会，邀请山打根华族中热心华文教育的人士参加董事会，在董、教齐力下，学生由原来的 122 人上升到 512 人；1979 年正式采双轨制，学生人数增至 834 人，1984 年再增至 911 人。山打根育源中学学生的校外考试成绩也逐年成长，1985 年，高中统考的及格率是 82%，初中是 72%，SRP 及 SPM 的及格率分别是 65% 与 60.5%；1998 年 SPM 的及格率上升到 84%；2000 年，PMP 的及格率上升到 93.75%，SPM 的及格率上升到 94.8%，高初中统考的及格率也分别上升到 90.94% 与 92.3%。可能因校外考试成绩的进步，学生人数更为增加，2003 年，恢复停止了 10 多年的入学考试去筛选新生，② 到 2013 年，山打根育源中学学生人数达到 1100 人，甚至在招收初一新生时宣布："因课室所限，无法接纳太多学生。"③

除了上述 3 所今日已有学生达千人以上的华文中学外，其他学生人数只有 100 多人的小型华文中学也开始调整它们的课程去适应客观环境的改变，让学生能参加统考及政府考试。以位于亚庇附近小镇，于 1965 年创办的吧巴中学为例，该校创办之初全以华语为教学媒介语，④ 招收初一学生 60 多名，1969 年增办高中部，1970 年开办商科班，教授打字、簿记等课程，学生人数一度逼近 300 人。1976~1979 年，因小学会考取消致使学生人数减少，⑤ 1979 年学生人数曾下降至 60 多人。1981 年也开始推行华、巫、英三语并重并授的办学方针，采取双轨制，除华文、巫文、英文三门课分别以华、巫、英三语授课外，为培养学生能同时应付以华文为主要考试媒介的统考及以巫文为主要考试媒介的政府的各项考试，其他科目依学生须参加考试的语文需要而分别采不同语文上课，例如，数学、电脑、英文打字用

---

① 董教总全国华文独中工委会资讯局：《今日独中之二——沙巴 9 间独中》，董总，1991，第 137 页。
② 沙巴独中董总：《沙巴独中董总创会廿五周年纪念》，沙巴独中董总，2004，第 70~75 页。
③ 《至今达 1435 人 沙巴独中新生增 10%》，《中国报》电子新闻网页：http://www.chinapress.com.my/node/384134，最后登录日期：2013 年 1 月 4 日。
④ 2014 年 8 月 25 日访吧巴中学训导主任梁金泰。
⑤ 董教总全国华文独中工委会资讯局：《今日独中之二——沙巴 9 间独中》，董总，1991，第 90 页。

英语教学，地理、公民用巫语教学，历史、中文打字用华语教学。① 直至 1990 年时吧巴中学学生的初中统考及格率仍不到 40%，PMR 的及格率也只有 40%，高中统考及格率不到 60%，SPM 及格率也只有 40%。但自 1993 年开始，为加强学生的英、巫语文能力，开班为学生补习英、巫语文，切实推动双轨制，② 经过多年努力，学生的学业表现渐趋良好，到 2000 年时，初中统考及格率已超过 80%，PMR 及格率也接近 90%，高中统考及格率超过 80%，SPM 及格率也近 80%。③

随着时代的变迁，沙巴各华文中学在课程上皆随需要有所调整，但各校基本上除知识传授外，亦强调学生的人格培养，各校皆订有学生行为准则，要求学生重视纪律，严守秩序，尊敬师长。这些准则除对学生良好行为，如拾金不昧、参加校外竞赛获奖为校争光等给予奖励外，对学生的不良行为在劝告无效后也会严处。例如，在校应一律穿着制服；男女学生两人或三五成群走路时，不可攀肩搭背；不得佩戴首饰；未经申请不得携带手机；上下课时由班长司口令向老师致敬，老师示意后，始可坐下；与师长讲话时，须站立。违规者将依情节轻重给予警告、记小过、记大过、退学等处分。④

五　沙巴州华文中学的经营

依英国北婆罗洲殖民地政府的学校改制办法，及马来亚联合邦《一九六一年教育法令》，对不愿改制的华文中学不再给予经费上的津贴，因此学校的经费必须自筹。依马来西亚华校教师会总会在 1982 年时的调查，沙巴的 9 所华文中学学生所缴之学杂费的收入，不敷支出，平均每年每位学生需补贴 150 林吉特，而当时各校都得不到"政府的分文津贴"⑤。1991 年，沙巴地区的 9 所华文中学中，除拥有 2300 名学生之沙巴崇正中学外，其余 8

---

① 吧巴中学：《吧巴中学卅六周年纪念特刊》，吧巴中学，2001，第 5~6 页。
② 吧巴中学：《吧巴中学 1992－1993 年度董事会会务报告》。
③ 吧巴中学：《吧巴中学卅六周年纪念特刊》，吧巴中学，2001，第 76~83 页。
④ 沙巴崇正中学、亚庇建国中学、吧巴中学、保佛中学、古达培正中学、丹南崇正中学等校都订有相似的学生操行准则。
⑤ 教总三十三年编辑室编《教总 33 年》，马来西亚华校教师会总会，1987，第 897 页。

所学校在经费上都有入不敷出的情形，不足金额从拿笃中学的每年亏空5万林吉特到育源中学的20万林吉特不等。为维持学校的正常运作，除靠学生所缴之学杂费，①董事会成员个人，以及以董事会名义筹募经费外，各校也常以义卖、义走、募捐增加收入。

1976年时，沙巴崇正中学在董事会的努力下，首先在亚庇地区展开募捐工作，获得当地人士之热烈响应，不到一个月就募到20万林吉特左右。②1979年，亚庇建国中学举行春节义卖及发售彩票，筹得22万林吉特，1987年的义跑活动又筹得7.6万林吉特。③此外，华族社团对华文学校的支持也不遗余力。沙巴崇正中学为亚庇客家公会属下的一所华文中学，公会属下的麒麟团在每年春节期间会沿街前往各商号表演舞麒麟，筹募捐献，作为沙巴崇正中学的教育基金，④董事会成员每年春节也分组向社会大众拜年，募集教育基金。⑤亚庇福建会馆对其创办的亚庇建国中学也维持密切关系，1990年举行春节义卖，得款12万林吉特，举办义跑又筹得82万林吉特；1992年3月又为亚庇建国中学综合大楼的兴建，筹得50万林吉特建筑基金；1996年，举行"春节游艺会"筹募教职员宿舍基金共筹得32万林吉特；2001年"义跑"筹款活动，又筹获近26万林吉特。⑥2003年时，亚庇福建会馆为亚庇建国中学庆祝创校40周年举行义卖、千人宴等活动，募得

---

① 在马来西亚的华文中学，学生每年缴交10个月的学费。1991年，以古达培正中学之学费最低，初中部学生之学费为每月25林吉特，高中部则为30林吉特，沙巴崇正中学之学费为最高，初中部每月收60林吉特，高中部收72林吉特，参见董教总全国华文独中工委会资讯局《今日独中之二——沙巴9间独中》，董总，1991，第151页。2014年，古达培正中学初中部学生之学费为每月110林吉特，高中部则为130林吉特，沙巴崇正中学初中部每月约350林吉特，高中部约400林吉特。2014年12月31日由古达培正中学及沙巴崇正中学提供。

② 《崇中增建校舍委员会已募获二十万元》，《华侨日报》1976年6月17日，沙巴崇正中学馆藏剪报，无版码；《崇正中学建校委员会赴根筹募基金获款十八万元》，《亚洲时报》1976年6月17日，沙巴崇正中学馆藏剪报，无版码。

③ 亚庇建国中学：《2012年亚庇建国中学第四十八届初中毕业班、第四十五届高中毕业班毕业特刊》，亚庇建国中学，2012，第5页。

④ 沙巴客家人的华族麒麟团类似其他地区华族的舞狮团，每年春节会沿街表演，博取红包，亚庇客属公会麒麟团将表演所得作为沙巴崇正中学教育基金。沙巴崇正中学：《沙巴崇正中学十五周年纪念特刊（1965-1980）》，沙巴崇正中学，1980，第94~96、145~146页。

⑤ 《沙巴崇正中学（第十四届）董事会常年工作报告等重书》（1991年12月至1992年11月），沙巴崇正中学馆藏资料。

⑥ 沙巴州亚庇福建会馆创会五十周年庆典筹委会：《亚庇福建会馆五十年庆典纪念特刊》，沙巴州亚庇福建会馆，2007，第105~112页。

400万林吉特。① 2009年建国中学第42届高中毕业班举办"感惠于心、回报于行"慈善晚宴筹款活动，筹获40万林吉特。② 山打根育源中学董事会在2001年时，配合农历新年为筹募学校常年经费发起募款活动，募得60万林吉特，2002年，为庆祝创校40周年，举办育中之夜文娱晚会及千人宴，筹得40万林吉特。③ 2003年，拿笃中学董事会与拿笃中华商会联合举办客家歌唱会，筹得50万林吉特，④ 同年，巴华中学在南洋商报及沙巴基金会为兴建综合教学大楼联合举办"十大歌星义演"，筹得180多万林吉特，次年，又获当地的德源机构捐献综合教学大楼建筑材料价值150万林吉特。⑤

在法定地位上，政府无责任拨款补助民办的华文中学，但并无禁止政府对这些华文中学补助的法令，⑥ 因而华文中学可透过各种管道、种种关系去请求地方政府甚至马来西亚中央政府给予补助，例如1993年，斗湖的巴华中学就曾获得联邦政府60万林吉特的教育经费，1995年，丹南的丹南崇正中学也获得联邦政府25万林吉特的教育经费。⑦ 此外，由于华族身为沙巴州第二大的族群，又与当地土著有许多跨族群婚姻关系，⑧ 在州内的政治上有重大的影响。⑨ 资料显示，华文学校与执政当局维持相当良好的关系，例如，1992年亚庇建国中学邀请时任沙巴州首席部长佐瑟百林吉丁岸（Joseph Pairin Kitingan）主持大礼堂区落成典礼，2003年再邀请时任沙巴州首

---

① 沙巴州亚庇福建会馆创会五十周年庆典筹委会：《亚庇福建会馆五十周年庆典纪念特刊》，沙巴州亚庇福建会馆，2007，第112–115页。
② 亚庇建国中学：《2012年庇建国中学第四十八届初中毕业班、第四十五届高中毕业班毕业特刊》，亚庇建国中学，2012，第10页。
③ 沙巴独中董总：《沙巴独中董总创会廿五周年纪念》，沙巴独中董总，2004，第75页。
④ 沙巴独中董总：《沙巴独中董总创会廿五周年纪念》，沙巴独中董总，2004，第193页。
⑤ 沙巴独中董总：《沙巴独中董总创会廿五周年纪念》，沙巴独中董总，2004，第119页。
⑥ Federation of Malaya, *Malaya Official Year Book*, *1962* (Kuala Lumpur: The Government Press, 1962), Vol. 2, p. 352.
⑦ 沙巴独中董总：《沙巴独中董总创会廿五周年纪念》，沙巴独中董总，2004，第117、131页。
⑧ Danny Wong Tze-Ken, "The Chinese Population in Sabah: A Historical Survey," In Voon Phin Keong ed., *The Chinese Population in Malaysia Trends and Issues* (Kuala Lumpur: Centre for Malaysian Chinese Studies, 2004), p. 158.
⑨ 1995年以后，基督徒土著、伊斯兰土著与华族曾分别出任首席部长，杨德利 Datuk Seri Yong Teck Lee（1996–1998），章家杰 Tan Sri Chong Kah Kiat（2001–2003）都出任过沙巴州首席部长。

席部长章家杰主持资讯大楼动土仪式；① 1997 年 9 月，沙巴崇正中学邀请时任沙巴州政府首席部长杨德利主持教育基金演唱会；② 1998 年，拿笃中学综合大楼的动土典礼也由时任首席部长杨德利主持。③ 与州执政当局有良好的关系，州政府也对州内的华文学校常给予帮助。1989 年，首席部长佐瑟百林吉丁岸拨款 20 万林吉特给丹南崇正中学作为发展经费；1990 年，州政府拨款 40 万林吉特给保佛中学作为综合行政大楼建筑经费。④ 事实上，沙巴州政府是马来西亚第一个每年定期拨款给境内各华文独立中学的地方政府。自 20 世纪 90 年代中期开始，沙巴州政府就每年定期拨款给州内的各级华文学校，直到在 2008 年民主行动党在槟城执政，沙巴州政府是全马来西亚唯一每年都拨款给华文学校的州政府。⑤ 据当初提议给各华文中学财政上资助的王平忠告知，1992 年，由首席部长特支费中拨款给各华文中学每校 5 万林吉特，1994 年以后由州财政部编列预算，⑥ 所拨款数从每校 5 万林吉特开始，不定期增加，2013 年，各校所收到的拨款是 20 万林吉特，⑦ 2014 年，拨款数为 25 万林吉特。⑧ 州政府每年的拨款补助，对沙巴州内的各华文中学，尤其小型华文中学的生存与发展确有相当的贡献。⑨

沙巴州政府也会协助各华文中学的校地取得，1963 年 1 月由福建会馆发起筹设的建国中学，由州政府特拨校地 7 英亩，始能着手招商承建校舍。⑩ 1965 年沙巴崇正中学创立时，董事会在华文教育支持者的配合下，向

---

① 沙巴州亚庇福建会馆创会五十周年庆典筹委会：《亚庇福建会馆五十周年庆纪念特刊》，沙巴州亚庇福建会馆，2007，第 105 页。
② 《政府拨款五十万元 充崇正中学新校舍建筑基金》，《自由日报》1997 年 9 月 5 日，沙巴崇正中学图书馆藏剪报，无版码。
③ 沙巴独中董总：《沙巴独中董总创会廿五周年纪念》，沙巴独中董总，2004，第 193 页。
④ 沙巴独中董总：《沙巴独中董总创会廿五周年纪念》，沙巴独中董总，2004，第 130～131、177 页。
⑤ 钟万梅：《献身华教至死不渝》，载谢明蓉编《静水流深：东南亚廿客家良材》，"行政院"客家委员会，2009，第 79～80 页。
⑥ 依 2014 年 9 月 1 日笔者亲访时任沙巴首席部长公署助理部长王平忠所得资料，9 月 5 日笔者亲访时任沙巴副首席部长曹德安时，他亲口证实此事。
⑦ 依 2013 年 8 月 12 日亚庇建国中学校长林鉴及 2013 年 8 月 13 日沙巴崇正中学校长丘和新提供资料。
⑧ 依 2014 年 8 月 27 日吧巴中学校长卓玉昭提供资料。
⑨ 保佛中学、吧巴中学、古达培正中学校长都向笔者表示，每年州政府的拨款都是学校经费的重要来源。
⑩ 沙巴州亚庇福建会馆创会五十周年庆典筹委会：《亚庇福建会馆五十周年庆纪念特刊》，沙巴州亚庇福建会馆，2007，第 101 页。

政府申请注册、拨发校地及为捐款人争取捐款免税，短期内获得沙巴州教育司批准，又得土地测量局拨发 9.26 英亩之校地，并获得免税准证。①1991 年斗湖的巴华中学向州政府申请拨发 5 英亩商业用地去兴建店屋，所兴建店屋的租金收入成为学校的经费来源。②

可能由于身为私立的中学，学生所缴交的学杂费仍是维持学校运作的重要经费来源，人事费用就需精打细算，教职员工的人数不能太多。1996 年，全马来西亚共有 1505 所公立中学，有 91627 位教师，开设 48383 班，共有 1730182 位学生，其师生比约为 1∶18.9，平均每班 35.8 人；其中沙巴地区有 147 所学校，7314 位教师，开设 3759 班，145087 位学生，师生比约为 1∶19.8，平均每班 38.6 人；而此时全马来西亚 60 所华文独立中学，共有教师 2679 名，学生 57092 名，师生比约为 1∶21.3，平均每班 34.8 人，在沙巴的 9 所华文中学，共有 310 位教师，6830 名学生，开设 164 班，师生比约为 1∶22，平均每班 41.6 人。③ 2007 年，全马来西亚 60 所华文独立中学有教师 3308 人，学生 58212 人，师生比是 1∶17.6，此时沙巴地区的 9 所华文中学有教师 327 人，学生 6245 人，师生比是 1∶19。一年后，全马的华文独立中学的教师增加到 3462 人，学生也增加到 60490 人，师生比是 1∶17.5。沙巴地区的师生人数也分别增至 333 人与 6290 人，其师生比是 1∶18.9，与全马华文独立中学的师生比稍有逊色，也就是说，整体而言，华文独立中学的师生比因系私立学校而与公立学校有所差异，华文中学的教师比公立学校教师的负担重些，而沙巴地区的华文中学教师的负担，与全马其他之华文独立中学教师的负担相比，似乎还重些。以沙巴地区拥有最多学生的沙巴崇正中学为例，2013 年，全校共有高、初中学生 2490 人，教师 105 人，开设 49 班，平均每班 50.8 人，师生比为 1∶23.7。④

当然，师生比例的大小，只是教师职责轻重的指标之一。在小型的华文中学，师生比本身不易反映出教师的负担，因在小型的华文中学，高、

---

① 张福田：《沙巴崇正中学创办经过》，载沙巴崇正中学《沙巴崇正中学校刊（1970）》，沙巴崇正中学，1972，第 16 页。
② 沙巴独中董总：《沙巴独中董总创会廿五周年纪念》，沙巴独中董总，2004，第 117～118 页。
③ 教总秘书处：《华教节特辑》，林连玉基金会，1997，第 99、102 页。
④ 依 2013 年 8 月 15 日由沙巴崇正中学校长室提供之《沙巴崇正中学 2013 年各班人数统计》及《2013 年沙巴崇正中学教职员名单》统计而成。

初中各年级有其基本科目,加上华、巫、英三语教学,即使每人都身兼数职,仍须至少10名左右教师始能应付,例如2014年全校高、初中学生共有115人的保佛中学,除校长外另有10位教师,全校高、初中学生只有107人的古达培正中学,以及有高、初中学生187人的吧巴中学,都除校长外另有9位教师,[1] 这些小型的华文中学的师生比虽比大型华文中学高,但在小型学校,所有教师除教学工作外,都须分摊许多行政业务,甚至大小杂务,例如,巡视校园、监督整洁工作、检查学生仪容服装、规划及带领课外活动、辅导学生就业或升学,甚至上下课打钟。[2]

六 对沙巴州华文中学的一些观察

在学制及课程方面,以往海外"华侨"学校,常与原乡中国一致。事实上,许多海外华文学校的课程,除受当地限制外,多参照中国现行的课程标准实施,故此在制度与课程内容上,到20世纪50年代,仍一直受到原乡中国的深刻影响,因而也常常因此引起当地政府与民族的疑惧。[3] 1951年,《方吴报告书》就明白指出,当时英属马来亚地区的华文学校采与原乡中国相同的中小学共12年的学制,而非英国的中小学共11年的学制,课本也着重有关原乡中国的知识而非当地知识;《方吴报告书》建议当时的马来亚华族实施华、英、巫三语教学(trilingulism),改采英制学制及适合当地社会的课程。[4] 虽然华文中学的课本,在马来亚独立前就由当地华文教育者开始编著适合当地社会的教材,[5] 现今华文中学的课本,除英、巫语及一些理科科目课本外,皆由马来西亚董教总全国华文独中工委会课程局编纂,至于教学媒介语方面,几乎今日马来西亚所有华文中学都号称华、巫、英三语并重,然而所有华文中学的学制乃采中小学共12年的学制,并未改成

---

[1] 以上数据2014年8月26日由吧巴中学教务主任侯彩莺、2014年8月28日由保佛中学校长余金胜、8月31日古达培正中学教务主任周棋柏提供。
[2] 2014年8月26日吧巴中学校长卓玉昭在打下课钟时告诉笔者,她是"校长兼打钟"。
[3] 梁兆康:《华侨教育导论》,海外出版社,1959,第4页。
[4] Federation of Malaya, *The Report of a Mission invited by the Federation Government to study the problem of the Education of Chinese in Malaya* (*The Fenn‐Wu Report*《方吴报告华书》) (Kuala Lumpur: The Government Press, 1951), Chapter II, Items 14, Chapter VI, Items 1, 7‐8, 13, 19‐20, 27‐29, Chapter VI, Items 1‐3, 8, Chapter VII, Item 3.
[5] 林连玉:《风雨十八年(上集)》,林连玉基金会,1988,第31~43,145~177页。

小学 6 年、中学 5 年的学制。①

　　1938 年时，中华民国教育部曾通令海内外公私立各级学校，各校应依其所有之特征，制定校训、校歌，作为该校办学目标，让学生作为行为的准绳，教育部强调，每一所学校"务各制定一特有之校训及校歌，用资感发"②。似仿此规定，沙巴地区的各华文中学也都有校训及校歌。山打根育源中学校训是"诚朴恒毅"，亚庇建国中学的校训是"敬业乐群"，③ 沙巴崇正中学创校时的校训是"礼义廉耻"，④ 拿笃中学校训也是"礼义廉耻"，巴华中学是"德智体群美"，丹南崇正中学是"诚勤俭朴"，⑤ 古达培正中学是"仁爱忠诚"，⑥ 吧巴中学及保佛中学的校训则都是"智仁勇"。⑦ 此外，今日沙巴地区的华文中学，都有自认适合当地环境、以华文撰写的校歌，例如沙巴崇正中学的校歌，除缅怀先人披荆斩棘开垦沙巴外，更提醒学生四维八德为华族文化传统。⑧ 亚庇建国中学的校歌，一方面强调沙巴是永久故乡，学生应做沙巴的好青年，为沙巴效力，促进本邦的康乐富强；另一方面也提醒学生是华族的儿女，须发扬中华文化。⑨ 吧巴中学的校歌，除提醒学生五育的重要，也勉励学生奉行智、仁、勇的校训，促进世界大同。⑩ 这些校训及校歌，显示沙巴华文中学在维护华族族群的文化传承上做出了相当的努力。

　　清末原乡中国新式教育兴起，移居海外的华族社会受到影响，1904 年，槟榔屿中华学校为马来亚地区第一所新式华文学校。中华学校创办之后，

---

① 莫顺生：《马来西亚教育史》，林连玉基金会，2000，第 91 页。
② 《教育部训令第 7306 号：通令关于各校校训校歌暨国训及青年守则等事项》，《教育部公报》第 10 卷第 9 期（民国二十七年 09 月 30 日），第 16 页。
③ 亚庇建国中学：《2012 年庇建国中学第四十八届初中毕业班、第四十五届高中毕业班毕业特刊》，亚庇建国中学，2012，第 3 页。
④ 沙巴崇正中学创校时以"礼义廉耻"为校训，1975 年改革时更为"仁诚敏毅"，1998 年再改为"止于至善"。
⑤ 沙巴独中董总：《沙巴独中董总创会廿五周年纪念》，沙巴独中董总，2004，第 112、128、191 页。
⑥ 2014 年 9 月 3 日笔者在古达培正中学大礼堂演讲时见到壁上悬挂的校训。
⑦ 2014 年 8 月笔者参访吧巴中学及保佛中学校园时询问得知。
⑧ 2014 年 9 月 8 日崇正校歌作者李桂陶向笔者表示，校歌需以简要的文句阐述中华文化传统的价值。沙巴崇正中学：《沙巴崇正中学四十五周年纪念特刊（1965－2010）》，沙巴崇正中学，2010，第 6~7 页。
⑨ 2013 年 8 月 13 日亚庇建国中学校长林鉴提供校歌全文。
⑩ 吧巴中学：《吧巴中学卅六周年纪念特刊》，吧巴中学，2001，第 4 页。

不但开始改变以往的教学内容，也以"官话"取代方言为教学媒介语。① 此后，各地华人逐渐将学塾改为学堂，民国成立后，又多改称为学校，但此时不少由方言群主导的学校仍以方言授课。1917年由私塾改立的亚庇中华学校，② 开办之初就采用原乡中国的"国语"（华语）授课，开始时颇有困难，当时的学生守则就强调校内须说华语。曾任教亚庇中华学校且曾担任该校校长的谢育德认为，学校力推华语授课，促成亚庇华族社会成为沙巴地区通行华语最早的地方。③

今日沙巴地区各华文中学的校园内，虽可听到师生间或同学间以方言，尤其客家话或闽南话交谈，但正式场合，如上课、演讲、宣布等，皆用华语作为沟通媒介语。因为子女念华文学校，而学校以华语教学，父母与子女间用华语沟通，所以华语也就成为沙巴地区华族社会中最常用的语言。④由于华文学校的华语教学，同学间、师生间固然倾向以华语交谈，学生家长也因子女念华文学校，父母与子女也就常会以华语与子女沟通。⑤ 华文中学以华语文为教学、行政的媒介语，强化了华语作为"族群母语"的角色。华语被沙巴华族广泛地使用，一方面固然有助于泯除或至少减少华族内部方言群间的隔阂；另一方面更有助于凝聚华族为一个更大的群体，而群体的扩大更有利于族群语言与文化的保存。华文中学作为今日沙巴华族母语教育的重要一环，就这个角度而言，对沙巴华族的族群语言与文化保存扮演着相当重要的角色。⑥

---

① 《槟城新报》1904年7月1日，转引自张晓威《"声教南暨"：晚清槟榔屿中华学校的创办及其影响》，载夏诚华主编《侨民教育研究论文集》，玄奘大学海外华人研究中心，2005，第125页。
② 亚庇中华学校成立时的英文名字为 Jesselton China School，第二次世界大战后改为 Chung Hwa School, Jesselton，参见谢育德《北婆罗洲（沙巴）百年简史》，亚庇中华工商总会，2012，第31页。
③ 谢育德：《北婆罗洲（沙巴）百年简史》，亚庇中华工商总会，2012，第32、39~40页。
④ 2014年8月25日笔者访问亚庇福建会馆主席叶参，2014年9月1日至6日间，笔者多次访问古达培正中学董事长王平忠，2014年9月5日笔者又访问亚庇客家公会永久名誉会长曹德安。叶参为福建人，王平忠与曹德安则为客家人，但他们在参与华社公开场合时，皆以华语作为共同的沟通工具，他们皆一再强调华文学校的母语教育是指华文语教育，华语是华族的母语。
⑤ 亚庇客家公会及亚庇福建会馆的理事会开会时，都分别以客家话及闽南语进行，但理事们在2014年9月4日向笔者透露，他们与子女常以华语交谈。
⑥ 吧巴中学、保佛中学、古达培正中学等3所微型华文中学共有学生406人，收回有效问卷379份，其中289位学生认为华语是马来西亚华族的族群母语且为同侪及家庭用语。

七 结语

华语的运用先在教育上，后逐渐延伸至整个华族社会，第二次世界大战前后就已被马来西亚华族视为族群的母语，因此，在强调母语教育和民族文化的重要性的情形下，华文教育被许多华族家庭视为维护和发扬华族固有文化的根本，具有延续和维护此项重要责任的使命。沙巴地区华文中学的诞生，虽源于提供华族失学子弟教育机会，后渐成为延续华文学校的传统体制，衔接华文小学教育的延续者，也就成为族群母语的维护者。由于沙巴地区华族在政治上深具影响，而该地的华文中学又与州执政当局维持相当良好的关系，故在其生存与发展上获得州政府的协助与资助。此外，在沙巴地区，华文中学在名义上为马来西亚华文独立中学系统内之一环，然而，沙巴地区的特殊历史及环境背景，使得当地的华文中学在办学方针上，都强调三语教学，采华、巫、英三语并重并授的教学方法，而其成效亦相当可观，这种为求生存与发展，但仍能维护族群母语教育的因应方法，或可作为其他地区华文教育的借镜。

表1 沙巴地区华文中学基本资料

	校名	创办时间	创办人
1	山打根育源中学	1962 年	魏亚贵等
2	沙巴建国中学	1963 年	刘养正等
3	斗湖巴华中学	1964 年	婆华公会
4	沙巴崇正中学	1965 年	沙巴客总
5	沙巴吧巴中学	1965 年	蔡贞端等
6	丹南崇正中学	1965 年	丹南客属公会
7	沙巴保佛中学	1965 年	詹尊华等
8	古达培正中学	1969 年	杨紫峰等
9	沙巴拿笃中学	1969 年	涂元贡等

资料来源：根据沙巴独中董总《沙巴独中董总创会廿五周年纪念》第70、89、113、129、146、160、173、192、209页整理。

The Preservation of Chinese Education and Culture Heritage of the Sabah Chinese: A Study of the Chinese Secondary Schools in Sabah, Malaysia

Tsao, Shu-yao

(Tunghai University)

Abstract: The British North Borneo Company surrounded her control over North Borneo to the hands of the British Colonial Government after the Second World War. In 1962, the colonial government transferred all the existing Chinese secondary schools into public schools. In the public secondary schools, the instruction medium was changed from Chinese into English. In order to provide education for those students who failed in the government examinations, they were forced to leave the public schools, the Chinese communities set up 9 "Chinese Independent Secondary Schools." In these 9 Chinese Secondary Schools, though the trilingual practice of Mandarin Chinese, English and Malay has been adopted, the Mandarin Chinese is still the important instruction medium. It is the intention of this paper to study the establishment, operations and management of these schools.

Keywords: Sabah Chinese; Mandarin Chinese; Chinese Secondary School

(责任编辑：邓进升)

马来西亚闽南地缘会馆之统计与分析

新纪元学院 廖文辉[*]

摘 要 会馆为华社三宝之一，遍布全马，在各方言群中，闽南人的比重也较大，故此闽南地缘会馆林立。然而确实的数据是多少，目前仍无一明确的统计。本文的目的除了使用现有的文献资料，也通过各种管道收集整理闽南地缘会馆的名称、创办年份，进而以计量方式针对其在全马和各州的分布情况，以及创办年代，加以统计分析，以见闽南会馆这两百年来在马来西亚发展的情况。

关键词 马来西亚 闽南 地缘会馆 福建会馆

一 前言

华校、社团和报章三者向来被华社誉为三宝，这三宝实际上就是马来西亚华社文化得以延续的三根支柱。马来西亚华人社团出现相当的早，颜清湟认为"19世纪，来自同一地域、操同一种方言的新马华人，引人注目地聚居一处"，"由于大多数中国移民带着强烈的多方观念到达新加坡和马来亚，为了安全、娱乐和互助起见，操同一方言者便很自然地会和谐地聚集在一起"，社团在这种前提下就自然形成了。[①] 资料显示，在19世纪初期，相关的会馆或其前身组织已经出现了，如槟城广东暨汀州会馆（成立于1795年或1801年，原名广东义冢）、槟城嘉应会馆（1801）、香邑馆（1805年前后，即槟城中山会馆）、马六甲惠州会馆（1805，原名海山会馆）、槟榔屿联合福建公冢（1805）、槟城番禺会馆（1819年以前，原名番

---

[*] 廖文辉，马来西亚新纪元学院中文系高级讲师。
① 〔澳〕颜清湟：《新马华人社会史》，粟明鲜等译，中国华侨出版公司，1989，第33、35页。

禺公司）、槟城五福堂（1819，广州会馆）。① 目前，依据马来西亚社团注册局的统计数字，马来西亚华人社团的数量已经达1.1万多个，其中4000多个为宗教组织。由此可见马来西亚华人人口虽然只有600万，但华人结社的能力和数量，恐怕是个创举。

有关马来西亚华人社团的研究，连篇累牍，专著方面早期重要的研究成果有吴华[②]和颜清湟[③]，晚近则有石沧金[④]的研究著述。论文方面有刘崇汉[⑤]和郑达的成果[⑥]。目前有关马来西亚华人社团研究涉及的内容极广，有整体论述、个别会馆研究、社团趋势和功能研究等。

至于马来西亚闽南社团的资料，目前有两三份文件最为完整。首先是傅孙中编的《马来西亚福建社团联合会属会简史》（吉隆坡：马来西亚福建社团联合会，1996），总共收集了全马来西亚157个福建地缘会馆的简史，其中138个为闽南地缘社团，19个为闽南以外的地缘社团，通读此书，基本可以让人大致掌握马来西亚福建地缘社团的情况。其次是石沧金《马来西亚华人社团研究》的第五章，整理了18世纪以来至2003年间全马来西亚福建地缘会馆的名录，西马161个，东马32个，共193个。[⑦] 但这两份文件的资料和名录仍有不少缺漏，有待补充。另有《马来西亚华团总名册》[⑧] 整理的全马地缘名单，应该是最为完整的。迄今，又有一些新的闽南地缘社团成立，不在这份名册内，故此，本文在此基础上，继续收集整理，并以计量统计的方法加以分析，观察近200年来，闽南地缘社团在马来西亚发展的情况。

---

① 据石沧金《马来西亚华人社团研究》，中国华侨出版社，2005，第323~327页整理。
② 《柔佛新山华族会馆志》，东南亚研究所，1977；《马来西亚华族会馆史略》，东南亚研究所，1980；《柔佛州华族组织概述》，陶德书香楼，2002。
③ 〔澳〕颜清湟：《新马华人社会史》，粟明鲜等译，中国华侨出版公司，1991。
④ 《马来西亚华人社团研究》，中国华侨出版社，2005。此书在2013年，由暨南大学出版社再版。
⑤ 刘崇汉：《独立前华人乡团组织》，载何启良等编《马来西亚华人史新编》（第3册），马来西亚中华大会堂，1998，第347~378页。
⑥ 郑达：《马来西亚华人社团的新发展》，载庄国土、清水纯、潘立宏等编《近30年来东亚华人社团的新变化》，厦门大学出版社，2010，第136~199页。
⑦ 石沧金：《马来西亚华人社团研究》，中国华侨出版社，2005，第322~378页。
⑧ 赖益盛、罗正文编《马来西亚华团总名册》，马来西亚中华大会堂总会、星洲日报，2005。

二 马来西亚闽南地缘会馆名称与类属析论

福建幅员广阔，基本可以分为六大民系，即福州、兴化、闽南、闽北、客家和龙岩。① 由于闽南移民是马来西亚福建方言群中的主体移民，人数众多，本文之分析对象仅以闽南为主，其他则不在分析范围内。闽南是指现在的泉州市、漳州市、厦门市以及漳平、大田县，辖下的县市有惠安、永春、安溪、德化、金门、诏安、漳浦、华安、东山、长泰、云霄等。依据福建县市建制，马来西亚的闽南地缘社团大致有如下几种分类，首先以省为名，即遍布全国，同时也是数量最多的地缘社团——福建会馆。事实上，马来西亚的福建人以闽南人为多数，故此福建会馆的领导层和会员以闽南人为主，故此理所当然将之视为闽南地缘会馆。其次是以区域为名的闽南地缘社团，仅有漳泉公会一个。其三是几个县市联合组成的社团，计有同安金厦会馆、诏安东会馆和永德会馆三个，后者一般归为永春会馆。其四是为数最众的单一县市的闽南地缘会馆，计有永春会馆、南安会馆、晋江会馆、安溪会馆、惠安会馆和德化会馆六个，这类会馆也是闽南地缘会馆的主要构成分子。最后是全国性质的总会，目前只有两个，即马来西亚福建社团联合会和闽南乡团联合会，至于前述各类闽南地缘社团所组成的联合会，则归入其各自类别，柔佛永春联合会和沙巴福建联合会不在此计。迄今，除了诏安东会馆和德化会馆外，其他各属皆有组织联合会。

此外，永春会馆、南安会馆和安溪会馆也涵盖各自的宗亲会或家族会，皆视为属会之一。事实上，不论宗亲或家族会，是属地缘和血缘结合的社团，甚至有的是如假包换的血缘组织，如黄氏登进家族会和马来西亚直凉举溪陈氏宗亲会，皆为显例。这些社团不论在组织动机、活动性质等，其性质更为偏向血缘社团，与地缘社团不尽相同，故此，这类社团并不在本文讨论范围之内。

从以上的论述中得知，在马来西亚闽南各属的地缘会馆共有9个，它们是永春、南安、同安金厦、漳泉、安溪、晋江、惠安、德化和云诏东。福建会馆则广布各州，各属地缘会馆则只有在该区有一定数量的邑人才有可

---

① 陈支平：《福建六大民系》，福建人民出版社，2000，第72~134页。

能组织起来,如安顺的安溪人。

为了明晰掌握资料,以下将各类属的地缘会馆名称、数量和百分比,以及各自最早创办的会馆和最新成立的会馆年份和名称列出(见表1)

表1 马来西亚闽南地缘会馆数量表

地缘社团	数量(%)	最早创会(名称)	最新创办(名称)
福建会馆	100(42.9)	1840年代(马六甲福建会馆)	2003(兰瑙福建会馆)
永春会馆	34(14.6)	1875(马六甲永春会馆)	2012(新邦令金永春会馆)
南安会馆	17(7.3)	1894(槟榔州南安会馆)	2010(下霹雳南安会馆)
同安金厦	17(7.3)	1920(浮罗吉胆金浯江会馆)	2009(下霹雳同安金厦会馆)
漳泉公会	15(6.4)	1928(槟榔屿漳州公会)	1991(砂拉越漳泉社团联合会)
安溪会馆	13(5.6)	1919(槟城安溪会馆)	2000(乌雪区安溪会馆)
晋江会馆	13(5.6)	1883(太平仁和公所)	2009(关丹晋江会馆)
惠安会馆	12(5.2)	1914(槟榔屿惠安会馆)	1996(霹雳惠安会馆)
德化会馆	7(3)	1923(柔佛德化会馆)	2003(雪隆德化会馆)
云诏东会馆	5(2.1)	1936(砂拉越诏安会馆)	1970(雪兰莪诏安东山会馆)
总数	233(100)		

注:另有全国性联合会两个不在此计。
资料来源:石沧金《马来西亚华人社团研究》,中国华侨出版社,2005;傅孙中:《马来西亚福建社团联合会属会简史》,马来西亚福建社团联合会,1996;赖益盛、罗正文编《马来西亚华团总名册》,马来西亚中华大会堂总会、星洲日报,2005;各属会纪念特刊,以及各属总会所提供的分会资料。

从表1可知,福建会馆占了四成,另外的六成由各属闽南会馆组成。马来西亚闽南各属最早的地缘会馆基本集中在槟城和马六甲,占了各属数量的一半以上,共6个。马六甲两个,即福建会馆(1840年代)和永春会馆(1875),也是闽南各属会馆中最早的两个。槟城4个,即南安会馆、漳泉公会、安溪会馆、惠安会馆。这如实反映马六甲是闽南人最早移入定居并繁衍成社区的事实。槟城是另一个闽南人移入较早,人数也较多的州属,故闽南会馆的成立相较其他地区也较早。闽南各属会馆中最迟成立的是云诏东会馆(1936),这表示闽南各属会馆在第二次世界大战前已经全部出现。虽然,不时仍有会馆领导老化、青黄不接的问题,但从表1最新创办一栏可见地缘社团仍有其市场和需要。20世纪90年代共成立了3个,千禧年后的第一个10年也是3个,21世纪的第二个10年迄今已有2个成立,其发展极为平稳。

从闽南各属会馆的总数来看，以永春会馆数量最多，共34个，这是因为马来西亚拥有比中国永春原乡还要多的永春人之故，所以在会馆数量上独占鳌头。其次是南安、同安金厦、漳泉、晋江、安溪和惠安，属会总数皆超过10个。数量最少的是德化和云诏东，分别为7个和5个。

福建会馆的名称使用也值得注意，早期有不少会馆以公司命名，具有会党的性质，后来会党成为非法组织，故此改名为会馆，目前通用的是会馆或公会，也有以公所命名，如叻思暨峇东加里福建公所、乌鲁音峇鲁福建公所和蕉赖区福建公所，也有以联谊社命名，如安邦福建联谊社。另有两所福建会馆，以"闽南公会"命名，它们是永平闽南公会和曼绒闽南公会①。

三 马来西亚闽南地缘会馆在马来西亚的发展分析

在分析前，几个分类的标准必须加以说明。隆雪（指吉隆坡和雪兰莪）往往被视为一区，是因为这两区不论在任何领域皆血脉联通，难以分割，故此社团组织往往隆雪连称。纳闽虽为直辖市，但幅员甚小，一般将之纳入沙巴。玻璃市华人极少，其社团往往与吉打合组，故此两者视为一个单位。再者是各州闽南人数量的多寡和各州幅员的大小，都成为分析考量的因素，能左右分析情况（见表2）。

表2 马来西亚各州闽南会馆数量表

	福建会馆	永春会馆	南安会馆	同安金厦会馆	晋江会馆	漳泉公会	安溪会馆	惠安会馆	云诏东会馆	德化会馆	各属加总	总数	百分比（%）各属加总	总数
吉兰丹	1	1	1		1						3	4	2.27	1.72
登嘉楼	3		1		1						2	5	1.52	2.16
玻璃市	1											1		0.43
吉打	5		1		1	1		1			4	9	3.03	3.88
霹雳	18	3	2	2	5		2	2			16	34	12.12	14.66

① 据永平当地人的说法，是因为这两地以福州人为多，不敢以福建会馆命名，担心领导层由福州人主导，故有此一举，聊备一说。

续表

	福建会馆	永春会馆	南安会馆	同安金厦会馆	晋江会馆	漳泉公会	安溪会馆	惠安会馆	云诏东会馆	德化会馆	各属加总	总数	百分比（%）各属加总	百分比（%）总数
雪兰莪	16	3	1	10		2	2		1		19	35	14.39	15.09
吉隆坡	1	2	2		2		2	1		1	10	11	7.58	4.74
柔佛	13	16	3	1	1	1	2	2	2	3	31	44	23.48	18.97
槟城	5		1	1		1	1	3		1	8	13	6.06	5.60
马六甲	6	2	2	2	1	1	1			1	11	17	8.33	7.33
砂拉越	4			1		11			2		14	17	10.61	7.76
彭亨	8	2	1				1		1		5	13	3.79	5.60
森美兰	7	3	1								4	11	3.03	4.74
沙巴	12		1	1							3	15	2.27	6.47
纳闽		1				1					2	2	1.52	0.86
总数	100	34	17	17	12	15	13	12	5	7	132	232	100	100

资料来源：石沧金《马来西亚华人社团研究》，中国华侨出版社，2005；傅孙中：《马来西亚福建社团联合会会属简史》，马来西亚福建社团联合会，1996；赖益盛、罗正文编《马来西亚华团总名册》，马来西亚中华大会堂总会、星洲日报，2005；各属会纪念特刊，以及各属总会所提供的分会资料。

首先，先来了解福建会馆的发展情况。福建会馆的功能主要在团聚来自福建原乡的移民，故此全马各州皆有福建会馆的创立，其在各州的分布有如下几种情况。

第一，福建会馆较少，闽南各属会馆也较少的州属，如吉打、玻璃市、吉兰丹和登嘉楼，这些州属华人本就不多，闽人自然也不会太多，少量的福建会馆，已足够处理和满足同乡所需，即便是其他各属会馆也不易组织起来。玻璃市的闽南会馆皆与吉打合组，如南安会馆、晋江会馆和泉漳公会。而吉兰丹和登嘉楼的情况也相似，前者只有永春、南安、晋江会馆各一所，后者只有南安和晋江会馆各一所。

第二，福建会馆数量少，但各属闽南会馆数量较多，其加总多于福建会馆者，如马六甲、槟城和砂拉越。闽南人较早进入发展的马六甲和槟城，却分别只有区区的6所和5所福建会馆，值得进一步深究。马六甲早期的永春人最众，影响力很大，并远至新加坡发展，且和土著通婚，形成峇峇次族群。除了云诏东会馆，各属的闽南地缘会馆都在马六甲创立，这些会馆基本分摊了福建会馆的功能。加上后来大量闽南人，包括峇峇外移，以致福建会馆无法进一步在数量上有所增加。至于槟城的情况有异于马六甲，槟城闽南宗族力量强大，有数量庞大的宗祠、宗亲和家族团体来为族人谋利益，团结族亲。尤其是槟城的五大姓氏所组成的五大公司，总计槟城迄今已有165个血缘姓氏团体，而且大部分为闽南的宗亲组织。加上其他闽南各属地缘会馆也分摊福建会馆的功能，故此福建会馆的出现难免显得多余。至于砂拉越的诗巫和美里等地则是福州人的天下，人口众多，主要凝聚在福州公会旗下，至于闽南人较多的古晋等地，以及同时聚集不少漳泉人士的诗巫，则成立福建公会（早期叫福建公司），但砂拉越全境也只有3所福建会馆。但有一个值得注意的现象是砂拉越的漳泉公会却有11所之多，除了诗巫漳泉公会成立于第二次世界大战前，其余的9所皆成立于20世纪80年代，更令人诧异的是，1987年同时成立了8所。漳泉公会在80年代大量涌现是与漳泉民系人士的主体意识有关的。诗巫以外其他地区漳泉公会的成立，基本上是为因应漳泉属希望成立全砂总会，但又碍于一些地方福建公会因有其他各属会员，无法顺利加入而推动。因此，需要成立类似诗巫漳泉公会这样纯漳泉民系的组织，故此在诗巫漳泉公会的倡导下，各地的漳泉公会纷纷成立，但并非每个区域都有成立的条件，像民都鲁省会员还是福建公会，美里省则由诏安公会代表。

第三，福建会馆较多，各属闽南地缘会馆相对较少的州属，如彭亨、森美兰和沙巴，这些州属各属会馆加总数量皆不及福建会馆。彭亨属内陆山区，以采矿和伐木业为主，广东客家人为多；森美兰为锡矿盛产地，也是以客家广东人为主，但幅员小，有7所福建会馆其实也属数量较多者。沙巴更是客家人的天下，各属闽南人不多，故集聚在福建会馆名下，而不需另组各属闽南会馆，沙巴领土虽大，但闽南人较少，故有12所福建会馆，应属较多者。上述数个州属，各属闽南人相对较少，不易组织会馆，故此皆集聚在福建会馆名下。

第四，福建会馆数量庞大，闽南各属会馆分布也平均，这些州属是柔佛（13）、霹雳（18）和隆雪（17）。隆雪为马来西亚首善之区，经济最为发达，自然成为长袖善舞的闽南人聚集所在，而柔佛刚好位处华人最早移入的新加坡和马六甲，故此有不少闽潮人士进入。

其次，是各属会馆分布情况，有几点值得注意。各属在各州分布，稍加整理有两种情况，第一种是其属会几乎遍布各州，分布最广的是南安

（11州），各州皆有，其次是永春（10州）和安溪（9州）。第二种是大量集中于某一州属，形成一枝独秀者，计有柔佛的永春会馆、雪兰莪的同安金厦会馆、霹雳的晋江会馆和砂拉越的漳泉公会，而惠安会馆则在北马居多，形成会馆区域分布的现象。从闽南会馆在各州属分布情况，可以看到各属闽南移民落户所在。

各州各属会馆的分布，也值得留意。北马的吉打、玻璃市、吉兰丹和登嘉楼闽南人数较少，相关会馆也最少。由于玻璃市的闽南会馆与吉打合组，故此是目前唯一没有任何闽南地缘会馆的州属。柔佛在所有州属中各地缘会馆分布最均匀，各类地缘会馆都在此成立，其次为马六甲，除了云诏东会馆，其他各属会馆皆有成立。至于各州属会加总数量最多的是柔佛，共31个，往下依序是雪兰莪（19）、霹雳（16）和砂拉越（14）。

最后，除了云诏东会馆和德化会馆，其他各属会馆皆有联合会的组织。而柔佛永春会馆因为属会众多，故此又有柔佛永春联合会的组织，砂拉越的漳泉公会和沙巴的福建会馆也是类似的情况，皆有州属本身的联合会。

四　马来西亚闽南地缘会馆创办年份分析

表3中各会馆的创办年份，目前仅望万福建会馆、亚沙汉福建会馆、新邦木阁福建会馆、榴莲东葛福建会馆、珠宝福建会馆和吉打漳泉公所6所无法取得，文冬福建会馆则创办年份不详，这些都不纳入计算范围内。另有部分会馆由于档案文件损毁等因素，以致无法确认创办年份，但可从其现存简史中推定其大致创会年代。此外，少数会馆，成立较早，有相当的历史渊源，但迟至晚近才注册，如新古毛福建会馆，它们为了成为马来西亚福建社团联合会的会员，在1996年注册，将原有的名称"工余俱乐部"改换，其创会年份仍以较早的年份为准。

表3　马来西亚闽南社团创办年份分布表

	福建会馆	永春会馆	南安会馆	晋江会馆	安溪会馆	惠安会馆	同安金厦会馆	漳泉公会	云诏东会馆	德化会馆	总数	百分比（%）
1800–1849	1	1									2	0.87
1850–1879	3										3	1.31

续表

	福建会馆	永春会馆	南安会馆	晋江会馆	安溪会馆	惠安会馆	同安金厦会馆	漳泉公会	云诏东会馆	德化会馆	总数	百分比（%）
1880–1889	4	1		1							6	2.62
1890–1899	5	3	1								9	3.93
1900–1909	3										3	1.31
1910–1919	2	2	2	1	1	1					9	3.93
1920–1929	11	10	2	2	1	2	3	1		2	34	14.85
1930–1939	6	5	1			4	1	3	1	1	22	9.61
1940–1949	4	1	1			2	4		2	1	15	6.55
1950–1959	14	5	1	1	2		2		1		26	11.35
1960–1969	19	3	1	3	1		2		1		30	13.10
1970–1979	6	1	1	5	1	2			1		18	7.86
1980–1989	7		5					9			21	9.17
1990–1999	6				6	1		1			15	6.55
2000–2013	4	2	3	1	1		3		2		16	6.99
总数	95	34	18	14	13	12	17	14	5	7	229	100

资料来源：石沧金《马来西亚华人社团研究》，中国华侨出版社，2005；傅孙中：《马来西亚福建社团联合会属会简史》，马来西亚福建社团联合会，1996；赖益盛、罗正文编《马来西亚华团总名册》，马来西亚中华大会堂总会、星洲日报，2005；各属会纪念特刊，以及各属总会所提供的分会资料。

若依据闽南会馆成立时间先后来分析，可以区分为几个时期。第一期是18世纪末期至1879年以前，只有4所福建会馆和1所永春会馆成立，可以视为草创期。第二期是1880年至1919年，这段时间福建会馆的数量逐步增加，共有14所。闽南各属会馆共有13所，除了永春有6所新属会成立，南安、安溪和惠安会馆也相继成立，可以视为发展期。

第三期是20世纪20年代至60年代，这时不论是福建会馆或闽南各属会馆，成立的数量皆翻倍增加，平均每10年皆有25所会馆成立，共126个，即便在40年代，曾经历3年8个月的日据时期，会馆发展停顿，在"二战"后短短的数年间都有10余所会馆成立，可见其发展势头。这期间，尤以福建会馆、永春会馆、惠安会馆和同安金厦会馆的成立最为迅猛。同时，在20年代和30年代，也就是颜清湟所谓的"华人方言组织发展最重要的两个十年"①，闽南各属会馆也全数成立，可谓遍地开花，尤其是20年代，闽南各属和福建会馆成立的数量共33所，是成立数量最多的10年。值得注意的是，50年代和60年代的两个10年，福建会馆的成立，可谓翻了几番，共24所，可以视为蓬勃发展期。第四期是1970年迄今，属平稳发展时期。福建会馆和各属会馆皆陆续稳定增长，平均每10年皆有10余所会馆成立。其他各属会馆则在某个特定的10年内，数量翻倍增加，如40年代的同安金厦会馆、50年代的永春会馆、80年代的南安会馆和漳泉公会、90年代的安溪会馆。这时期，各会馆开始扩大组织、功能转换和转型。

五　大马闽南地缘会馆的特点分析

地缘社团的出现主要是为了照顾同乡，谋取福利而产生，这些福利不外栖身、谋职、保护、解难和安葬等切身问题。然而各地侨民的诉求因地而异，同样的问题也先后缓急有别，故此闽南地缘会馆的出现就有如下三种模式。

首先是最为普遍的模式，即先有社团，随后因为会员的需要，神庙、义山和学塾等相关组织才随之出现。成立于1871年的砂拉越古晋福建公会，是为了处理在古晋从事商业和开垦的漳泉人士的婚丧喜庆、协调同乡与他属人士的冲突而倡设的。公会成立后才在市区营建凤山寺，奉祀来自南安的广泽尊王。另外，在青山海口的青山岩，也是福建公会所建，都是拥有百年以上历史的古庙。此外，公会成立后，为了同乡百年后的葬身问题，也置有义山，但冢地不敷使用，又于"二战"后数次购置空地充作冢山，并设有火葬场以便利同乡。创设于1885年左右的雪兰莪吉隆坡福建会馆，在创始之日即延聘塾师，设馆授徒，馆舍也同时作为同乡住宿之用。由于移居者日众，创会元老也共同捐献地段兴建会馆，并在馆内供奉法主神像，由于香火鼎盛，之后才外移建庙。创立于1925年之霹雳玲珑福建会馆，为了同乡适龄孩童启蒙教育，在新会馆之上办起了小学，后来还扩大到附近区域，并联合创办仰华学校。②

---

① 〔澳〕颜清湟：《新马华人社会史》，粟明鲜等译，中国华侨出版公司，1991，第36页。颜清湟认为"共组织了至少11个方言会馆"，恐怕过于保守。
② 傅孙中：《马来西亚福建社团联合会属会简史》，马来西亚福建社团联合会，1996，第1、338～339、247页。

其次是先有庙，社团随后才形成。南来的先人，面对无尽的海洋和茫茫的前途，为了祈求在异地的平安和工作顺利，一般皆会随身携带家乡神祇或家中香炉中的香灰，抵步南洋后，通常先安置居处供奉，后来由于参与者日众，有感于仅是依赖信仰的形式，无法处理众多的同乡问题，故而有成立会馆之必要，地缘会馆顺应成立。玻璃市福建会馆最早原为广福宫，由于闽人乡绅同玻璃市王室关系良好而取得多段地皮，并着手建庙，还从福建原乡请来了广泽尊王加以奉祀。至于会馆的创设，则迟至20世纪30年代后期才开始。吉打福建会馆，其起源为1903年的福寿宫，到了民国初期才更名为福建会馆，同时也创设中华男女学校，培育英才。而太平福建会馆的前身，则是闽中古庙。1911年召开闽侨大会后，才正式成立会馆，展开活动。① 森美兰永春会馆，前身为法主公宫，称桃园古地，以供乡人联络聚叙，后因土地为政府征用，只好迁徙，而有现今的馆址，后座仍供奉张公圣君。②

最后还有一类是以义山组织处理侨民身后问题而出现者，但这类模式较为罕见，成立于1934年的雪兰莪万挠福善公会是其中一个例子，故此顾名思义其宗旨乃为善后互助而组成的公会。霹雳福建公会创办动机即在为怡保侨乡谋求百年归西后的葬身之所，而后才有公会的成立。③

闽南的地缘社团，通常可以有如下几个功能。第一是联络同乡感情。举凡华人重大的节庆如新年、端午、中秋和冬至，都会举办新年团拜、端午裹粽比赛、中秋提灯、冬至搓汤圆等活动，除可联系乡情，并可传扬华人民俗文化。有的也会举办周年纪念晚宴，与各属会交流，以及参加马来西亚福建社团联合会的会员大会，这些都有联络乡谊、促进交流的作用。如雪兰莪厦门公会多年来成立了口琴队、歌咏队、南音组，然而最受欢迎的莫过于数十年来不曾间断的中秋月饼会。④

---

① 傅孙中：《马来西亚福建社团联合会属会简史》，马来西亚福建社团联合会，1996，第216、295、305页。
② 郑萃梓编《马来西亚永春联合会银禧特刊，1957－1982》，马来西亚永春联合会，1984，第137页。
③ 傅孙中：《马来西亚福建社团联合会属会简史》，马来西亚福建社团联合会，1996，第204页。
④ 傅孙中：《马来西亚福建社团联合会属会简史》，马来西亚福建社团联合会，1996，第53页。

第二是办理同乡事务，如安排工作、婚姻注册、调解纠纷、作法人证明和担保。雪隆南安会馆在创会初期即为雪兰莪、彭亨和霹雳同乡向中国驻马来亚领事证明身份，进而申请出入境护照，也因为这项服务，使其会员人数飙升。① 柔佛州南安会馆成立的主要目的即在为人地生疏的乡亲安排住宿和觅职，使南来的乡亲得以安心居住。② 巴生港口金涴屿伍德宫和巴生金涴江伍德宫，原为一所为新客和一般劳工提供暂住以及老弱无依靠乡亲歇息之处，俗称"估俚间"，后来才逐渐成为地缘社团。③

第三是管理神明。社团的出现旨在协助处理和解决异地现世生老病死的问题，而现世以外的心灵寄托和信仰问题则有赖从原乡带来的神祇方能达成，为此地缘社团往往与民间信仰捆绑一块，乃至出现如前所述有的是现有庙，后有社团的情况。④ 神明的管理主要有两种情况。其一是在社团内供奉，如霹雳惠安公会，在会馆天台上有青山宫神龛供奉灵安尊王、麻坡惠安公会则在会所楼下前厅供奉灵安尊王、峇株吧辖惠安公会也在会所内设灵安尊王殿。其二是在社团之外另有庙产，如槟城惠南联乡会有天生宫供奉灵安尊王，并对外开放；下霹雳惠安公会有许塘佛祖观音庙；隆雪福建会馆有威镇宫供奉法主公。

第四是兴办教育。对于华校的兴办，会馆向来扮演吃重的角色，并且出现了会馆办校的现象。⑤ 马来西亚闽南地缘会馆兴学办教，支持华文教育，基本有如下几个情况，一是兴办学校。马六甲南安会馆在其前身南邑公司时已经资助义塾的兴办；马六甲德化会馆同样也在早期设有私塾学堂，

---

① 傅孙中：《马来西亚福建社团联合会属会简史》，马来西亚福建社团联合会，1996，第5页。
② 傅孙中：《马来西亚福建社团联合会属会简史》，马来西亚福建社团联合会，1996，第89页。
③ 砂拉越金门会馆编委会编《砂拉越金门会馆新会所落成暨成立五周年联欢纪念特刊，1991－1995》，砂拉越金门会馆，1995，第70～73页。
④ 曾玲有这样一段的描绘："中国的海外'移神'大多是华人移民的个人行为。因此这些伴随闽粤人'南移'的神明，最初多被安置在'移神'者家中设立的神龛中供奉。南来拓荒的华南移民在异国他乡的艰苦创业需要超自然的神明力量。因此来自同一祖籍地缘或姓氏血缘的移民就会慢慢以此神龛为中心而聚合。当南来的华人移民人数不断增加并聚合，社群已有一定的经济实力，该社群侨领通常会发动所属成员筹款募捐建庙，将神明从移民个人设立的神龛迁移到社群修建的庙宇中。"曾玲：《社群整合的历史记忆与"祖籍认同"象征：新加坡华人的祖神崇拜》，《文史哲》2006年第1期，第16页。
⑤ 汤锋旺：《二战前新加坡华人"会馆办学"研究》，《东南亚研究》2012年第4期，第90～96页。

教育子弟，在第二次世界大战时才被迫关闭；槟榔屿惠安公会则在"二战"后复办三民华小，并创办明德学校；隆雪惠安泉港公会则创办中国公学、协办吉隆坡中华独中；巴生惠安泉港公会则创办巴生港口青年学校；居銮永春公会创办培英学校；东甲永春会馆在1938年创办育英学校；马六甲永春会馆则在其馆内附设育民学校，并在1947年增办师范班，上述所举仅是部分会馆办校的例子，其他还有更多则无法一一详列。二是定期或不定期对华校的资助，譬如校地的捐献、礼堂课室的兴建、软硬件设备的添置和采购等，分布全马各地的闽南地缘会馆概不例外。三是在会馆内为鼓励会员子女向学，每年定期颁发的奖励金或贷学金，可谓是所有闽南地缘会馆常设的福利事项。

第五是丧葬事宜的办理，这涉及义山的管理和义冢的购置。柔佛德化会馆位于丹绒拉务路有德寿山，峇株巴辖永春会馆则有自家的义冢；马六甲同安金厦会馆则自置殡仪馆，以方便会员举丧和吊祭；马六甲永春会馆也建置殡仪馆，并增辟义山，以为会员安葬之所。这些无疑也显示闽南地缘会馆对身后事的重视。

六　小结

上述数据的取得，可谓一步一脚印，除了从特刊或各属的总会获取基本信息外，部分没有任何文字记载或出版物的会馆，以及没有和各属总会联系的会馆，其确切的创办年份和名称，一般都是几经周折，旁敲侧击，方才转手取得。本文虽不敢言已经获得百分百的闽南地缘会馆的信息，但估计已经相去不远，其分析结果应该虽不中亦不远矣。上述的计量分析，除了可补充学界主要以文献进行的社团研究之不足，同时也可修订一些论点。例如颜清湟认为20世纪20~30年代为社团成立最为蓬勃发展时期，基本上正确无误，但据表3的数据显示的闽南地缘社团的情况，这个蓬勃发展时期应该还可延续至60年代。此外，表2显示以闽南人居多的槟城，竟然是马来西亚州属中福建会馆较少的一个。透过这些数据，让我们对闽南社团在马来西亚发展的面貌，无疑有个比较真实的了解。此外，从闽南会馆产生的模式及其功能，不难发现三位一体的现象，即社会、教育和信仰三个作用结合的特质。

Statistics and Analysis of Village-based Associations of Southern Fujian in Malaysia

Lew Bon-Hoi

(New Era College)

Abstract: Chinese Associations are one of the three gems of Chinese societies. Located all over Malaysia, Village-based associations of Southern Fujian are especially large in numbers due to the higher proportion of Southern Fujian among the Chinese Immigrants. Yet nowadays, the exact numbers of said associations is unclear. Using available literature, through collecting and organizing names, year of establishment of all Village-based associations, these data will be calculated for its distributional situation in Malaysia. Associations' year of establishment could also reveal the two centuries of developmental situation in Malaysia through statistical analysis.

Keywords: Malaysia; Southern Fujian; Village-based Associations; Hokkien Association

(责任编辑:王格格)

泰国潮安同乡会的历史考察

广东省潮州市归国华侨联合会　杨锡铭[*]

摘　要　潮州人移居海外聚居后,建立各种社团组织,其中同乡会是最为普遍的社团。泰国潮安同乡会是泰国潮属华人社会中成立最早的一个县域地缘性社团组织,现是泰华社会的重要社团之一。该会已经从原来以地缘为联系纽带的中国侨民同乡会,转变成为以认同潮州文化为共同心理的泰籍华人公民的非政府组织,其成员的绝大多数是在泰国出生的潮人后裔,该会逐渐显现出俱乐部的某些功能特征。如何吸引年轻一代参与同乡会的活动,吸引有社会威望者加入,继续发挥其作为同乡会的社会功能,将是今后一个严峻的问题。本文拟以其作为海外潮人社团的个案,从历史沿革、社会功能和发展前景等方面进行历史考察,庶几能作为考察其他海外潮人社团的一个参考坐标。

关键词　考察　潮安同乡会　泰国

潮州人移居海外聚居后,往往在所在国依地缘、血缘、信缘、业缘等的关系,建立各种社团组织[①],于潮人本身及其原乡和当地社会,发挥了不同程度的作用。同乡会是最为普遍的社团,而泰国潮安同乡会由于历史较长,直到今天还充满生机。所以本文拟以其作为海外潮人社团的个案,进行历史考察。通过个案解剖,庶几能作为考察其他海外潮人社团的一个参考坐标。

---

[*] 杨锡铭,广东省潮州市归国华侨联合会主席。
[①] 本文所指的海外华人社团组织可分为:因相同的地域关系而建立起来的社团称为地缘类社团,如同乡会;因相同姓氏关系而建立的社团称为血缘类社团,如宗亲会;因曾经存在或正存在的职业、事业等原因而建立的社团称为业缘类社团,如商会;因相同的信仰关系而建立的社团称为信缘类社团,如善堂等。

一　泰国潮安同乡会的发展史简述

泰国潮安同乡会，正式成立于 1927 年元旦，曾先后名为潮安辅益社、旅暹潮安同乡会、泰国潮安同乡会，是泰国潮属华人社会中成立最早的一个县域地缘性社团组织。[①] 有关该会的历史，严捷升先生[②]曾撰《旅暹潮安同乡会简史》，分别载于该会成立 56 周年和 60 周年纪念特刊，之后该会出版的纪念特刊多根据严文增删而成，从中可窥见该会发展的轨迹。

潮州人很早就移民泰国。到 20 世纪初，泰国已有不少以潮州人为主体的华人社区，[③] 为潮人同乡会的成立提供了基础。泰国潮安同乡会虽正式成立于 1927 年，而此前，在泰国实际上已有潮安同乡组织的雏形存在。据严捷升言，"约在民国十年（1921 年）左右，即有潮安互助社及潮安研究社两团体之创立，实开本会前期之滥觞。"[④] 之后，由于受乡人所称道，人数逐渐增多，于民国十六年（1927 年）元旦正式成立，并向泰政府注册立案，成为合法侨团之一，定名为"潮安辅益社"。[⑤]

第二次世界大战期间，日军南侵，泰国侨社人心惶惶。该会所有活动悉皆停止。

"二战"结束后，潮安辅益社凭借其悠久的历史和巩固的基础，获得各地同乡一致拥护，在张兰臣主席领导之下，于 1947 年改称为"旅暹潮安同乡会"，订立会章，对组织、职权、选举与任期、会议、经费与财务以及会员的义务和权利等做出规定。之后又根据实际情况的需要不断进行必要的修改，充实完善。从此同乡会的会务活动进入有章可循阶段，会务迅速发

---

① 泰国潮属各县同乡会成立时间：大埔（1946）、潮阳（1946）、澄海（1947）、普宁（1948）、揭阳（1949）、丰顺（1963）、饶平（1965）、惠来（1986）。作为泰国全体潮州人的最高社团组织——潮州会馆，则成立于 1938 年。
② 严捷升先生自 1949 年起服务该会，任总干事，先后凡 30 余年。
③ 可参见旺威帕·武律叻达纳攀、素攀·占塔瓦匿《吞武里王朝和曼谷王朝初期泰国社会中的潮州人》，载素攀·占塔瓦匿等编《泰国的潮州人及其故乡潮汕第一阶段（1767 - 1850）》，泰国朱拉隆功大学亚洲研究所，1991。
④ 严捷升：《旅暹潮安同乡会简史》，载佚名编《旅暹潮安同乡会成立 56 周年纪念特刊》，旅暹潮安同乡会，1982，第 145 页。
⑤ 严捷升：《旅暹潮安同乡会简史》，载佚名编《旅暹潮安同乡会成立 56 周年纪念特刊》，旅暹潮安同乡会，1982，第 139 页。

展，并逐步规范。

1991年，该会第23届理事会通过将"旅暹潮安同乡会"改称"泰国潮安同乡会"的决议，[①] 并沿用至今。

二 泰国同乡会的领导机构

（一）辅益社时期（1927－1947）

采用执监事制，执监委员之任期，每届仅为一年。前后共18届，各届主席见表1。

表1 潮安辅益社历届主席

届别	第1届	第2届	第3届	第4届	第5至7届	第8、9届	第10届	第11至18届
主席	钟鹤洲	李寿岩	曾秀臣	钟鹤洲	何子欣	张兰臣	赖渠岱	张兰臣

资料来源：佚名编《旅暹潮安同乡会成立56周年纪念特刊》，旅暹潮安同乡会，1982，第146页。

（二）同乡会时期

可分为采用理监事制和理事制两个时期。

（1）采用理监事制时期。1947～1968年共11届22年，每届任期2年。

---

① 关于改名原因和时间，该会现有资料记载不详。笔者曾去函泰国潮安同乡会咨询，蒙该会总干事苏文荣先生函复。

杨锡铭主席：您好！

来函敬悉，由于我会拆建礼堂办公厅，几次搬迁，所以一些资料档案，一时很难寻找。

一、从"旅暹潮安同乡会"改为"泰国潮安同乡会"由来。据我记忆：在一次理事会上，有一位理事发言称：我会的名称"旅暹潮安同乡会"，就"旅"字的字义说，就是临时寄居，旅毕必归之意。现在大部分从家乡来泰乡亲及其后裔，均入泰籍，持随身证者也为数不多，也没有回归故国之意，都在泰国立地生根。所以"旅暹"二字已不适应了，故提议我会名称应改为"泰国潮安同乡会"更为符合实际。

从会史碑志记载：于1991年第廿三届理事会通过将"旅暹潮安同乡会"改为今用之"泰国潮安同乡会"。但属第几次理事会议及何月何日没有记载。

二、入会条件

本会初创时就规定：入会会员应是潮安人，泰籍或取得正式居留权之潮安乡亲。

此复

总干事 苏文荣（签名）2012－07－04

经由会员大会推举张兰臣先生出任第 1 届理事长,继且蝉联 6 届,历时 12 年。从第 7 届开始,设立名誉理事长一职。第 11 届开始,除名誉理事长外,增设名誉顾问一职。表 2 是该会采用理监事制时期担任理事长、副理事长及理监事会人数情况。

表 2　旅暹潮安同乡会理监事会正副理事长及理监事人数

届　别	理事长	副理事长	理监事人数
第 1 届 (1947－1948)	张兰臣	邱炳隆	28
第 2 届 (1949－1950)	张兰臣	许璧松	28
第 3 届 (1951－1952)	张兰臣	许璧松	28
第 4 届 (1953－1954)	张兰臣	丘创志	28
第 5 届 (1955－1956)	张兰臣	丘创志	28
第 6 届 (1957－1958)	张兰臣	丘创志	28
第 7 届 (1959－1960)	丘创志	陈作航	28
第 8 届 (1961－1962)	丘创志	陈作航	28
第 9 届 (1963－1964)	林维高	张旭江	28
第 10 届 (1965－1966)	林维高	陈复文	28
第 11 届 (1967－1968)	陈复文	黄景云	28

资料来源:佚名编《旅暹潮安同乡会成立 56 周年纪念特刊》,旅暹潮安同乡会,1982,第 147～149 页。

(2) 采用理事制时期。自 1969 年(第 12 届起)至今,改为理事制,每届任期 2 年。此后理事、常务理事、副理事长名额不断增加,荣誉职位也水涨船高。廖少贤先生自第 15 届至第 20 届一直担任该会理事长。第 21 届起理事长的任期限于连任两届 4 年。[①]

目前,该会的理事会设立荣誉会长、永远名誉理事长、荣誉理事长、名誉理事长、永远荣誉顾问、荣誉顾问、名誉顾问、理事长、副理事长、常务秘书、常务财政、常务稽核、常务理事、理事及会务顾问等职位。名誉职位系该会为开展会务所需而敦请,一般不参与同乡会的具体事务。会务由理事长、副理事长、常务秘书、常务财政、常务稽核、常务理事、理

---

① 参见《泰国潮安同乡会章程》第 20 条,载佚名编《泰国潮安同乡会成立 78 周年纪念暨新建礼堂落成开幕特刊》,泰国潮安同乡会,2004,第 434 页。

事等组成的理事会负责。

表3 泰国潮安同乡会正副理事长及理事会人数

届　　别	理事长	副理事长人数	理事人数
第12届（1969－1970）	陈复文	1	41
第13届（1971－1972）	黄景云	2	41
第14届（1973－1974）	黄景云	2	41
第15届（1975－1976）	廖少贤	2*	41
第16届（1977－1978）	廖少贤	2	41
第17届（1979－1980）	廖少贤	4	48
第18届（1981－1982）	廖少贤	4	51
第19届（1983－1984）	廖少贤	4	51
第20届（1985－1986）	廖少贤	6	61
第21届（1987－1988）	陈锐攀	8	71
第22届（1989－1990）	陈锐攀	8	71
第23届（1991－1992）	吴梧藩	10	76
第24届（1993－1994）	吴梧藩	10	81
第25届（1995－1996）	张荣炳	12	85
第26届（1997－1998）	张荣炳	12	104
第27届（1999－2000）	张远发	14	102
第28届（2001－2002）	张远发	14	124
第29届（2003－2004）	苏岳章	19	113
第30届（2005－2006）	陈绍扬	14	116
第31届（2007－2008）	陈绍扬	17	120
第32届（2009－2010）	张建基	19	111
第33届（2010－2012）	张建基	19	106
第34届（2013－2014）	严娘赐	23	93

* 2004年和2012年出版的特刊记杨英桂为副理事长。但1994年以前出版的会刊均记杨英桂为常务理事秘书。根据严捷升先生撰于1982年的《旅暹潮安同乡会简史》，当时只有两名副理事长，杨英桂为常务理事秘书。严捷升服务潮安同乡会多年，第15届理事会是其任职内发生的事情，本文采信严捷升资料。

资料来源：泰国（旅暹）潮安同乡会成立56、60、66、85周年纪念特刊。

（三）泰国潮安同乡会理事会设置的变化特点

（1）人数不断增加。辅益社时间由于会员人数不多，现有的历史资料中只记录当时的各届主席，相信其领导层的人数也不多。改为同乡会后，初期的理监事会只由28人组成，设正副理事长各一。此后，副理事长人数不断增加，近年增至20多人，理事会人数也在100人左右。

（2）内设机构和职位不断增加。如实行理监事制的第1届至第11届（1947－1968年），除正副理事长各1名外，只设秘书、财政、监事长各1名，稽核2名，其余为理事或监事。第12届起改为理事制后，初时设理事长1名，副理事长2名，秘书、财政各1名，稽核2名，常务理事、理事若干名。此后各届的副理事长、常务理事、理事的人数逐渐增加的同时，又不断增设相关机构。目前在理事会架构下，设立有韩江山庄管理委员会、奖助学金保管委员会、发展会务基金保管委员会、会员股、山庄股、福利股、文教股、交际股、调解股、宣传股、康乐股、妇女股和青年股。

（3）荣誉职衔及人数不断增加。泰国潮安同乡会自第7届起设立名誉理事长，当时此职实为长期担任该会理事长但年事已高的张兰臣先生而设。之后，每届几乎都增设荣誉职衔。所有荣誉职务，均为义务职位，由理事会根据会章规定，聘请曾任该会理事、常务理事、正副理事长以及对该会有贡献者担任。[1]

理事会的不断扩大，其中既有同乡会组织的扩大和会务发展的需要，也有因为曾经担任过该会领导而仍健在者不断增多，必须给予相应名分的因素。[2]

三　泰国潮安同乡会的社会功能

泰国潮安同乡会的社会功能，似可从其对在泰国的同乡和当地社会，以及对潮州原乡的作用等方面来考察。

---

[1] 参见《泰国潮安同乡会章程》，载佚名编《泰国潮安同乡会成立八十七周年纪念暨新建礼堂落成开幕特刊》，泰国潮安同乡会，2004，第433页。

[2] 参见《泰国潮安同乡会章程》第三章第十四条，载佚名编《泰国潮安同乡会成立78周年纪念暨新建礼堂落成开幕特刊》，泰国潮安同乡会，2004，第433页。

（一）对泰国潮安同乡的作用

雅集结社时期（1927 之前）。由于组织尚未定型，且缺少资料可以探明其时的活动，估计当时社团的活动实际上只是一种旅居暹罗的同乡人之间的定期或不定期的聚会，并提供力所能及的相互帮助而已。严捷升指出："十余同乡，赁屋以居，以为公余雅集之地，互通声气之所，范围既狭，组织亦简，然也能做到疾病相顾，患难相助之旨，孤身羁旅，相濡以沫，对于益友辅仁之古训，显然有卓著之表现，而为同乡人士所称道。"[1] 应是比较贴切的叙述。

辅益社时期（1927-1947）。由于"有关本会成立以来的一切资料，在战争期间，大部分已告散失，无可稽考……"[2] 现在已很难具体描述出当时的会务情况，但严捷升曾概述："本会在野虎路此一段时间，共达 20 年之久。不但为团结同乡，促进联系，办理喜庆丧吊服务事项，救贫恤难种种福利工作，尽其最大努力。"[3] 谢英华也曾写道："我的先考若言公，一向经商于叻丕府，在我幼年时期，他老人家每月前往曼谷买办货物时，曾多次带我晋京游览和观光，他每次晋京时，是经常住宿于潮安辅益社（社址位于野虎路），他常对我说，他不是想要节省费用而住宿于辅益社，他住辅益社的原因，是因为我们是府城人，辅益社是府城人的团结中心，在有暇时可以和乡亲们聚首谈心，联络感情，同时亦可以互相交换家乡的讯息，因此，每次他都要把潮安辅益社作为晋京居停之所。"[4] 从他们的叙述中，可窥见当时潮安辅益社设有简易的住房，可供来往曼谷的乡亲住宿，彼此可交流信息，起着团结同乡、联络乡谊、服务同乡、救贫恤难等作用。

潮安同乡会时期（1947-现在）。"二战"结束后不久，新中国成立。由于意识形态的不同，新中国与泰国没有建立外交关系，泰国的华侨华人与中国大陆的往来受到诸多限制。直到 1975 年中泰建交，泰国华侨华人与

---

[1] 严捷升：《旅暹潮安同乡会简史》，载佚名编《旅暹潮安同乡会成立 56 周年纪念特刊》，旅暹潮安同乡会，1982，第 139 页。
[2] 何纪梅：《本会出版的纪念特刊》，载佚名编《泰国潮安同乡会成立 85 周年暨新建礼堂落成开幕特刊》，泰国潮安同乡会，2004，第 180 页。
[3] 严捷升：《旅暹潮安同乡会简史》，载佚名编《旅暹潮安同乡会成立 56 周年纪念特刊》，旅暹潮安同乡会，1982，第 140 页。
[4] 谢英华：《从认识潮安辅益社谈到潮安同乡会》，载佚名编《旅暹潮安同乡会成立 56 周年纪念特刊》，旅暹潮安同乡会，1982，第 232 页。

中国大陆的联系才逐渐增多。但建交后两国不承认双重国籍，绝大多数华侨及其后裔因此加入了泰国国籍，成为泰国公民；少数人仍保留着中国国籍。该会因应形势的变化，先是于1947年改称为旅暹潮安同乡会，1991年又改称为泰国潮安同乡会。

廖少贤先生在为该会成立60周年特刊作序时说："成立以来，经历届理事之努力，全体会员之支持赞助，使本会会务，获得迅速进展，各项重要建设，诸如购置会址、创办潮安学校、建筑兰臣堂、创办韩江山庄、附设韩江慈善会、设立奖助学金，俱已次第完成，又曾历次组织泰国内地访问团，访问泰国各地乡亲。"[①] 这段话勾画出该会自20世纪40年代末至80年代末的会务梗概。进入90年代后，会务又在此基础上更进一步发展。考其改称同乡会以来的会务，主要可概括为如下几个方面。

1. 致力同乡会自身建设，使之成为敦睦乡谊中心

（1）建设永久会址，加强组织管理。改称同乡会后，因会务日渐进展，该会遂于1949年，购置攀多社纳甲盛巷现址，并于1950年1月正式迁入办公，实现多年来全体同乡渴望自置会址之夙愿。1962年5月12日，大礼堂建成，并命名为"兰臣堂"，以纪念张兰臣先生毕生领导该会之劳绩。该礼堂于2002年9月23日净土奠基重修，2004年5月22日落成，仍名为"兰臣堂"。

该会1949购买现有会址产业时，因手续关系，一向均委托由私人保管。但因时间推移，人事屡有更易，为避免出现产权纠纷，该会几经努力，依照法律手续，于1977年5月间向土地厅办妥过名手续，将会产业权以该会名义保管，使曾困扰该会30多年的会产保管问题，获得妥善解决。

为保证经费来源，1998年10月，张荣炳理事长发起设立会务发展基金，得到各位理事的热烈赞助。并于1999年，成立发展会务董事局，负责措理会务基金应用事宜。

90年代以前，该会虽然设有韩江慈善会（韩江山庄）及潮安中学，但一直是三方各自为政。90年代初，理事长吴梧潘对此进行改革，在原有各股组由常务理事或理事出任正副股长的基础上，分工各副理事长直接负责有关股组和办公厅、韩江山庄、潮安中学的业务，使三位一体，管理上更为完善及便利。同时分配各位副理事长轮流作为乡会红白事的值日者，主

---

① 廖少贤：《旅暹潮安同乡会成立六十周年纪念特刊·序》，旅暹潮安同乡会，1987。

管有关会员的婚丧庆吊等事务。这些人事安顿，对推动整体会务发展，具有积极作用，亦是开泰国华人社团行政人事组织先河。

（2）开展会员登记。1947 年改称同乡会之后，该会即开始在泰国内地设立登记处，面向全泰国进行会员登记，会员迅速增加。"在最初一年之间，即在内地设立会员登记处四十余处，分别敦请当地同乡侨领担任登记处主任，由是内地同乡参加本会者，至为普遍，日见踊跃……民国卅八年（1949 年），会员人数，已达三千以上。"[1] 每年于元旦下午 6 时开始，在同乡会会址广场，举行会员联欢暨庆勋聚餐会。来自泰国各地的潮安乡亲，聚集一起，互致新年祝福，共庆新年到来。联欢会内容一般是：首先向泰王室成员致敬祝福，再向该年度荣获泰皇御赐勋章人员授勋，颁发奖助学金，其间还举行幸运抽奖，以及歌舞助兴等活动，参加者每年均超过千人。至此，该会已经确立成为全泰国潮安同乡会组织的地位。

1979 年该会开始组团访问内地各府乡亲，促进成立内地分会及联络处。是年，由廖少贤理事长亲任团长，副理事长杨英桂、陈家义担任副团长，三次组团访问内地。所到各地，均受到当地联络处主任暨乡亲之热烈欢迎款待，有效地达到团结乡亲，密切乡谊与促进会务之目的。1980 年，清迈分会率先成立；坤敬分会、泰南分会则分别于 1983 年 2 月和 1985 年成立。此后，其他内地分会及联络处也相继成立。

进入 90 年代，该会与全国各地乡亲联系更上一个台阶，先后组织理事代表团访问内地分会。并于 1994 年 10 月 15~16 日，在曼谷正式举办全泰国潮安乡亲联谊大会，此后每两年举办一次，由各地分会或联络处轮流主办。这些活动加强了曼谷总会与内地分会及联络处的联系，也促使全泰潮安乡亲的相互了解和合作，从而使该会成为团结和联系全泰国潮安乡亲的纽带。

表 4　1979 年以来总会与内地分会及联络处来往情况

时间	活动内容
1979 年 1 月 19~20 日	总会组团访问呵叻、素辇、武里南等府及其属县地区
1979 年 5 月 17~18 日	总会组团访问披集府、竹板杏县、彭世洛府、素可泰等府县

---

[1] 严捷升：《旅暹潮安同乡会简史》，载佚名编《旅暹潮安同乡会成立 56 周年纪念特刊》，旅暹潮安同乡会，1982，第 140 页。

续表

时　间	活动内容
1979 年 8 月 16～17 日	总会组团访问清迈、南邦二府
1991 年 2 月 24 日	总会组团参加坤敬分会成立 8 周年庆典联欢会
1993 年 7 月 17 日	彭世洛联络处组团访问总会
1994 年 1 月 7 日	总会组团访问中北部北榄坡分会、竹板杏联络处、彭世洛联络处、南邦联络处、清迈分会
1994 年 1 月 17 日	总会组团访问泰南陶公、北大年、也拉三府分会
1994 年 1 月 21 日	总会组团访问东北部呵叻、吁隆、坤敬等联络处及分会
1994 年 3 月 19 日	总会组团前往祝贺呵叻联络处升格为分会
1994 年 4 月 19 日	总会组团前往祝贺吁隆府分会正式成立
1994 年 5 月 29 日	总会组团前往祝贺竹板杏分会成立
1998 年 4 月 21 日	总会组团访问泰北及中部南邦、清迈、猜纳、竹板杏、程逸、素可泰、彭世洛、北榄坡各分会及联络处
1999 年 2 月 24 日	总会组团参加春武里府联络处常年联欢会
2001 年 2 月 17 日	总会组团访问南邦、程逸、清迈等地乡亲，参加清迈分会成立 20 周年庆典
2001 年 5 月 25～27 日	总会组团访问东北部分会及联络处
2001 年 6 月 29 日～7 月 1 日	总会组团访问中部各分会及联络处
2001 年 8 月 3～5 日	总会组团访问廊央、武里南、乌汶乡亲
2004 年 1 月 13 日	总会组团参加巴蜀府邦武里医院揭幕仪式，该医院由名誉理事长李宝发捐资 3000 余万泰铢兴建
2004 年 4 月 17 日	总会组团参加春武里分会成立暨第一届理事会就职仪式
2004 年 8 月 16 日	总会歌唱组赴巴蜀府邦武里县参加该会名誉理事长李宝发 72 岁寿诞，并登台献艺。李宝发捐 100 万泰铢助会务发展基金
2004 年 9 月 14 日	呵叻分会组团莅总会通报筹备第 6 届潮安乡亲联谊大会情况
2005 年 2 月 19 日	总会组团分别参加清迈分会成立 25 周年、北榄坡分会成立 14 周年庆典
2005 年 10 月 22 日	总会组团参加清迈分会第 13 届理事会就职庆典仪式
2005 年 3 月 5 日	总会组团参加春武里分会成立 10 周年庆典
2006 年 1 月 19 日	吁隆分会首长访问总会，请教主办乡亲联欢活动经验
2006 年 9 月 15 日～10 月 20 日	总会先后组团三次访问东北部、泰北部、中部竹板杏、武里南、廊央等地分会及联络处
2006 年 12 月 7 日	总会组团参加春武里分会新址揭幕及理事喜庆
2007 年 2 月 24 日	陈绍扬理事长率团参加坤敬分会成立 25 周年庆典

续表

时间	活动内容
2007年3月2日	陈绍扬理事长率团参加春武里分会成立12周年庆典暨新春联欢活动
2008年2月16日	陈绍扬理事长率团参加清迈分会新春联欢暨颁发奖助学金仪式
2008年4月25日	陈绍扬理事长率团参加春武里分会第3届理事会成立典礼
2009年10月3日~11月29日	总会组团访问内地各分会、联络处乡亲
2010年2月27日	总会组团参加清迈分会成立30周年庆典
2011年2月19日	总会分别组团参加北榄坡分会、春武里分会、旅泰古巷乡陈氏族亲会新春联欢会
2011年5月5日	总会组团赴清迈出席新理事就职仪式,顺途旅游泰北金三角、老挝金三角特区及清莱名胜
2011年5月16日	磨艾乡贤詹益明来会商谈恢复联络处事宜
2011年11月12日	总会组团参加南邦联络处升格为分会暨首届理事会就职典礼

资料来源:泰国(旅暹)潮安同乡会成立56、66、78、85周年纪念特刊。

表5 全泰潮安乡亲联谊会情况

届别	时间	主办单位	地点	参加单位数及人数
第1届	1994年10月15至16日	泰国潮安同乡会	曼谷	17个,292人
第2届	1996年11月15至16日	清迈分会	清迈	约400人
第3届	1998年11月14至15日	坤敬分会	坤敬	18个,379人
第4届	2001年1月6至7日	泰南三府分会	也拉、合艾	约400人
第5届	2002年11月23至24日	北榄坡分会	北榄坡	18个,约400人
第6届	2004年11月19至20日	呵叻分会	呵叻府	400余人
第7届	2006年11月24至25日	吁隆分会	吁隆	19个,420人
第8届	2008年12月13至14日	竹板杏分会	竹板杏	19个,约500人
第9届	2010年9月17至18日	春武里分会	春武里	19个,700余人

资料来源:泰国(旅暹)潮安同乡会成立66、78、85周年纪念特刊。

(3)出版纪念特刊,保存会史。该会曾于1949年出版成立21周年纪念特刊,但因年代久远而告湮没。之后的1974年、1982年、1987年、1994年、2004年和2012年均曾出版纪念特刊。但目前1974年特刊已较难寻。[①]

[①] 何纪梅:《本会出版的纪念特刊》,载佚名编《泰国潮安同乡会成立78周年暨新建礼堂落成开幕特刊》,泰国潮安同乡会,2004,第179页。

编辑出版特刊的意义，诚如黄景云理事长在 1974 年特刊《献词》所云："是故四十八周年特刊之印行，旨在保存先侨血汗之遗迹，彰明历届理事之光辉，或凭图片以见先达之德业，或由实录以明时贤之事功，察乡土之史地人文，知今昔之风尚政教，此皆足以启发我人之志气，建立后代之楷模，意义重大，不可言喻"。①

2. 服务同乡，增强同乡归属感和凝聚力

（1）建学校，设奖助学金，解决会员子女接受教育问题。进入 20 世纪中期，许多潮州人已在泰国定居，建立家庭。面对会员子女教育问题，该会决定创办学校，后又设立奖助学金，鼓励和帮助会员子女读书升学。

1957 年在理事长张兰臣、副理事长丘创志暨全体理监事倡议之下，于当年 11 月，完成两层教学楼 1 座，共有课室 20 间，并购置课桌椅等物，完备办学所需之设备。在随后的 1957 年起至 1962 年间，继续筹款兴建围墙大门及篮球场各项工程。1959 年获准创办泰文潮安中学一所，同年 5 月 18 日正式开学。

学校创办之后，学生不断增加，该会遂于 1966 年建设新校舍。新校舍长 60 米，高 3 层楼，全座钢筋水泥，共有教室 14 间，礼堂一座，足以增收学生 600 余人。2009 年 2 月将位于同乡会礼堂两旁的两座旧校舍重建成教学楼，西座命名为"陈若材教学楼"（陈若材捐款 1000 万泰铢），东座命名为"华侨报德善堂教学楼"（华侨报德善堂捐款 800 万泰铢）。2010 年 8 月 15 日，潮安中学所属之潮安语言学院及潮安幼稚园两座新教学楼举行落成揭幕典礼。

该会创办泰文学校原非初衷，原拟计划筹办可以兼教华文之小学一所，但未如愿。虽属受当时客观条件所限的权宜之举，但也在一定程度上帮助会员子女入学就读。泰国政府于 20 世纪 90 年代初开始放松对华文教育的限制，且随着形势发展的需要，该校教学内容不断改革。如从 1993 年新学期开始，增办电脑班，让高年级学生在正规课程之外，学习电脑科技知识。1999 年 10 月 9 日，潮安中学开办华文班，分基础班、成人班、少年班。

潮安中学毕竟难以全面解决会员子女的入学问题，为"培育会员子

---

① 该刊现已难寻到，此处转引自严捷升《旅暹潮安同乡会简史》，载佚名编《旅暹潮安同乡会成立 56 周年纪念特刊》，旅暹潮安同乡会，1982，第 143 页。

女之品德学业，鼓励有志青少年积极向上之求学精神，俾得成为未来社会之有用人材"①，廖少贤在第 16 届第 3 次理事会议上提议设立奖助学基金，办理会员子女奖助学金之事宜，获全体理事一致赞同，并组织奖助学基金委员会，敦请全体理事为当然委员。1977 年底，已筹得基金 128 万泰铢，遂于 1978 年度开始颁发。此后每年均对会员子女颁发一次奖助学金。

1996 年，为"鼓励我乡学子奋发力强，立志求学，为国家培育人才，为社会造就精英，为本会栽培接班人"②，该会又设立"海滨邹鲁奖"③。在发放"海滨邹鲁奖"的同时，原有的奖助学金仍继续发放。1996 年至 2011 年共颁发 5 次"海滨邹鲁奖"，计有博士 33 名，硕士 180 名，④学士 277 名获得奖励。2011 年 6 月 25 日，奖助学金审查临时小组委员会决议，自该年度起，仅颁发奖学金，取消助学金；而"海滨邹鲁奖"仅发放博士及硕士学位奖，取消学士学位奖项。

（2）设典礼组，为会员提供婚丧庆吊服务。"50 年代曼谷侨社，婚丧喜庆场合，嘉宾如云，事主接待不周，不得不向有关社团请求帮助，于是同乡会、佛教团体之福利股，遂应时而兴，且有典礼组之设，以应会员同乡需求，泰国潮安同乡会福利股及典礼组，也在此段侨社酬酢风气大盛之时，正式宣告成立。"⑤无论婚丧喜庆，典礼组均有熟谙红白事礼专业人才，负责指挥实施。因而能确保按部就班，顺利完场。典礼组提供的服务，"乃是维护中国传统礼仪，内中包含'婚丧庆吊'等之程序与仪式，重点是为广大会员与乡亲服务，借以发扬乡会会务，为乡会争取同乡对本会支持，

---

① 严捷升：《旅暹潮安同乡会简史》，载佚名编《旅暹潮安同乡会成立 60 周年纪念特刊》，旅暹潮安同乡会，1987，第 213 页。
② 《本会举办颁发海滨邹鲁奖》，载佚名编《泰国潮安同乡会成立 78 周年纪念暨新建礼堂落成开幕特刊》，泰国潮安同乡会，2004，274 页。
③ 奖励对象为该会会员及会员之夫人、子女、媳妇，凡考获：（甲）泰国教育部或大学部辖下各大学，（乙）泰国政府承认学位资格之外国各大学，（丙）中国（大陆）国立大学、台湾、香港及澳门大学之（一）博士学位，（二）硕士学位，（三）学士学位者。见《海滨邹鲁奖章程·泰国潮安同乡会成立 78 周年纪念暨新建礼堂落成开幕特刊》，泰国潮安同乡会，2004，第 277 页。
④ 2012 年《泰国潮安同乡会成立 85 周年纪念特刊》将第二次海滨邹鲁奖中的硕士人数误记为 16 名，根据该会 78 周年纪念特刊所载校正。
⑤ 詹海清：《本会福利股典礼组》，载佚名编《泰国潮安同乡会成立 78 周年暨新建礼堂落成开幕特刊》，泰国潮安同乡会，2004，第 289 页。

同时又能产生吸收新进会员之效,以及事主对本会之赞助福利金。"①

20世纪50年代后,由于与中国原乡的往来受到阻碍,不少潮州人无法实现叶落归根的愿望,为使会员终老时有所归宿,1969年,该会在北标府景溪县购买了考拍山麓山地200余莱(约32万平方米),作为创办韩江山庄之地址,并完成筑路及铲平山地之初步建设。② 1971年第13届理事会成立后,在黄景云理事长的领导下,筹款约100万泰铢,展开山庄各项建设,先后完成牌楼、礼堂、福利祠、食厅、办事处等项建筑物。之后,分别于1977年、1990年和1993年三次增购土地,增添设施,扩展规模。2005年3月4日,陈绍扬理事长提出全面规划,整顿山庄,种花植草,整修庄内道路,美化环境,使之建成"韩江花园山庄"。韩江山庄在为各界提供可以凭吊先人的同时,实际上也为该会提供了可观的经费来源。

每年清明节,同乡会在韩江山庄举行祭扫安葬在该处的已故会员暨各界先侨仪式。一般由当届理事长主祭,全体理事陪祭。公祭活动,成为同乡会的例俗,通常有几百人参加公祭典礼。

(3)赈济受灾会员,体现互助精神。同乡会每年都赈济泰国各地遭受自然灾害的乡亲,如1983年至1986年赈济情况(见表6)。

表6 赈济受灾会员情况(1983-1986年度)

时间	宗数、户数及人数	赈款(泰铢)	互助费(泰铢)	合共金额(泰铢)
1983年度	22宗52户290名	29000	3名1500	30500
1984年度	12宗29户204名	20400		20400
1985年度	27宗	31800		31800
1986年度	15宗20户112名	11200	1名500	11700

资料来源:旅暹潮安同乡会成立60周年纪念特刊年度会务报告书。

此外也协助同乡解决一些实际困难。如1977年,协助同乡朱绍蔡、朱

---

① 詹海清:《本会福利股典礼组》,载佚名编《泰国潮安同乡会成立78周年暨新建礼堂落成开幕特刊》,泰国潮安同乡会,2004,第290页。
② 张兰臣先生德配林凤莲夫人生前曾捐赠位于曼谷然那哇县越隆路地产一片,拟作建设山庄之用,因位于市区范围,未获政府批准。该会遂于1969年12月,以投标方式出让,得款90.4万泰铢,充作建设山庄经费。为追怀林凤莲夫人生前捐助地产之功绩,该会特于1972年通过组织韩江慈善会,将泰文注册名称定为"沙哈凤慈善会",以资纪念。

曾氏夫妇缴纳积欠随身证例费 3600 泰铢，赞助同乡薛作仁治丧费 1000 泰铢等。

（4）发展文娱活动，活跃会员生活。进入 90 年代后，该会因应形势的变化和会员的要求，文娱活动明显增加。康乐股中的太极拳组（1993）、歌唱组（1996，后改名韩江歌唱团）、舞蹈组（1996）、篮球队（1998）、健步组（1999）等相继成立，并经常开展各种活动，同乡会逐渐成为会员娱乐活动的组织者，所举办的各种活动中经常伴有会员登台歌唱表演等。1998年，新辟藏书楼，收藏各种书籍，供会员及有关人士查阅。2004 年第 29 届理事会第 12 次会议，张远发提议编写会歌，并成为此后同乡会活动时的必唱歌曲。2007 年 1 月 13 日，妇女股成立，招收各理事夫人及女同乡参加为股员，扩大襄助社会公益活动及推行对乡亲服务工作。

正是通过开展各种活动，服务会员，增强了同乡会的凝聚力。

（二）对泰国社会的作用

泰国潮安同乡会团结和联系同乡，使之安居乐业，本身已是对泰国社会的贡献。而更易为社会所见的是该会对当地慈善事业所起的作用，广受官民好评。

> 五十年代，曼谷火灾频传，当时市区多是一些古老木板屋，栉比鳞次，不幸遭到祝融光顾，往往一发不可收拾，有时蔓延极广，整个社区化为乌有……灾民财产蓄积荡然无存，嗷嗷待哺，情极可怜。本会迁入攀多社纳甲盛巷之后，正是邻近地区火灾遍起，灾情严重之时，本会当时在张兰臣理事长领导之下，确实做了很多福利工作，对参加侨社联合救灾恤难，出钱出力，责无旁贷，起了极大作用。[①]

该会对当地的慈善事业一般通过三种形式进行：一是参与由华侨报德善堂牵头各侨团组成的泰华联合救灾机构，每逢泰国遭遇自然灾害时，对灾区予以救助。如 1961 年泰国发生水灾时，由华侨报德善堂牵头发动泰华

[①] 詹海清：《本会福利典礼组》，载佚名编《泰国潮安同乡会成立 78 周年暨新礼堂落成开幕特刊》，泰国潮安同乡会，2004，第 289 页。

各界联合救灾，"福建会馆、潮安同乡会、道德善堂、潮阳同乡会、澄海同乡会、普宁同乡会棉被各120条，白米各6包"①。2004年12月26日，泰南遭受海啸袭击，灾情严重。该会响应政府号召，于2005年2月18日，向华侨报德善堂捐10万泰铢以帮助修建灾民房屋一间；于2月4日以各理事私人名义捐款共计1063000泰铢，向泰国总理他信呈献。二是参与潮州会馆联合潮属各县同乡会的救灾活动。如1995年，泰国64府遭受洪患，潮安同乡会参与潮州会馆暨各县同乡会赈灾捐款共50万泰铢的活动，呈献最高统帅部。三是独立开展慈善救助活动。此类活动涉及面很广：赞助同乡医药、丧葬等费用；赞助泰国有关节庆以及佛寺活动的善款，慰问警察边防军警；赞助有关慈善机构的救灾款，等等。如1977年曾赞助王储大婚筹建医院基金10000泰铢，联合潮州会馆主办越央佛寺解夏布施礼赞助经费2000泰铢。仅1983年度（1982年12月至1983年11月），赞助有关事宜达15项，合共324800泰铢。② 1997年，泰国爆发金融危机，该会响应政府"泰助泰"的号召，晋见内务部长沙喃，呈献义款50万泰铢。2008年3月18日，该会妇女组慰问北革妇女养老院。该会永远名誉理事长谢慧如先生生前在泰国捐巨资举办各种慈善公益事业，被誉为大慈善家。③

同乡会为慈善事业所做出的贡献，在泰国反响良好。1987年该会成立60周年时，泰国佛教公会理事长、社会福利院主席巴博·蔚猜教授称赞："旅暹潮安同乡会一向来对促进教育事业，进行不遗余力，对贫苦学生经常给予经济上赞助，至于其他社会公益事业，也均大力支持，堪称一个热心造福国家永恒富强繁荣之工作单位，其善举令人崇敬与值得称颂。"警察总监那隆·玛哈暖警上将则说："在这长远过程中，旅暹潮安同乡会协助政府尤其警厅培育少年，使其对社会负有责任心。"民会主席乃川·立派希望该会"继续为国家培育人材，资助清寒学子，以至其他社会慈善福利事业"④。2012年，泰国总理英拉·西那瓦为该会题词："泰国潮安同乡会致力于发展

---

① 林悟殊：《泰国大峰祖师崇拜与华侨报德善堂研究》，淑馨出版社，1996，第113页。
② 参见《旅暹潮安同乡会成立60周年纪念特刊·会务报告书》，旅暹潮安同乡会，1987，第260~261页。
③ 杨锡铭：《试论泰国谢慧如先生公益奉献精神之形成》，第八届潮学国际研讨会会议论文，广州，中山大学，2009，第371~380页。
④ 乃川·立派等：《旅暹潮安同乡会成立60周年纪念特刊·贺词》，旅暹潮安同乡会，1987。

社会公益事业,迄今已经历85年漫长岁月,证明该会全体会员一向来精诚团结无间,致力于促进各项会务发展,造福社会。尤其对促进教育事业,照顾保健,以及设立学校,基金会与慈善机构,同心协力为会员、各界人士与社会谋福利,堪称国家良好公民之典范,值得赞扬。"[1]

(三) 对祖籍原乡的作用

该会早期对原乡的作用,主要体现在支持桑梓的各项慈善公益事业上,特别是赈济灾民方面。严捷升说:"而对故乡桑梓各项慈善公益,亦莫不尽其绵薄,以期有所贡献,例如为防止韩江每年泛期发生水灾而多次筹款协助修理北堤,每逢旧历岁暮,为济贫善举,而逐年汇款举办家乡暮年施赈,抗日战争胜利之初,为救济家乡饥荒,则筹募白米3000包,迅速运往故乡发赈……"[2] 曾任同乡会秘书的杨素华回忆:"当时祖国发生粮荒,灾情空前严重。海外华侨纷起募捐购粮,运返祖国救灾。泰国方面,由郑午楼先生领导'华侨救济祖国粮荒委员会'进行募捐运动,各侨团均合力推动,一时风起云涌,百川成大海。泰国华人众多而有组织,故能及时救济灾黎。我在潮安同乡会,与林陶生先生同往耀华力路潮剧院登台演讲,募捐救灾。林先生带一募捐箱在台下收捐款,我在台上报告祖国粮荒灾情,因我刚来自祖国,对于国内饥民惨状,像饿死街上,吃草根、树皮等情形,皆亲自见过。说得真切,戏院内听众竟有流泪!大家纷纷掏出袋里的钱,林先生脚忙手乱的收钱,因恐时间拖长了影响了演戏的时间。"[3]

新中国成立后至70年代,由于各种因素,该会与原乡的联系一度处于中断状态。

1975年,中泰正式建交。之后,中国大陆开始实行改革开放,与外界的联系逐渐发展,中泰双边往来不断增多。进入80年代之后,随着两国关系的好转,加上潮州原乡贯彻落实有关华侨政策,泰国的潮州人关注原乡的热情不断高涨。许多人返回原乡,捐资兴办教育医疗、修桥造路等社会

---

[1] 英拉·秦那越:《泰国潮安同乡会成立85周年纪念特刊·贺词》,泰国潮安同乡会,2012。
[2] 严捷升:《旅暹潮安同乡会简史》,载佚名编《旅暹潮安同乡会成立56周年纪念特刊》,旅暹潮安同乡会,1982,第140页。
[3] 杨素华:《我任潮安同乡会秘书的回忆》,载佚名编《旅暹潮安同乡会成立56周年纪念特刊》,旅暹潮安同乡会,1982,第247页。

公益事业，造福桑梓。从 1986 年开始，该会的永远名誉理事长谢慧如先生在潮州市、汕头市以及中国的其他地方，捐巨款，兴公益，享誉中泰。① 其他成员也在原乡的公益事业方面贡献良多。

此时期该会对祖籍原乡的作用则主要体现为沟通中泰联系、促进文化交流、赈济自然灾害、支持社会公益事业等。

(1) 赈济自然灾害。对于中国尤其是原乡发生的自然灾害，该会不遗余力发动会员捐款捐物，及时赈济灾区。如 1986 年 7 月 14 日，潮州市遭受台风袭击，受灾严重，该会曾致电慰问。1991 年，强台风袭击潮汕地区，该会组织慰问团赴潮州市慰问灾区，捐赠港币 755320 元，连同认捐潮州会馆统筹的潮属十县同乡会慰问款白米 700 包（折合港币 155320 元），二项共港币 910640 元。1994 年中国华南 6 省发生严重水灾，该会参与潮州会馆暨各县同乡会联合捐助灾区大米 3000 包（每包 550 泰铢）。1998 年中国长江流域和东北地区遭受洪患，该会参与潮州会馆暨各县同乡会联合捐款 100 万泰铢予灾区。2006 年 7 月 15 日，台风碧利斯袭击潮州市，陈绍扬理事长率团亲往灾区慰问，捐助人民币 60 万元（折大米）。2008 年 2 月 22 日，中国受到严重雪灾，该会捐助善款 50 万泰铢。2008 年 5 月 12 日，中国四川省汶川发生特大地震，该会分三次共捐出义款 2836500 泰铢。

(2) 支持兴办公益事业。从 80 年代开始，该会多次动员会员乡亲，捐资捐物支持潮州市修复开元寺，修建体育馆、韩江大桥以及乡村学校医院等公益事业。2000 年 8 月 16 日，该会理事暨潮安乡亲响应潮安县人民政府善举，共集资人民币 405857 元，赞助筹建潮安县人民医院。2003 年，捐款人民币 904000 元，作为潮州市修复广济桥（湘子桥）经费。而原乡其他公益事业的兴办，需要泰国乡亲支持的，有关部门也多通过同乡会向泰国的乡亲做工作。

(3) 双向交流。该会于 70 年代末开始组团回原乡观光旅游，参加有关社会活动。80 年代开始，来自潮州原乡的访问团长年不断。双向往来活动相当频繁，同乡会成为原乡联系泰国的桥梁。原乡的有关部门，在与泰国进行双向交流时，总是将同乡会视为在泰国的对应单位，或者是泰国潮安同乡的总代表。1995 年中泰建交 20 周年时，该会永远名誉理事长谢慧如先

---

① 杨锡铭：《试论泰国谢慧如先生公益奉献精神之形成》，第八届潮学国际研讨会会议论文，广州，中山大学，2009，第 371～380 页。

生率庆贺团一行近 500 人到访北京等地，成为中泰民间友好往来的一大盛事。

文化交流成为此时期的亮点。潮剧是潮州人喜闻乐见的艺术，该会多次邀请潮州市潮剧团莅泰演出。该团于 1991 年 1 月 19 日至 2 月 1 日应泰国红十字会和潮安同乡会邀请，首次莅泰做慈善义演。一共演出 17 场次，是泰国潮剧史上的一次空前盛会。1994 年 10 月 5 日至 25 日，该会与泰华福利院、泰华文化教育基金会联合邀请潮州市潮剧团莅泰义演，为谢慧如先生祝寿。2004 年 4 月 21 日至 5 月 6 日，该会再次邀请潮州市潮剧团在新建礼堂兰臣堂演出 17 场次。2006 年 4 月 26 日，邀请潮州市潮剧团在大礼堂演出多场。2010 年 8 月 15 日，潮安中学所属之潮安语言学院及潮安幼稚园两座新教学楼举行落成揭幕典礼，潮州市少儿演艺团应邀莅泰演出 5 晚 5 场。

而经该会谢慧如先生的努力，促成中国西安法门寺佛指舍利于 1995 年初，首次出国门，来到泰国的供奉，在中泰文化交流史上增添了灿烂篇章。同样在谢慧如先生的努力下，一座泰式佛殿于 90 年代中期在潮州市区落成。1997 年诗琳通公主还专门莅临潮州市参观泰佛寺。泰佛寺与后来的淡浮院在潮州落户，成为中泰文化交流的见证。

该会还促进其他方面的文化交流活动。从 60 年代到 90 年代，多次邀请饶宗颐教授到泰国演讲、办画展，传播中国文化。[①] 2003 年 3 月 8 日，接受饶宗颐赠送该会书法"辅仁益义"，苏石风赠国画"莲花"。8 月 9 日，捐赠 10 万港元赞助饶宗颐教授出版《华学》第 7 辑。2007 年 11 月 22 日，该会与泰华进出口商会及华商联谊会联合主办"中国苏州华人德教授书法展"，华人德教授现场书"融和致远"墨宝予该会。

有关双向往来情况，可见表 7、表 8。

表 7　1979 年以来泰国潮安同乡会组团访华情况

时间	人数	内容
1979 年 9 月	27	首次组团回中国观光探亲
1980 年 9 月	28	组团回中国观光

---

① 参见杨锡铭、王侨生《饶宗颐教授与泰国的缘分述略》，载黄挺主编《潮学研究》第 12 期，文化创造出版社，2005，第 6~20 页。

续表

时间	人数	内容
1980年9月	44	组团回潮州探亲
1981年9月	39	组织庆贺团参加潮安县华侨大厦落成典礼
1985年11月	28	组团参加潮州市韩江大桥奠基礼及回乡探亲
1986年9月	19	组团赴北京参加中华人民共和国庆典礼及回乡探亲
1991年8月	6	组团赴潮州市慰问受太平洋七号台风袭击受灾乡亲
1992年元宵	72	参加潮州市元宵联谊会暨经贸洽谈会，其间先后参加潮州体育馆、谢慧如图书馆、泰佛殿、艺乐宫等项目典礼
1993年2月	不详	应邀参加第六届潮汕迎春节
1994年9月	23	考察潮州地区经贸
1995年6月29日至7月2日	不详	参与谢慧如先生率领的庆贺团到访北京等地，庆贺中泰建交20周年
2000年2月	12	参加潮州市文化美食节
2001年10月	5	参加泰国潮州会馆组团赴北京出席第11届国际潮团联谊年会
2001年10月	8	参加28日晚在人民广场举行的"同一首歌——走进侨乡潮州"演唱会
2002年4月	6	参加潮州市升格扩大区域10周年庆典活动
2002年9月	54	赴潮州市进行友好访问
2003年11月	23	参加潮安县人民医院奠基礼
2004年9月	9	参加潮州市首届文化旅游节
2005年4月	132	访问潮州市及所属县区，人数132人，为历来之最
2005年11月	33	参加在澳门举行的第13届国际潮团联谊年会
2006年7月	5	赴潮州市慰问受台风碧利斯影响的灾民
2007年3月	46	回乡观光并到深圳、番禺、广州等地旅游
2007年6月	18	参加潮州市第二届文化旅游节活动
2007年9月	76	韩江合唱团赴潮州市表演，并到厦门观光旅游
2007年10月	7	参加香港潮安同乡会成立34周年暨第18届会董就职仪式
2008年4月	50	到上海、黄山、杭州、义乌等地旅游
2008年11月	8	参加在汕头市举行的首届粤东侨博会暨汕头市招商洽谈会
2009年10月	7	参加深圳市韩江文化研究会成立一周年庆祝大会
2009年11月	40	参加在潮州市举行的第二届粤东侨博会暨第三届潮州市旅游节
2009年11月	40	参加在广州举行的第15届国际潮团联谊年会

续表

时间	人数	内容
2010 年 3 月	41	访问潮州市及所属区县
2010 年 7 月	4	到香港邀请乡贤出席潮安同乡会辖下潮安学校落成揭幕典礼

资料来源：泰国潮安同乡会 56、60、66、78、85 周年纪念特刊。

表 8　1980 年以来泰国潮安同乡会接待来访团组情况

时间	来访团组名称及活动内容
1980 年 8 月	香港潮安同乡会及香港菴埠同乡会莅泰访问
1983 年 11 月 19～20 日	联合潮州会馆暨各县同乡会，主办在曼谷举行的第二届国际潮团联谊年会；20 日举行联欢宴会，欢迎莅泰的各个国家和地区的潮安乡亲
1984 年 8 月 28 日	方明生率领汕头市工商考察团莅会访问
1985 年 2 月 6 日	陈作民为团长的汕头市经济考察团莅会访问
1985 年 4 月 1～14 日	潮州市委书记林锡荣为团长的潮州市经济考察团应邀莅泰访问
1985 年 7 月 31 日	马来西亚槟城北马潮安同乡会莅泰访问
1985 年 11 月 14 日	广东潮剧团乡亲团员莅会访问
1986 年 7 月 30 日	槟城北马潮安同乡会访问团莅泰访问
1994 年 5 月 13 日	潮州市湘桥区侨联会莅会访问
1994 年 7 月 9 日	潮安县委书记秦昌大率团莅会访问
1997 年 12 月 22 日	中国中央电视台代表团一行 5 人莅会访问
1998 年 4 月 29 日	潮州市政协前主席、市利民慈善会名誉会长杨洲发等 7 人莅会访问
1998 年 7 月 2 日	潮州市市长李清一行 4 人莅会访问
1998 年 8 月 7 日	潮州市委统战部暨侨联会访问团一行 4 人莅会访问
1998 年 8 月 26 日	潮州市海外联谊会代表团一行 7 人莅会访问
1999 年 3 月 23 日	中国国务院侨办主任郭东坡访问泰国
1999 年 4 月 6 日	陈浩文副市长率潮州市侨务访问团一行 7 人莅会访问
1999 年 5 月 8 日	吴志锐副主席率潮州市政协访问团一行 13 人莅会访问
1999 年 5 月 15 日	庄礼祥书记率汕头市友好访问团一行 10 人莅会访问
1999 年 9 月 4 日	参与接待中国国家主席江泽民访问泰国活动
1999 年 10 月 20 日	第 10 届国际潮团联谊年会在泰国芭提雅举行，泰国潮安同乡会举行午宴，欢迎出席盛会的世界各地的潮安乡亲
2000 年 7 月 4 日	参与接待中国国家副主席胡锦涛访问泰国活动
2001 年 8 月 11 日	潮州市委书记陈冰率潮州市友好代表团访问泰国 潮安县古巷镇访问团访问泰国

续表

时间	来访团组名称及活动内容
2002年7月23日	潮州市教育访问团访问同乡会
2002年9月4日	参与接待中国全国人大常委会委员长李鹏访问泰国活动
2002年12月21日	潮安县人民政府访问团一行9人访问泰国
2003年1月23日	参与接待中国国务院副总理李岚清访问泰国活动
2003年11月19日	潮州市市长骆文智率团一行18人访问泰国
2004年4月21日至5月6日	潮州市潮剧团应邀在新建礼堂（兰臣堂）演出17场
2004年5月23日	潮州市委书记江泓率团访问泰国，参加同乡会新礼堂落成庆典仪式，在曼谷举办潮州市经贸洽谈会（由潮安、饶平两县同乡会协办）
2005年2月24日	潮安县侨联暨彩塘镇侨联访问团莅会访问
2005年5月19日	潮安古巷镇访问团莅会访问
2005年5月23日	潮安县铁铺镇访问团莅会访问
2005年6月15日	潮安县人民政府访问团访问泰国
2005年8月15日	潮州市人民政府在曼谷举行招商产品推介会
2005年9月25日	潮州市委副书记田映生率团莅会访问
2005年11月21日	潮州市委书记骆文智率团访问泰国，与曼谷市政府签订友好城市协议
2005年12月9日	中国人民解放军海军军舰"深圳号"、"微山湖号"抵泰访问
2006年3月8日	汕头市泰国归侨联谊会访问团莅会访问
2006年4月26日	潮州市潮剧团应邀在同乡会礼堂演出多场，庆祝同乡会成立80周年
2006年6月22日	广东潮剧院二团访问团莅会访问
2006年7月23日	潮州市金山中学访问团莅会访问
2006年8月24日	潮州市政府副秘书长陈小丽率少儿运动员参加第40届国际少儿运动会，并莅会访问
2007年1月27日至2月22日	潮州市电视台采访组在泰国采访潮州人过春节活动
2007年1月8日	潮安县侨联访问团莅会访问
2007年2月6日	孙中山孙女孙穗芳博士访问同乡会
2007年6月30日	潮安县浮洋镇人民政府访问团莅会访问
2007年9月19日	潮州市侨联会访问团访问泰国
2008年3月28日	潮州市副市长刘波率团参加第5届国际潮青联谊年会并莅会访问
2008年5月29日	潮安县古巷镇访问团莅会访问
2008年6月6日	潮安县江东镇政府访问团莅会访问
2008年8月3日	潮州市金山中学星马访问团莅会访问

续表

时间	来访团组名称及活动内容
2008年9月29日	潮汕世界苏氏总会访泰团莅会访问
2010年3月31日	潮安县侨联主席温俊杰率团莅会访问
2010年8月11日	潮州市少儿演艺团应邀莅泰,从8月15日至20日共演出5晚5场
2010年8月13日	潮州市政府庆贺团莅泰参加新教学楼揭幕仪式
2010年9月7日	潮安县铁铺镇政府访问团莅会访问
2010年9月9日	潮州市政府在曼通他尼商展第四厅举办"潮州市招商展览会"和"投资环境推介会"
2010年12月1日	参与潮州会馆欢宴中国国务院侨办访问团
2010年12月18日	参加湖南省道县在泰国举行经贸座谈会
2011年6月8日	参与潮州会馆欢迎汕头市访问团莅泰访问宴会
2011年7月11日	潮州市人大友好访问团莅会访问
2011年8月15日	潮州市人民政府副秘书长曾武雄率团出席在曼谷举行世界广东社团联谊年会,并莅会访问
2011年12月23日	参与接待中国国家副主席习近平访问泰国活动

资料来源:泰国(旅暹)潮安同乡会成立56、60、66、78、85周年纪念特刊。

四 泰国潮安同乡会未来的展望

泰国潮安同乡会从成立到现在,已经走过80多年的历史。在全球化的今天,在当今泰国社会中,该会是否有继续存在的理由,或者将如何继续存在,将会发挥何种作用。对此,笔者曾与泰华有关人士进行过探讨,并根据自身与该会多年来的交往体会,对其未来发展趋势试述如下。

第一,从其会员情况看,目前其成员的绝大多数是在泰国出生的潮人后裔。"现在大部分从家乡来泰乡亲及其后裔,均入泰籍,持随身证者也为数不多,也没有回归故国之意,都在泰国立地生根。"[①] 这些潮人后裔,许多已经不会讲潮州话,或者从来没有到过其前辈的原乡,对潮州的地域概念甚淡。他们参加同乡会,是为实现自身身份的转换,即视在其中有一定

---

① 引自该会总干事苏文荣先生的复函,见上揭。随身证是泰国政府发给外籍公民的一种居留证件,相当于美国等国家的绿卡。

的职位为光宗耀祖（该会的副理事长越来越多，从某种角度上可以说明这一点），或是因为认同"潮安"所代表的潮州人的婚丧喜庆、时年八节习俗，或是因为参与其中的文娱活动。也即多基于文化和心理认同的原因而加入同乡会。目前直接来自原乡的潮州人已经很少，虽然该会仍以地缘作为界别，但地缘的纽带作用将越来越淡。从旅暹潮安同乡会到泰国潮安同乡会的转变，说明该会已经从中国侨民的地缘性组织，转变成为泰籍华人公民的非政府组织。

第二，该会的社会功能在一定程度上仍然继续发挥作用。例如发展文化教育，奖励会员子女求学，兴办社会公益和慈善事业，以及沟通中泰和促进与其他国家和地区的潮人组织的联系方面仍可发挥重要作用。自20世纪80年代以来，该会与原乡的双向往来一直频密，近年来与马来西亚、新加坡和中国香港等地的潮安同乡会组织和联系也比较密切，说明今后该会仍可作为泰国潮安人的代表，发挥其与原乡和世界其他地区的潮人社团联系的桥梁作用。

第三，考察其发展历程可以看出，在帮助同乡和服务会员方面，该会已从直接提供资金和物质帮助，或协助办理有关手续等，逐渐转为向会员提供文娱活动，以及婚丧喜庆的典礼服务等。今后，组织文娱活动，如康乐股中的太极拳组、歌唱组、舞蹈组、篮球队、健步组等，以及婚丧喜吊等典礼服务将成为该会服务会员及同乡的主要内容，同乡会逐渐显现俱乐部的某些功能特征。而这将成为吸引会员的重要因素。

第四，该会目前的会员多数是比较年长者，年轻人相对较少，后继乏人现象相当突出。虽然该会也意识到这种情况，并且在2007年设立青年股，但实际效果不甚理想。而理事会机构的日益庞大，加上缺乏像张兰臣、谢慧如等德高望重者作为乡会的领头人，也使其决策效率下降，并影响其在泰华社会的地位。像这样一个百年潮人社团，今后如何吸引年轻一代参与同乡会的活动，吸引有社会威望者加入，从而焕发青春活力，继续发挥其社会功能，将是今后一个严峻的问题。

总之，泰国潮安同乡会作为泰国社会中的一个潮人组织，已经从原来以地缘为联系纽带的中国侨民同乡会，转变成为以认同潮州文化为共同心理的泰籍华人公民的非政府组织。在可预见的未来，它仍在一定的范围内继续发展，发挥其作用。

A Review of the History of Teo Ann Association of Thailand

Yang Xi-ming

(Returned Overseas Chinese Federation of Chaozhou, Guangdong)

Abstract: When Chaozhouness (Chaozhou also known as Teochew, Tiochew or Chiuchow) immigated and settled down abroad, they normally set up different associations in their overseas settlement, Among all kinds of associations, the one of fellow townsmen is the most popular. Teo Ann Association of Thailand is the first association of Chaozhouness tied to a county relationship, and now is still an important assocition in Thai-Chinese community in Thailnd. Teo Ann Association of Thailand used to be an association of fellow townsmen with the members of Chinese national being ligament with region, now it has changed into a non-governmental organization with the members of the Chinese of Thai nationality who identify Chaozhou culture as their same psychology. Most of the association members are the descendant of Chaozhouness born in Thailand. The association has showed some function features of club over time. How to attract the young people and the prestige persons to join in its activities, so that it can renew and continue to fulfill its function as an association of fellow townsmen, it is a severe problem in the future. This paper takes Teo Ann Association of Thailand as a sample of the overseas Chinese associations to have a review from its history evolution, social function, and prospects for development, ect. And we hope it can be a reference other overseas Chouzhouness associations review.

Keywords: Review; Teo Ann Association; Thailand

(责任编辑：林伟钿)

战时广东商人资本在东亚的回流（1931-1949）[*]

汉阳大学 姜抮亚[**]

摘 要 本文探讨广东商人资本在近代东亚的扩散和回流之循环，尤其集中于战时回流到中国和大中华圈的趋势。广东商人在五口通商后，随洋行从广东北上到上海，上海发展成为东亚贸易圈的轮毂。日本和朝鲜的开放给留沪的广东商人提供了新的发展机会。广商在日本逐渐控制了中日进口贸易，发展成大资本。另外，广商以1882年清朝加强对朝鲜的干涉为分水岭开始进出朝鲜，甲午战败让广东商人渐渐失去对朝鲜市场的兴趣，直到20世纪20年代的贸易保护主义和排华情绪的高涨使其遭到真正打击。1937年全面抗战开始，很多广东商人终于从日本和朝鲜撤资，成为战时广帮资本回流上决定性的转折点。东亚的广东商人随着战况恶化，渐渐将资本从上海流出到香港，这种倾向经过内战和共产党的胜利更为加强了。

关键词 广东商人 日本华侨 朝鲜华侨 战时经济 资本回流 同顺泰号

一 序言

在当今历史研究中，超越单一国家的框架而发掘被隐蔽的事实以重建历史现象，如此的思考方式已经成为老生常谈。对应如此的历史反思，关于那些跨国现象——如商人、工人、女性的流动，资本的流动，商品流通——的具体个案研究不仅在数量上而且在质量上已经到了令人刮目相看

---

[*] 基金项目：本文2012年受韩国学术振兴财团的资助（NRF-2012S1A5A2A01016160），韩文版登载于《中国近现代史研究》58号，首尔，2013年。

[**] 姜抮亚，韩国汉阳大学历史系教授。

的地步。其中，华侨研究则是备受瞩目的一大领域。虽然华侨研究热火已久，但分析的框架无太大变化，大部分研究按照海外华侨（Overseas Chinese）与中国本土（home country）、移民国家（host country）之间两者乃至三者的互动结构来进行探索。但参考林满红对于福建商人认同问题的研究①或者笔者对朝鲜广帮商人自他认识的分析，其实，对跨境移动的华商群体而言，无论其所居何处，作为商人的认同超越于其他意识形态，共有的同乡意识是他们最大的财产，追求利润就是最关键的动机。② 所以，除了籍贯所在的侨乡之外，中国港口和海外港口对他们来说都是可供选择的居留地点之一，因而当他们选择居留地点之际，经济发展前景如何成为最优先考虑的标准，而过境与否则退居其次。

其实，斯波义信早就提出了华侨华人的国际移动是国内人口移动形态的延伸。③ 进而古田和子将华商的海外进出看作上海客帮网络的扩张，不分国内和国外，认定了同质性商业网络，她的看法向学界提供了极大的启示。④ 如果说古田将着重点放在了上海客帮在东亚地区的扩张的话，孔飞力在他关于华侨的最新研究中更加发展了这个观点。孔飞力指出，着手于海外华侨研究必须对近代以来的福建广东人的国内人口迁移一并进行研究，人口向海外流动与国内人口迁移不仅拥有同样的根源，并且在文化传统的本质上也具有相似性。⑤ 关于上海广东人社会研究方面的专家宋钻友与孔飞力意见一致，宋也认为对向中国港口迁移的广东人、福建人的研究最终贡献于海外华侨研究。⑥ 笔者以朝鲜华侨同顺泰号为例曾经得出了相类似的结论。曾经被约束在广州的洋行，在鸦片战争和五口通商之后，可以跟着沿海口岸逐渐北上，广东商人也以买办的身份随之北上，日本和朝鲜被迫开

---

① Man-houng Lin, "Overseas Chinese Merchants and Multiple Nationality: A Means for Reducing Commercial Risk (1895-1935)," *Modern Asian Studies*, Vol. 35 Part 4, Cambridge University Press, Oct. 2001. p. 997; Man-houng Lin, "Taiwanese Merchants, Overseas Chinese Merchants and the Japanese Government in the Economic Relations Between Taiwan and Japan, 1895-1945"，『アジア太平洋討究』4, 2001, pp. 6-10.
② 姜抮亚：《同顺泰号——东亚华侨资本与近代朝鲜》，庆北大学出版社，2011，第6章。
③ 斯波义信：《华侨》，岩波书店，1995。
④ 古田和子：《上海网络与近代东亚》，东京大学出版会，2000。
⑤ Philip Kuhn, *Chinese Among Others: Emigration in Modern Times, Chinese Nationalism and the Chinese overseas*, National University of Singapore Press, 2008.
⑥ 宋钻友：《广东人在上海（1843-1949）》，上海人民出版社，2007。

港之后，洋行和广东商人向两国的进出在性质上并无迥异。就是说，广东人向中国各口岸和东亚的进出基本上是随着西方资本在东亚扩张的附属产物。① 以往的研究在强调的论点和语感上尽管稍有差异，核心的主张和认识也可说是"不谋而合"。

笔者认为，从这样的立脚点出发，才可以完整把握广东商人这一个有强烈的同乡认同的离散商人群体（diaspora）逐渐扩散至中国各地进而转移至海外所形成的广东商人网络（Cantonese Network）②，也可以全面了解其内部的人力与资本转移的过程。以往的研究大多将在上海活动的广东商人称为民族资本，而将在日本活动的广东商人称为华侨资本，然而实际上两者不能截然分开。比如说，南洋兄弟烟草公司是与英美烟草公司抗衡的上海民族资本的代表之一，但其创办人简照南、简玉阶兄弟出生在广东，经香港抵达日本而获得事业的成功后，再利用所积累资本在香港与上海开创烟草生意。③ 他们的人力与资本的转移均在广东商人网络里面进行。笔者不采取民族资本和华侨资本的区分，而集中于资本流动本身，将如此的跨国性移动看作广东商人为了寻找更合理高效的投资机会而进行资本移动的趋势。站在如此的立场，本文主要讨论广东资本移动对各国各地所产生的影响，反过来探讨各国各地的环境和条件如何吸引或者排除广东资本。

对广东商人向海外拓展的研究即便观点有所不同，在华侨研究方面也已经有了不少的学术积累。特别是广东省地方史方面的专家已出版了大量概论性专著，④ 而且关于居留上海的广东商人已出版了宋钻友的卓越专书。⑤ 但是，先行研究比较偏向于按照各地域和活动领域整理史事，未见对广东商人网络的膨胀和萎缩的整体性研究。另外，大量的篇幅都集中于东南亚华侨或者留美华侨的研究上，而对于居留朝鲜和日本等东亚地区活动的华侨研究并不多。但是就资本的扩张和收缩周期而言，针对东亚地区华侨的研究才是最合适的。

---

① 姜抮亚：《同顺泰号——东亚华侨资本与近代朝鲜》，庆北大学出版社，2011。
② 笔者研究所指的广东资本主要指称广州以及珠江三角洲的广帮，但由于统计的问题，有时迫不得已包括广东省的其他商帮。
③ 汪敬虞主编《中国近代经济史 1895-1927》（下册），人民出版社，2000，第 1679~1684 页；龚伯洪编著《广府华侨华人史》，广东高等教育出版社，2003，第 242 页。
④ 龚伯洪编著《广府华侨华人史》，广东高等教育出版社，2003；庄国土：《华侨华人与中国的关系》，广东高等教育出版社，2001；刘正刚：《广东会馆论稿》，上海古籍出版社，2006。
⑤ 宋钻友：《广东人在上海（1843-1949 年）》，上海人民出版社，2007。

本文跟踪广东商人在东亚地区的集散样态，特别注意一系列政治因素和资本迁移的互动关系，探讨广东商人流动的结构和其历史意义。

二 广东商人在东亚地区的资本扩张

至 19 世纪中叶为止，广东人大量移民到东南亚和美国。早在 1801 年的马来西亚槟城和 1849 年的美国旧金山就逐渐形成了广东各县的同乡会所。① 反倒是向临近的中国沿海港口以及朝鲜、日本等东亚地区的迁移，位列其后。

广东省的人口增长和耕地不足造成了大量的出国华侨。从 18 世纪后半叶至 20 世纪 30 年代为止，中国的人口增长了 1.7 倍，耕地增长了 1.6 倍，而广东省的人口增长了 2.1 倍，耕地仅增长了 1.6 倍，人口对土地资源的压力格外深刻。② 清代广东省拥有广阔的腹地，省会广州是对外贸易的唯一港口，广东省成为数一数二的商业发达的富省。③ 但 1842 年签订《南京条约》之后中国的开放口岸增至五个，曾经作为唯一的对外港口的广州地位轰然倒塌，而坐拥丰饶腹地的上海急速发展，终于代替了广州的地位。如此的情况鼓励了苦力和商人为寻找经济契机从广东省跑出去。广东商人的移民特色在于其买办性。在广东活动的洋行先向上海迁移，以后再进出到日本，都带着他们的广东买办去了。广东人一边在广州世代为洋行做买办，另一边有自己的经商事业，后来又以买办的身份开始脱离广东省去往上海以及其他口岸，接下来进出到日本、朝鲜的东亚通商港口。④ 在这个过程中，因为上海发展成为中国对外贸易和东西贸易的物流中心而成为覆盖东亚的放射状物流网络的轮毂，上海同时成为广东商人向东亚进出的出发点而成为广东网络的总台。⑤

古田和子所说的"上海网络"（Shanghai Network）不外是以其为中心的客帮网络，而广帮就是所谓客帮的代表之一，他们既为上海经济发展起了推

---

① 刘正刚：《广东会馆论稿》，上海古籍出版社，2006，第 350 页。
② 斯波义信：《华侨》，岩波书店，1995，第 60 页。
③ 斯波义信：《华侨》，岩波书店，1995，第 63~64 页。
④ 姜抮亚：《同顺泰号——东亚华侨资本与近代朝鲜》，庆北大学出版社，2011，第 148 页。
⑤ 古田和子：《上海网络与近代东亚》，东京大学出版会，2000。

动作用,又借力得以自身发展。当然,清代广东商人的沿海进出是以前也有的。广东人北上自明朝时开始,用红头船载南方物产北上至天津、青岛、营口、大连进行贸易并发展成了南北行。① 然而 19 世纪中后期,他们一方面受惠于列强保护的外国洋行买办的特殊身份之便,另一方面利用积极参与洋务运动所获的官职,以如此的政治因素在沿海港口成功地扩张势力。

天津的广帮势力是一个典型的例子。广帮势力在天津之所以急剧扩张在很大程度上得力于在其地任职的广东籍官员。1872 年至 1875 年派往美国的官费留学生中有 84 名是广东籍,② 他们归国之后大多聚集在北洋大臣李鸿章支配的天津,并形成了一派系。唐绍仪和蔡述堂曾经做过天津海关道员,梁敦彦曾任直隶藩台,后来在香港富甲一方的周寿臣曾任天津招商局总办以及营口道员,蔡廷幹担任盐务稽核所总办,曹家祥曾任天津巡警道员兼局长,这些官僚都是公款留学的广东籍人员。③ 天津作为开放港口,其洋行和买办势力强大,广帮在早期天津客帮中最为强劲。从 1863 年开始,怡和洋行和太古洋行纷纷开设了自香港至天津的直达轮船航线,两洋行的广东籍买办在天津发挥了很大的影响力,也积累了巨大的财富。怡和洋行买办梁炎卿和太古洋行买办郑翼之为代表人物。④ 在开放早期山东省烟台和青岛的客帮中广帮势力最大。直到 1916 年烟台总商会的广东籍董事已足有 4 名之多。⑤

然而,最大的贸易港口仍是上海。在各开放港口中,上海的广东人最多。1853 年前后旅沪广东人已达 8 万名,⑥ 而到清朝末年在高峰期人口达到 17 万~18 万,上海曾一度有"小广东"之称。⑦ 广东人向上海的大规模移民在 19 世纪 50 年代跟着洋行北上而出现,之后 1914 年第一次世界大战的爆发再次造成移民高峰,制造业的迅速发展吸引了大量的广东资本和劳工。这一时期的广东资本多集中在棉纺织业、百货商场等近代工商业领域,也

---

① 宋钻友:《广东人在上海(1843-1949 年)》,上海人民出版社,2007,第 3 页。
② 林辉锋:《旅沪广帮与首次官派幼童留美》,《集美大学学报》(哲学社会科学版)2004 年第 4 期。
③ 刘正刚:《广东会馆论稿》,上海古籍出版社,2006,第 62~63 页。
④ 刘正刚:《广东会馆论稿》,上海古籍出版社,2006,第 63~64 页。
⑤ 刘正刚:《广东会馆论稿》,上海古籍出版社,2006,第 313~314 页。
⑥ 姜义华:《上海:近代中国新文化中心地位的形成及其变迁》,《学术月刊》2001 年 11 期。
⑦ 朱英:《商业革命中的文化变迁——近代上海商人与"海派"文化》,华中理工大学出版社,1996,第 13~14 页。

大多是从国外回归的华侨资本。① 1914 年设立、1917 年正式运营开张的先施公司，1915 年设立、1918 年正式开张的永安公司和永安纺织，以及 1916 年左右正式从香港转移至上海的南洋兄弟烟草公司皆是广东资本的代表。②

另外，上海成为广东人口流至东亚其他地区的集散中心，随着日本和朝鲜的开港，依附于洋行活动的广东商人的移民活动逐渐开始变得正规起来，在当地发展了自己的事业，通过上海吸收了需要的人员和资本。值得注意的是，广东商人向朝鲜的进出和发展有特殊之处，他们享受了政治上的优惠，洋务派官僚在朝鲜开放港口过程中起到了重要的作用，支援洋务的广东籍买办资本也在背后发挥了影响力，清朝为扩大对朝鲜的影响力从政治上考虑支持华商，让轮船招商局开设从上海到仁川的直达航线。朝鲜最大的华商同顺泰号的历史以及其经理谭杰生的个人经历便是典型的事例。

朝鲜同顺泰号的最大股东是上海同泰号经理梁纶卿，他是谭杰生的姐夫，与郑观应、唐廷枢等广东香山籍的官僚买办集团有密切的关系。朝鲜在清朝洋务派的主导下于 1882 年正式与美国缔结通商条约，清朝随之加强对朝鲜的干涉，同顺泰号在 1885 年前后在仁川和汉城连续设立商店正式开展营业。中华民国的首任内阁总理唐绍仪以及从洋务官僚成长为香港大资本家的周寿臣在朝鲜海关有过工作经历。唐绍仪 1895 年任职驻朝鲜总领事，周寿臣 1897 年任驻仁川副领事，③ 他们都曾帮助以同顺泰号为首的居留朝鲜的广东商人发展势力。同顺泰号代理了袁世凯驻韩时期实际意义上的公款收纳机关，甚至在 1892 年清朝向朝鲜提供借款时由于朝鲜朝廷里的反清情绪，同顺泰号把自己的名字借给清朝使用。总之，不像其他国家的华商，广东商人在朝鲜成为官商网络中的重要环节。④

同顺泰号中朝贸易额的 90% 以上是由其最大的贸易伙伴上海同泰号经手处理的，上海同泰号一方面为朝鲜同顺泰号从中国各地进货送到仁川，另一方面，将朝鲜同顺泰号与日本、中国香港、中国内地各地的联号互相

---

① 宋钻友：《广东人在上海（1843－1949 年）》，上海人民出版社，2007，第 4 页。
② 刘正刚：《广东会馆论稿》，上海古籍出版社，2006，第 96 页。先施公司为广东省香山县的澳大利亚华侨马应彪创立，永安公司则为广东省香山县的澳大利亚华侨郭乐创立。
③ 郑宏泰、周振威：《香港大老——周寿臣》，香港三联书店，2006，第 94 页。
④ 姜抮亚：《同顺泰号——东亚华侨资本与近代朝鲜》，庆北大学出版社，2011，第 129、148 页。

连接并起了指挥交易的作用。同泰号经理梁纶卿在光绪二十七年上海杂粮业界的广东商人建立慎守堂时脱颖而出[①]，1899年在广肇公所重建之时尽一臂之力[②]，1902年参与上海总商会创立[③]，1918年在上海广肇公所发生纠纷，以及在粤侨商业联合会独立创建过程中以广肇公所最年长的元老身份发挥了相当重要的作用，并担任了粤侨商业联合会的副会长职务。[④]

不止同顺泰号一家，朝鲜广东商人多有依靠上海或以本店或以联号的关系来进行多国间贸易。在朝鲜开港初期的19世纪80年代，广东商人在汉城、仁川华商中占30%多，而广帮大多是规模较大的贸易商，虽然朝鲜华商在人数上大多为山东人，在经济势力上广东商人更为雄厚。[⑤]

日本先于朝鲜早在1850年已有广东商人的活动，而且日本的广东华侨在数量上也保持绝对优势。但广东人的职业构成有一定的地域差别。横滨地区华侨大部分为广东华侨，但是除了商人以外，具有近代西方技术的技师（建筑工、油漆工、印刷工等）以及非技术性工人也不少。日本政府1867年颁布"横滨外国人侨民管理规则"，将横滨华侨分成不同的等级，让上等的买办和商人缴纳15日元登录金，让中等的雇主和技师缴纳7日元，下等的一般工人则缴纳3.5日元。明治二年（1869年）和三年（1870年）登录在册的上等人有36名，中等人有63名，下等人多达903名。[⑥]与之相反，神户华商力量一直较强，1877年建立广业公所，拥有大量强势的广东籍商人。1878年神户地区华商达457名，其中广东华商有323名。[⑦]

日本和朝鲜的广东华侨在东亚地区贸易中发挥了相当大的影响力。他们运用的广东客帮网络，以上海为核心，像古田和子指出的那样基本上是经济网，然而正如朝鲜华侨的例子所显示的，经济也受到政治因素的很大影响，从1882年到1894年华商在朝鲜的异常发展与清朝官员在朝鲜积极庇护华商利益分不开。虽然在甲午战争（1894－1895）中清朝大败，华商以

[①] 宋钻友：《广东人在上海（1843－1949年）》，上海人民出版社，2007，第56页。
[②] 刘正刚：《广东会馆论稿》，上海古籍出版社，2006，第100页。
[③] 刘正刚：《广东会馆论稿》，上海古籍出版社，2006，第84页。
[④] 宋钻友：《广东人在上海（1843－1949年）》，上海人民出版社，2007，第65、68、75页。
[⑤] 杨昭全、孙玉梅：《朝鲜华侨史》，中国华侨出版社，1991，第137页。
[⑥] 高桥、李玉香：《横滨华侨社会的探讨——日渐同化的步伐》，载原武道等编《日本与亚洲华人社会》（历史文化篇），商务印书馆（香港）有限公司，1999，第190页。
[⑦] 龚伯洪编著《广府华侨华人史》，广东高等教育出版社，2003，第241页。

往享受的经济特权和政治援助突然消失,而远东地区的广东资本仍然一直维持着发展趋势。

进入20世纪之后,东亚地区的广东商人面临着各种各样的挑战。首先是日本政府和朝鲜总督府针对华商设置了各种限制入境的规定,而实施了大幅提升关税的贸易限制。① 其次是广东商人面对着其他商帮的激烈竞争,逐渐处于防守态势。至于第一点的挑战,对整个华商群体而言,至少直到20世纪20年代末还努力克服了不利条件,朝鲜和日本两地的华商都获得了长足的经济发展,但谈到第二点挑战的话,朝鲜和日本之间却产生了比较大的差异。朝鲜广东商人的最大竞争对手就是山东帮,与此相比,日本广帮的对手是以宁波为中心的三江帮、福建帮。朝鲜广帮的领袖同顺泰号直到1923年在汉城个人纳税排名榜上位居第一名,显示了一如往常的强劲势头②,然而大部分的广东商人则在日韩合并前后纷纷从朝鲜撤资回国,经济的主导权渐渐过渡给山东帮。日本的华侨虽然有较大的地区差异③,但像神户地区一样,广东华商实力较强的区域直到20世纪20年代仍然保持了强大的势力。

如此纵然有地域差异,进入30年代后,东亚地区的华商群体,包括广东商人在内,一律显示了收缩回流的态势,回归中国的潮流特别明显。30年代是日本帝国主义蔓延和侵略扩张的重要阶段。1931年的"九一八"事变是宣告转换的先声,促使了东亚地区的紧张升级,到1937年最终引发了中日全面战争,使得已成为敌国国民的华商更是经营步履维艰。但值得注意的是,在这段时期华工流入数量因为战时经济建设大量增加,整体来讲,居留在日本帝国圈的华侨人口不断增加了。可是,曾经有扎实的资本实力和海外商业网络做对外贸易的广东商人,无法忍受政治压力,渐渐离开了远东地区并返回了中国以及中华圈。1937年抗战的全面展开就促成了东亚的广东商人大批回国,造成了回归潮。广东商人的第二次大规模移民潮出现在1949年内战结束

---

① 姜抮亚:《中日贸易摩擦的展开和中韩关系的变化——以20世纪20-30年代为中心》,《近代转换时期东亚中的韩国》,成均馆大学出版社,2004。
② 小田内通敏:《在朝鲜的中国人的经济势力》,东洋研究会,1925,第55~56页。
③ 斯波义信指出,在神户地区,福建、三江、广东商人势均力敌,大阪地区的福建与台湾商人则逐渐强势,横滨地区的广东势力更为雄厚,函馆地区一开始广东商人势力领先后被三江、福建势力迎头赶上。参见斯波义信《华侨》,岩波书店,1995,第190~191、196页。

和新中国成立前后。在国共内战过程中，包括广东商人在内的上海大资本家，是留在大陆还是移民去海外，都被迫选择其一，纷纷走上了选择的分岔路口。

三 抗战时期在东亚的广东商人

（一）广东资本从日本与朝鲜地区的撤回

日本

20世纪30年代在战火形成燎原之势以前，在日本和朝鲜已经出现了高潮迭起的排华民族主义情绪。在人力市场里本国劳工与华工之间的竞争，与对华商经济实力的牵制心态一起，逐渐酿成了排华情绪。[1] 比如说，在1923年9月日本关东大地震发生之时有700余名华侨惨遭屠杀，[2] 这之后多数华侨选择回国。然而此时东京地区收容的华侨数量有1600余人，大多是浙江省温州籍的非技术性劳工，虽然动乱后劳工数量下降了40%，但很快又回升了。到神户避难的华侨达到了4000多人，神户的华商为支援难民组织了神户华侨救济团，中国政府和居日华侨的同乡团体为难民提供了归还船只和回归费用。[3]

这时候的官民齐心协力的前例成为一种典范，以后万宝山事件（1931年7月），"九一八"事变（1931年9月），"一·二八"事变（1932年1月）发生之时也都应对有序。"九一八"事变的前一年1930年居日华侨人数有3万人，朝鲜有7万人。[4] 万宝山事件和"九一八"事变接连爆发，中国政府努力促进了居日华侨的归国事宜以及照顾回国后生活等安置工作。1931年12月南京国民政府派遣新铭号迎接来自横滨的858名和来

---

[1] 姜抮亚:《满洲事变前后朝鲜华侨问题的产生——以朝鲜总督府外事课和在韩中国领事馆来往文书为中心》，《东洋史学研究》，2012。
[2] 关东大地震时期遭到屠杀的朝鲜人有6000名，当时东京、横滨地区居住的朝鲜人大约有2万人。中国人约有4000人，其中工人2000人左右。山胁启造:《近代日本的外国劳动者：1890年后期到1920年前期的中国和朝鲜劳动者问题》，明石书店，1994，第276页。另外通过其他统计得出华侨死亡人数为474人。安井三吉:《帝国日本和华侨——日本，台湾，朝鲜》，青木书店，2005，第177页。
[3] 山胁启造:《近代日本的外国劳动者》；安井三吉:《帝国日本和华侨——日本，台湾，朝鲜》，青木书店，2005，第177~178页。
[4] 安井三吉:《帝国日本和华侨——日本，台湾，朝鲜》，青木书店，2005，第202页。

自神户的 326 名华侨，启航回国。以兵库县为例，1930 年 12 月末还有 6780 名中国人，到 1931 年 12 月末减少为 3399 人。纵然神户还有多数商人留了下来，也有不少归国商人重新回到日本的情况，然而势力不如以前了。①

神户地区的例子正好显示了富有的广东商人的动向，这是与华工不尽相同的。神户地区的华商大多数是定居性较强的贸易商，在神户拥有本号，进行多国间交易。1930 年的神户港口向华中、华南和东南亚的出口总额 1 亿 5000 余万日元，其中 8000 万日元是由华商经手出口的，占全部出口总额的 53%，神户华商的强大势力由此可见一斑。"九一八"事变之时，神户地区华商店铺有 98 家之多，其中广东商人有 48 家，福建籍商人有 18 家，三江籍商人有 32 家，广东商人最多。"九一八"事变发生后，神户华商没有选择撤资回国，反倒积极摸索了权宜之计。因为神户华商以往经营了将日货出口到中国和南洋的贸易，甚至为应对中国和东南亚地区抵制日货的大潮，在 1933 年 11 月设立了神户华商南洋输出协会。这个协会的 32 名会员大多为广东籍华商②，表明拥有大资本的广东商人不大容易离开日本，迫不得已努力维持以往的生意。但是 1937 年的卢沟桥事变（七七事变）全面改变了这样的局面。

首先，孙文是广东省香山县人，由于同乡关系，很多广东商人从清末就支持了孙文和同盟会，他们中不少人是中国国民党员，这导致了日本政府的取缔和迫害。1937 年开始，日本警察多次检举逮捕了国民党员，比如在 1937 年 9 月 15 日神户地区著名的华侨领导杨寿彭、鲍颖思等 13 人被检举。杨寿彭经历了狱中的生活，出狱后的第二年 1 月去世。鲍颖思 9 月 17 日被迫坐"热田号"回到香港。两人都是广东籍人士，也均是国民党员并且属于华侨界的领导人物。从 1937 年 12 月 12 日到 1938 年 5 月为止，日本共有 326 名国民党员被逮捕后遣送回国，其中仅神户一地就有 44 名。③

但是给广东商人带来最致命打击的仍属贸易的衰退。1933 年 11 月

---

① 安井三吉：《帝国日本和华侨——日本，台湾，朝鲜》，青木书店，2005，第 203~204 页。
② 安井三吉：《帝国日本和华侨——日本，台湾，朝鲜》，青木书店，2005，第 206~208 页。
③ 安井三吉：《帝国日本和华侨——日本，台湾，朝鲜》，青木书店，2005，第 210、214~215、217 页。

组成的神户华商南洋输出协会由于东南亚贸易萧条在 1942 年 8 月最终被解散。神户地区的华商 1936 年的输出贸易额大约有 7000 万日元，但到 1940 年仅有 1900 余万日元，剧减为不满 1/3 的地步。日本政府 1942 年颁布了《贸易业整备要纲》，规定了对日元区出口贸易仅允许日本人参与，排除了华商。参考 1942 年的调查，华侨贸易商只有福建籍的 18 家店铺而已。①

1937 年卢沟桥事变发生之前在神户居住的中国人有 6146 名，1938 年 1 月仅有 2628 名，大约减少了 57%。与"九一八"事变之时大为不同。② 虽然在 1941 年居留神户的华人总数几乎增加到 1936 年的水平，但笔者认为，增加的来源主要是一般劳工的入境增加，富有的广东商人不少撤回到中国。这是因为华商中与台湾有较多联系的福建商人仍旧能够继续进行贸易，而广东商人则几乎销声匿迹。

表 1　卢沟桥事变时居留在日本帝国的中国人的归国人数（1937 年）

	归国人数	事变前人数	留下人数
日本	14199（10 月 6 日）	29280（6 月末）	15081*
朝鲜	31368（9 月末）	60479（7 月末）	28911
南洋群岛	0	21	21
库页岛	38（9 月末）	184（6 月末）	146
共计	45605	89964	44159

* 留在日本的中国人数，按照地域分布，兵库有 5291 名，神奈川有 3680 名，大阪有 2118 名，长崎有 1368 名，爱知有 402 名。

资料来源：外交史料馆，"支那事變關係一件在本邦支那公館及在留支那人保護取締並引揚關係（在留華僑儒動靜ヲ含ム）"A.1.1.0.30-4，安井三吉《帝國日本和華僑——日本，台灣，朝鮮》，青木书店，2005，第 211 页，表 6-2 再引用。

朝鲜

在甲午战争中清朝大败，朝鲜华商丧失了政治上的后盾，此后他们完全靠自己的经济力量和实力与日本商人和朝鲜商人抗衡。随着日本对

---

① 1942 年神户地区在日本管辖范围内进行贸易活动的商社有 30 余家，在神户居住的华侨约有 4000 名，其中从事贸易的人和家族大约有 1000 名。安井三吉：《帝國日本和華僑——日本，台灣，朝鮮》，青木书店，2005，第 213、226 页。
② 安井三吉：《帝國日本和華僑——日本，台灣，朝鮮》，青木书店，2005，第 211 页。

朝鲜政治经济上的影响不断扩大，曾经占朝鲜贸易总额一半的朝中贸易骤降为20%。但如此的比例往往误导读者而隐蔽真相，其实，无论是朝中贸易还是朝鲜华商对朝鲜经济拥有的影响力都未见削弱。朝鲜和中国之间的贸易总额从开放港口之后一直提升，直到1894年迎来了133万海关两的高峰值，而且虽然经历了甲午战争，两国之间的贸易额不降反升，1913年的贸易总额是1033万海关两，比1894年增加了约7倍。1910年朝鲜被日本强迫吞并，朝鲜华商的政治环境更加恶劣，但朝中贸易总额不断增加，从1910年到1927年有15倍的成长。按照同一时期朝鲜贸易规模扩大12倍来看，朝中贸易的平均涨幅还有了更大幅度的提高。①

值得注意的是，牵引贸易成长的部门不是由朝鲜华商所掌握的进口部门，而是从中国出口到朝鲜的贸易。比如，站在中国的立场来说，1923年中日贸易，与中朝贸易相比，进口额多了16.6倍（朝鲜1196万海关两，日本2亿1102万海关两），出口额多了5.5倍（朝鲜3025万海关两，日本1亿9825万海关两），相差巨大。但中国在与日本之间的贸易上忍受了1277万海关两的入超，与此相反，中国在与朝鲜之间的贸易上享受了1829万海关两的出超，中朝贸易的出超弥补了中日贸易的入超且绰绰有余。分析1923年中国的对外贸易结构，贸易规模超过1000万海关两的国家总共有16个，朝鲜不仅是其中之一而且也是中国贸易顺差国的5个国家之一。虽然中朝贸易在规模上比不上中日贸易，朝鲜对中国来说却是非常关键的出口市场，其重要性也是不言而喻的。②

居留朝鲜的华商如此贡献于中国出口业，而且继续保持着经济势力，然而这并不意味着他们的生意环境是友好的。特别是从20世纪20年代中叶开始朝鲜华商的经营环境逐渐恶化了。日本和朝鲜总督府，为遏制来自中国的绸缎进口，1924年实施了奢侈品关税，对绸缎征收了货值100%的关税。这个措施给华商带来了沉重的打击，再加上1927年中国政府在东三省对迁居的朝鲜农民加强取缔，在朝鲜招致了第一次排

---

① 姜抮亚：《同顺泰号——东亚华侨资本与近代朝鲜》，庆北大学出版社，2011。
② 松井清：《支那贸易事件》，大邱每日新闻社，1941，第49~51页。

华暴动,席卷朝鲜南部的暴动又给华侨社会造成了不安和恐慌。① 整体上,虽然截至20世纪20年代朝鲜华侨的发展壮大仍有机可寻,但朝中贸易经过1927年的高峰期进入了低潮期。

以上是居留朝鲜的华商经历的一般历史。但限于朝鲜广东商人来言,在具体的细节上有所不同,而且与日本广帮商人相比有不同之处。朝鲜广东商人已在朝鲜被迫成为日本殖民地以前的1900年代早就显示了撤资回国的趋势。李正熙曾经分析了丝绸进口业,并指出,山东帮在日本并吞朝鲜之前已经压倒了广东帮,确立了稳固的地位。② 这一点若从丝绸店的数量来分析的话,1930年末以庆尚南道釜山府为例,总共有69家丝绸店,除了一家福建帮的商店之外,其他68家均为山东帮。③ 汉城的丝绸店在1883年有山东帮15处(商人53名),浙江帮6处(商人18名),到1889年山东帮有51处,南方有12处,广东帮7处,④ 直隶3处,有2处不明。但在1923年汉城的进口丝绸商都是山东帮了。仁川地区原本广东帮甚为强势,但在1906年仁川中华会馆的报告说,总计18家纺织商当中,仅有同顺泰号一家为广东帮,其余全为山东帮。1927年仁川的纺织进口华商有10处,都是山东籍。⑤

李正熙分析了1900年代是广东帮大批撤资的开始,这个论点可以认为是合理的。但是,他主张广东帮的撤回是因为他们在商业竞争中输给山东帮而从朝鲜撤离,对这点笔者有另外一个想法。因为山东省与朝鲜隔海相望,从地势来讲,山东帮具有地利之便。笔者认为,广东商人从朝鲜的撤离不是因为竞争不利,而是因为朝鲜对他们失去了魅力。山东华侨由于距离相近积极渡海到朝鲜做生意,从19世纪90年代起占朝鲜华侨的90%多,在商帮中拥有雄厚的势力。同顺泰号经理谭杰生在商业书信里对山东帮透露了争强好胜的态度。人数上一直占少数的广东商人在资本规模和影响力上却在商界占有一席之地。谭杰生曾自豪地表示,广东商人的资本规模之

---

① 姜抮亚:《中日贸易摩擦的展开和中韩关系的变化》,《近代转换时期东亚中的韩国》,成均馆大学出版社,2004。
② 李正熙:《朝鲜华侨与近代东亚》,京都大学学术出版会,2012,第48页。
③ 1931年编,驻釜山领事馆报告,《驻釜山领事馆辖境朝鲜庆尚南道华侨户口表》,《南京国民政府外交部》第3卷第10号。
④ 李正熙:《朝鲜华侨与近代东亚》,京都大学学术出版会,2012,第45页。
⑤ 李正熙:《朝鲜华侨与近代东亚》,京都大学学术出版会,2012,第40~41、45~46页。

大，贸易网络之广和信息情报速度之快远胜于山东商人。①

山东人的主要移民地区多为东三省、俄属沿海州以及朝鲜，而广东商人则不仅可以流动到中国本土各个开放港口，从东南亚到日本，甚至到欧美地区移民，范围十分广阔。朝鲜的市场规模原本狭窄，甲午战争之后华商也失去了清朝在政治上的支持，再加上日本对华商的牵制，投资环境越来越恶化，广帮既然能够搬去其他地域而继续经营，何必留在朝鲜？

举例来说，1900年代华侨商人的热门业务是进口中国彩票进行销售的彩票行业，1909年韩国统监府以整顿不正之风为理由开始取缔彩票，彩票销售量顿时减少到从前的1/3。1909年6月25日怡泰号、安昌号、广升号、同顺泰号、德兴号等30余名华商聚集到南部骆洞华商总会研究了对策。②在日本警察的秘密报告里被具体点名的以上5家大商铺均为广东帮。参考同顺泰号在1907年的发货单账簿《同顺泰宝号记》，同顺泰号在1907年进口了价值8490.428银两的彩票，在当年进口总量中占30%。这些广东商人通过从上海进货的网络顺便进口彩票，获得了巨大的利益，广东商人甚至抢先在《皇城新闻》上刊登广告大作宣传。所以，韩国统监府取缔彩票行的措施给广东商人以不容小觑的打击，据日本警察暗探会议的报告说，当时参加会议的广东商人都主张，既然日本政府禁止日本人和朝鲜人购买彩票，在朝鲜的商业机遇已尽，继续居留在朝鲜也无利可图。③

整体来说，大部分广东商人在1910年前后从朝鲜撤资，然而由于没有对居留朝鲜的华商籍贯统计，只能通过分散的资料推测。至于1894年之前已进入朝鲜的华商，要将他们的活动和所在跟踪到20世纪10年代、20年代至30年代，因为史料不全，实属不易。但即便是从分散统计数据也不难发现广东商人撤离朝鲜的倾向。杨昭全也对1910年到1931年之间朝鲜华侨社会进行了分析，曾经提出，山东华侨越来越多，广东、福建、浙江、江西等从东南沿海省份来的华侨逐步撤离，而北方各省籍贯的华侨则呈逐渐增多之势。举几

---

① 姜抮亚：《同顺泰号东亚华侨资本与近代朝鲜》，庆北大学出版社，2011，第163、259页。
② 《清國商人儞言動》（清朝商人的言行举止），警视总监若林赉藏→外务部张锅岛桂次郎，警秘第1890号-1，1909年6月29日（隆熙三年六月二十九日），《统监府文书》。
③ 《下層民間儞風說》（下层民间的传说）警秘第1904号-1，1909年6月30日（隆熙三年六月三十日），警视总监若林赉藏→外务部张 锅岛桂次郎，《统监府文书》。关于华侨的彩票行业，详情参考姜抮亚《同顺泰号——东亚华侨资本和近代朝鲜》，庆北大学出版社，2011，第五章"同顺泰号和韩末彩票行业"。

个例子来说，据1929年仁川府管辖内的华侨统计，在3258名华侨中，山东籍有3085人，河北籍88人，辽宁籍36人，浙江籍20人，湖北籍12人，江苏籍11人，而广东籍只有3人（除此之外，福建、安徽、山西籍各有1名）。另外，据1931年庆尚南道的华侨统计，在1004名华侨中竟然没有一名广东籍的，这与19世纪80年代的情形截然不同，1883年朝鲜有华侨162人，其中42人是广东籍；1886年汉城和仁川有华侨324人，其中广东籍有45人。[1]

由此看来，自1931年"九一八"事变到1937年中日战争的全面开战，这一段的战争高潮，对居留日本的广东华商产生了无法预期的巨大打击，相反，对居留朝鲜的广东华商只不过是象征性的意义，因为当时朝鲜已经几乎没有广东华商，广帮商人同顺泰号也举家离开朝鲜回国。

虽然广东华侨所剩无几，20世纪30年代发生的一系列事件对以山东人为主的整个朝鲜华侨社会产生了结构性的冲击。在朝鲜社会里华商的经济力量被削弱，华工的进出却不断增加，在华侨社会的构成上华工的比例上升了。1911年、1916年、1922年在朝鲜华侨中商人比重分别为66.3%、63.1%、64.6%。1936年在37732名朝鲜华侨中，从事商业和运输业人士有151169名，从事农业的有8225名，工业有5688名，自由职业者2397人，渔业12名，其他职业有7360名，以及无职业者有500名，将运输行业包括在内，商业人士的比重已下降到不足50%的水平。[2] 不仅如此，统计上的所谓商人将小型商贩也包括在内，为衡量华商势力的衰弱，需要考察曾经掌控中朝贸易的大型贸易商的情况。因为关于个别商人的统计和研究仍是空缺，从宏观的趋势还得推测。杨昭全曾以元山华侨社会为例，指出1910~1927年华侨经济曾有大幅增长，[3] 笔者也指出了甲午战争以后直到1920年中叶华侨经济在朝鲜仍然有所增强。[4] 另外，李正熙分析了华侨绸缎商的规模变化，截至20世纪20年代他们在资本规模和交易额上都维持着稳定的增长，进而根据华侨绸缎商所缴纳的营业税额得出结论说，华侨绸缎行业

---

[1] 杨昭全、孙玉梅：《朝鲜华侨史》，中国华侨出版社，1991，第132~133、167页。
[2] 黄剑隐：《朝鲜征收华侨人口税问题之检讨》；杨昭全、孙玉梅：《朝鲜华侨史》，中国华侨出版社，1991，第181，271页。
[3] 杨昭全、孙玉梅：《朝鲜华侨史》，中国华侨出版社，1991，第185~195页。
[4] 姜抮亚：《同顺泰号——东亚华侨资本和近代朝鲜》，庆北大学出版社，2011，第79~80、163页。

以 1929 年为高峰，但 1930 年遭遇世界经济危机陷入萧条，而且 1931 年的排华事件招致了小型商铺的接连倒闭并最终带来经济实力的萎缩。①

回到朝鲜广东商人的话题而言，笔者以 1937 年同顺泰号谭家撤资回国和以后的活动为线索，以解释东亚广东华商在战时的流动。同顺泰号和经理谭杰生从 19 世纪 80 年代直到 20 世纪 20 年代在朝鲜华侨社会里一直是财力最大势力最强的华商，在山东人在朝鲜华侨中占有九成以上的环境之下，谭杰生在 1923 年还担任中华总务商会会长一职。但是在 1924 年谭杰生由于家内纠纷和儿子的米谷投资突然濒临破产，幸亏英美烟草公司的大买办郑伯昭以姻亲的关系从上海汇来巨款挽救了谭家的危机。但从此以后，同顺泰号和谭家逐渐衰落。在 1929 年谭杰生去世后谭家仍留住在朝鲜，直至卢沟桥事件爆发之后才完全撤离。

谭杰生与五名妻妾共有十子六女。次子谭廷琨和九子谭延泽在 1937 年 9 月 10 日乘坐"新华号"携全家老小经烟台到达上海回国。② 若追寻家中成员回国后的行踪可以发现，二夫人何氏随次子廷琨归乡广东，1952 年 6 月在乡里去世。三夫人胡云卿先到上海而后在 1957 年移居香港并在那里去世。四夫人金柳青回到家乡广东佛山。长男谭廷瑚原本在广东高要看管家产，1952 年在老家去世。③ 次子谭廷琨先是到日本长崎生活，后又回到故乡广东省，1960 年在老家去世。三子谭廷林 1933 年先是回到广东故乡，然后移居香港并在 1942 年去世。四女谭秀鸾 1923 年与郑伯昭之子郑棺柱结婚在上海生活，后移居香港。五男谭廷銮归国后加入美国军队，在太平洋战争中以美军身份参与了菲律宾战役；退役之后回到上海，1950 年去世。七男谭廷钊在战争之前回到家乡，1942 年在广东佛山去世。九男谭廷泽 1937 年离开仁川去上海定居，一直住到 1956 年，同年 9 月 23 日迁居到香港。后来谭廷泽一度回到韩国并于 1966 年的财产权返还诉讼中胜诉，赢得了大量的财富。据对谭杰生的曾孙谭永峰先生访谈得知，谭廷泽胜诉之后举家迁到

---

① 李正熙：《朝鲜华侨与近代东亚》，京都大学学术出版会，2012，第 46、173～174 页。
② 朝鲜总督府警务局保安课：《支那人引扬关系》，《治安状况》第 27 号，1937 年 9 月 17 日发行本。
③ 笔者在 2014 年 1 月 1 日访问高要市金利镇东围村麦江四组，拜见长子谭廷瑚的孙子谭永和先生（谭杰生的曾孙），又得到了一部分谭杰生后裔的最近情况，也确认了子女在 1929 年谭杰生去世后把他的遗体从朝鲜运回广东高要老家安葬。据谭永和先生说，谭杰生的坟墓被破坏严重，需要重修。

美国，2001年在美国洛杉矶去世①。十子谭廷煌在战时参军，成为空军飞行员，官至空军上尉，1944年3月14日在作战中牺牲。其夫人据说为汇丰银行仁川分店经理吴拔群的长女，而后夫人与一子移居香港。②谭杰生五子与十子的故事是当时华侨子女回国参加抗战的普遍事例，抗战爆发之后，广东华侨回国而参战的人员就有4万余人之多。特别是像十子谭廷煌那样，由于华侨子女在国外已接受了西方教育而比较容易掌握驾机技术，所以很多华侨自愿加入空军培训班，为中国空军贡献力量，实际上中国空军驾驶员中有3/4为华侨出身。③

除此之外，与谭家一样引人注目的人物是前面提到的郑伯昭（广东名Cheang Park Chew，1863－1951）。他曾在1924年同顺泰号面临破产危机之时从上海汇款20万银两（当时相当于38万日元）鼎力相助。20世纪30年代郑伯昭在抗战前后已经把自己的财产渐渐转移到香港。永泰和烟草股份有限公司（The Wing Tai Vo Tobacco Corporation）董事长郑伯昭是上海著名的买办资本家，一方面他获得了英美烟草公司的一部分商品的特许经销权发了一笔大财；另一方面对上海房地产进行大规模的投资，从而成为大富翁。不仅如此，他在香港还建立东南地产公司而进行房地产投资。1937年全面抗战开始，"八一三"事变也随后发生，这时他就迁居香港，后来到1951年在澳门去世。④

通过同顺泰号谭家及其周边人物的事例可以看出，居留在东亚的广东华商及其家人，面临战争的危机，大多回到家乡广东或者回归上海，有的经上海最终定居香港。上海原本是他们前往日本和朝鲜的出发点，朝鲜和日本作为广东华商网络的末端，当他们要撤资离开之时，上海也成为最先回归的地点。要说明他们回归上海的趋势，我们也要考虑到多数广东华侨所居留的南洋经济的尴尬情况和他们的回国趋势。东南亚从1932年开始受

---

① 笔者在2010年去加州拜见谭杰生的曾孙谭永峰先生并进行采访，得到了不少的资料，这些材料都反映到2011年出版的拙书里。
② 谭廷泽：《先父谭公杰生传记——附家庭状况及遗产偿务处理过程》，1973，第4页；姜抮亚：《同顺泰号——东亚华侨资本与近代朝鲜》，庆北大学出版社，2011，第108、111~112页。
③ 庄国土：《华侨华人与中国的关系》，广东高等教育出版社，2001，第232页。
④ 有关郑伯昭请参见 Sherman Cochran, *Big Business in China: Sino-Foreign Rivalry in the Cigarette Industry, 1890-1930*, Camb. MA: Harvard University Press, 1980, pp. 153-154, 169-171；刘金源：《洋烟销售大王"郑伯昭"》，《民国春秋》1998年第5期，第31~33页；董浩林主编《海专业志：烟草志》，上海社会科学院出版社，1998；《洋烟销售大王"郑伯昭"的生意经》，《中山日报》2010年3月15日。

世界大恐慌的余波影响经济停滞不前，至1936年经济稍有景气为止，各国对华人的入境实施严格的限制，失业华侨纷纷选择回国。1931年至1934年35.4万多名广东华侨经香港和汕头回国了。① 1931年8月至1932年5月英属海峡殖民地当局采取了遣返失业华侨的政策，1932年又公开发表了"限制移民法令"，1937年经济稍有好转就将这一法令取消了。②

（二）上海广东资本的移动和香港的崛起

上海原为广东客帮网络的中枢，在战时广东资本转移的过程中，也发挥了一如既往的核心作用。正如向东亚地区拓展时从上海出发一样，资本回潮之时首先回到上海。但是随着中日对立愈发尖锐，特别是经历了"一·二八"事变、"八一三"事变后，上海也成为高风险地区，在这样的情况下，为广东资本实施新的资本转移出口的就是香港。

其实，在1932年"一·二八"事变发生之时，上海的资本外流现象已经出现，到1937年抗日战争全面爆发之后剧增。香港之所以能成为资本收容地，首先是地理优势。上海作为东亚地区大都会，经济条件十分优越，而广东商人在上海有长久的移民历史和投资，他们希望度过危机后能重新回归上海。在如此的情况之下，香港就是在较近距离范围内可将资本暂时搁置观望的最佳选择。③ 一般所指的上海资本外流现象无法从其籍贯上明确分别查出，居留上海的广东商人将多少资本抽取汇到香港，这是不可回答的。但是不难推断的是，比起宁波帮，香港对于广东商人无论是语言上还是习惯上都是更为简单的选择。广东和香港都属于粤语圈，风俗相近，商业上也是经常在香港设置分行和联号，这样的资本移动是十分容易的。1943年在上海经营华南出口行业中有300余家广帮和潮州帮贸易商，如果把香港也算进国际贸易里，上海广帮和潮州帮贸易商的一半从事国际贸易。另外值得注意的是，不少的上海广东资本原本是华侨资本。永安百货、先施百货、永安纺织公司、南洋兄弟烟草公司等，这些在上海出名的广东工商业资本都是华侨投资的。居沪广东同乡组织的许多领导人物也是如此。

---

① 庄国土：《华侨华人与中国的关系》，广东高等教育出版社，2001，第215~216页。
② 曾少聪：《漂泊与根植——当代东南亚华人族群关系研究》，中国社会科学出版社，2004，第203页。
③ 黄绍伦：《移民企业家——香港的上海工业家》，上海古籍出版社，2003。

冯少山是华侨二代,黄鸿钧是留美华侨,简玉阶是留日华侨,温宗尧是世界华侨总会会长。在上海居住的广东人及其亲戚和家人中也有不在少数的人分散在欧美以及亚洲各国成为华侨。① 在实际上的企业转移事例中,以永安、先施为代表的上海地区广东籍企业大多数都在这个时期把本店迁至香港。据黄绍伦对浙江籍企业转移到香港的研究,浙江商人在转移到香港时,对回归上海的期待值更高,由于语言和文化障碍他们对迁居特别犹豫。② 反过来说,我们可以推测,对广东商人而言,拥有相同的生活圈,也是同乡圈、同族圈的香港是十分容易移居的。

1932年1月"一·二八"事变之后,从中国本土将资本转移到香港开始,1934年香港制造业中中国人的投资额达到5100余万元,比1920年增长了两倍多。特别是1937年中日战争爆发以来投资规模不断膨胀,到1941年变得更大,主要原因不外是所谓难民资本(refugee capital)的流入。以上海为首的中国各地的银行工商业者将资产转移到香港,其估算额数达到20亿港币之多。这些资本大部分以货币形式流入香港,引起了香港货币的膨胀和物价暴涨,同时香港人口也增至150万,住房供不应求,1939年的生活费与1937年相比增长了1/3。③

从上海移居出来的广东商人的具体数额是不好确认的,主要是因为统计不分工人和商人。只靠一般性的统计来讲,1935年留沪广东人有12万名,1937年8月13日后通过同乡团体的帮助回籍的广东人有2万余名,再加上自助离开的数字,留在上海的广东人减少了25%之多。④

1932年、1937年上海的广东同乡团体组织都帮助了广东人返乡。在这之前的1923年日本关东大地震之时,在救援留日广东人回国过程中,上海广东同乡团体的活动成为先河。当时,从日本回上海的工人中有190余名广东籍工人,他们一到上海,上海粤侨商业联合会便为他们提供食宿,而且安排了轮船招商局和太古轮船公司的船只给他们提供了返乡之便。不仅船票是免费的,

---

① 宋钻友:《广东人在上海(1843 – 1949年)》,上海人民出版社,2007,第12~13、157页。
② 黄绍伦:《移民企业家——香港的上海工业家》,上海古籍出版社,2003,第42页。
③ Wong Po – Shang, "The Influx of Chinese Capital into Hong Kong since 1937", A paper read at the contemporary ChinaSeminar, Economics & Political Science Department, University of Hong Kong, May, 15th, 1958, p. 2, p. 4.
④ 宋钻友:《广东人在上海(1843 – 1949年)》,上海人民出版社,2007,第30~31页。

而且联合会向每人支付了 5 元的回籍费用。其他逗留在上海的人的食宿费用均由联合会负担。① 当然，同乡团体帮助难民回籍的活动除了广东之外在中国各地也很普遍。比如说，据上田贵子的研究，山东华侨王日玲，作为大把头为建设工地供应人力在海参崴颇有势力，后来海参崴建设市场停顿，失业工人走投无路，他竟然倾尽私产准备船票帮助失业的山东华工回籍，由此他在 1911 年受到清政府的表扬。② 但是在救援难民活动中也有广东同乡团体的特征，就是其与国内外船舶公司之间的特殊关联所带来的组织活动。

看救援广东难民回籍的活动，其运作系统建立在长久以来形成的广东商人和太古洋行、怡和洋行等外籍轮船公司以及轮船招商局之间的特殊关系上。这三大轮船公司的买办大部分为广东人，特别是香山县（即中山县）人较多。③ 1936 年上海的中山县同乡团体有 2315 名会员，其中有 194 人是太古轮船公司的职员，由此可见一斑。④ 由于这种特殊的关系，广东籍难民单凭上海广肇公所以及粤侨商业联合会的保证信函，以免费或者半价就能够坐太古轮船回到家乡。同乡团体到年末按每人 2 元计算向太古轮船公司结账即可。在 1932 年"一·二八"事变发生时，这样的君子协定得到了有效的运行。⑤ 在 1937 年"八一三"事变爆发之时，广东同乡团体因为有 1932 年的先例事先已做了准备，筹备支援难民回籍事务。到 1938 年 3 月为止上海广东同乡团体共集资 21.23 万元，其中有 42.3% 的资金来源于香港，广东难民最终通过太古运船公司和怡和轮船公司回到故乡。⑥

这些难民大多是贫民工人，所以一旦情况有所稳定，他们便回到上海找工作。但 1937 年很多富裕的广东商人离开了上海，只有少数又回来了。宋钻友指出，1937 年以后留沪广东籍富商有很多都离开了上海来到香港、澳门，这种南下的趋势导致广肇公所和粤侨商业联合会的弱化。⑦ 广东人大

---

① 宋钻友：《广东人在上海（1843－1949 年）》，上海人民出版社，2007，第 13 页。
② 上田贵子：《在东北的中国移民的变迁》，载兰信三编《围绕日本帝国人口移动的国际社会学》，不二出版，2008，第 322 页。
③ 〔美〕郝延平：《19 世纪的中国买办：东西间桥梁》，李荣昌等译，上海社会科学院出版社，1988，第 287～290 页。
④ 宋钻友：《广东人在上海（1843－1949 年）》，上海人民出版社，2007，第 39 页。
⑤ 但是，1932 年 6 月考虑到物价上升，于是广州公所决定提高四元。宋钻友：《广东人在上海（1843－1949 年）》，上海人民出版社，2007，第 87、129～130 页。
⑥ 宋钻友：《广东人在上海（1843－1949 年）》，上海人民出版社，2007，第 131～132 页。
⑦ 宋钻友：《广东人在上海（1843－1949 年）》，上海人民出版社，2007，第 82 页。

多集中在上海虹口地段,1930年左右有4万~5万广东人,经历过"八一三"事变之后,1946年这个数字减少到2万名。[1]

四 内战与中华人民共和国成立前后的广东资本

涌入香港的资本和人口在1941年12月日本军队占领香港之时戛然而止。1942~1945年日本占领期间,香港所有的商业活动都被中断,从香港逃离的人口也开始增加。这些趋势反映到香港人口的变化上,香港人口从1931年的84万增至1941年的164万,但在1945年战争结束之前只不过是60万。就是说,在从1941年至1945年的短短4年内大约有100万人离开香港,其中一部分人回到日本占领下的上海复业。

表2 香港每十年单位人口趋势表格(1841年-1951年)

年度	人口	10年间增长人口	年度	人口	10年间增长人口
1841	90000		1901	301000	76000
1851	110000	20000	1911	464000	163000
1861	165000	55000	1921	625000	161000
1871	180000	15000	1931	840000	215000
1881	215000	35000	1941	1640000	800000
1891	285000	60000	1951	2138000	498000

表3 香港人口(1945-1954年,Mid-year估算)

年度	人口	年度	人口
1945	600000	1950	2200000
1946	1150000	1951	2138000
1947	1600000	1952	2212000
1948	1900000	1953	2250000
1949	2150000	1954	2250000

资料来源:Edvard Hambro, *The Problem of Chinese Refugees in Hong Kong*:*Report Submitted to the United Nations High Commissioner for Refugees*, Holland:A. W. Sijthoff-leyden, 1955, p. 142. Table I, p. 144. Table IV.

---

[1] 宋钻友:《广东人在上海(1843-1949年)》,上海人民出版社,2007,第155页。

表2、表3显示，从国共内战爆发的1946年中期就重新开始了人口和资本集中于香港的现象。表2和表3都确认了1930年到1940年战时香港人口的激增之势。1931年香港人口只有84万，但经历了抗战和内战两次战争剧增到了220万余名，约增长了1.6倍。而资本也自然而然地随人口一同涌入。1946年7月至10月仅3个月就有100亿~300亿法币流入香港。特别是上海纺织行业资本的流入规模非常大，包含器械和原料在里面估计有2亿港币。① 上海棉纺织业者中除了广东资本之外大都是浙江籍工商业者。这一时期的上海棉纺织业者为了在香港这块陌生之地开设新的工厂，不仅将管理人员和家属，还连同熟练女工和在上海刚招的新进工人都一同租飞机带去了香港。② 上海棉纺织业的转移给制造业上一片空白的香港经济带来了结构型变化，也为以后的所谓香港产业革命做了准备。③

原留沪的广东资本大部分离开上海后先集中到香港，与其他省份的商人迁居香港的情况有所不同，对广东人来说，香港是走向世界各地迁居的出发点。回归的广东资本长期逗留在香港还有另外一个原因，当时世界局势对广东商人的流动不太有利。北美仍有严格的移民限制④，而东南亚地区早在第二次世界大战期间日本对华侨施行的压制政策给以很大的冲击，战后东南亚各国民族主义纷纷兴起，当地政府对华侨的压迫愈加严重。战争结束以后来自中国大陆的华侨移民几乎都没有了。⑤ 反倒是马来西亚地区从1949年6月开始到1952年4月有大约4万名华侨回国。⑥

---

① 黄绍伦：《移民企业家——香港的上海工业家》，上海古籍出版社，2003，第39~40页。
② 黄绍伦：《移民企业家——香港的上海工业家》，上海古籍出版社，2003，第55页。
③ 李培德：《继往开来——香港厂商75年（1934-2009）》，商务印书馆（香港）有限公司，2009。
④ 1882年以后美国禁止中国劳动者入境，1924年颁布的出入境法案中对学生身份重新定义缩小范围，使得中国人入境更加困难。1943年开始实施了之后应用数年之久的中国人移民配额制度，对某些民族只允许每年105名入境，而这也仅是为了去探访已经在美国居住的家人行探亲之便。中华人民共和国成立以后美国为想要离开大陆的学生、学者以及官僚特设5000名额，1953年的难民救助法案中增加了2000名中国人名额。但是由于国民党的关系，出于政治考虑，东南亚地区担心大陆华人入住直接关上了国门，所以对当时的商人而言，香港和台湾是唯一的选择。黄绍伦：《移民企业家——香港的上海工业家》，上海古籍出版社，2003，第17~18页。
⑤ 曾少聪：《漂泊与根植——当代东南亚华人族群关系研究》，中国社会科学出版社，2004，第207~208、270页。
⑥ 方金英：《东南亚"华人问题"的形成与发展——泰国，菲律宾，马来西亚，印度尼西亚案例研究》，时事出版社，2001，第47~48页。

中国大陆与东南亚地区的不稳定态势为资金的海外流动带来了重要的变化。香港曾经是从世界各地向中国内地汇款的中转站。但是1949年以后从世界各地流入香港的资金和滞留在香港的汇款金额比重大幅上涨。1956年至1957年海外华侨汇到香港的款项中,美国有5亿港币(相当于8500万美元),东南亚1.5亿港币,其他地区0.5亿港币,共有7亿港币之多。这些汇款的70%大约5亿港币都留在了香港,仅有30%被转送至中国内地或其他地区。之所以产生这种变化,原因有很多,其中首先当属东南亚地区的政治不安定,使得当地华侨将资本以投资和重金属形式存在香港。更有趣的是,由于冷战,美方限制银行往中国汇款,曾经靠海外汇款生活的广东侨眷不断移居到香港,从美国来的资金不断积累在香港。

1954年香港总人口225万名中在香港当地出生的家族人口仅有60万,占总人口的26.7%,1945年8月抗日战争结束以前已移居去香港的人口有75万,占总人口的33.3%,而抗日战争结束以后移居去香港的人口比重最大,有90万,占总人口的40%。[①] 在香港当地出生的家族有73.7%,抗日战争结束以前移民家族有88.3%,抗日战争结束以后移民家族人口的74.9%,均为广东籍。[②]

广东人向香港转移的趋势从宏观统计数据上可了解一二。资本和人口的大量流入和海外汇款的增加为香港经济注入了巨大活力,为战后香港经济崛起起到了重要作用。其中一个主力也许是抗日战争时期从东亚先回归到上海,再迁到香港的广东资本回流。[③]

五 结语

广东省自明清以来,坐拥唯一的对外开放港口广州,成熟的商品经济很早就使之成为富饶之地。广东人从明清开始就迁移到东南亚地区,在19世纪中期逐渐控制了当地的经济命脉。广东人长期担任洋行买办,东亚地

[①] Edvard Hambro, *The Problem of Chinese Refugees in Hong Kong*: Report Submitted to the United Nations High Commissioner for Refugees, Holland: A. W. Sijthoff – leyden, 1955, p. 150.

[②] Edvard Hambro, *The Problem of Chinese Refugees in Hong Kong*: Report submitted to the United Nations High Commissioner for Refugees, Holland: A. W. Sijthoff – leyden, 1955, p. 151.

[③] Wong Po – Shang, "The Influx of Chinese Capital into Hong Kong since 1937", 1958, pp. 7 – 10.

区开放港口以后随着西方资本逐渐渗透到日本和朝鲜,商业网络不断扩张。1863~1936年的海关统计显示,中国对外贸易逆差额达到74亿海关两,若换算成美元则为50亿美元,同时期的海外汇款额为24.4亿美元,约占逆差额的50%。[1] 这些海外汇款有60%~70%去往广东省,如考虑给居留在外地的广东人汇往的款项,广东资本占海外汇款的比重更大。从广义上来说,广东商人从海外获取盈利缓解了中国的贸易赤字。此外,广东资本以华侨投资的方式开启了中国工业的近代化和设备的引进,对近代中国沿海城市的发展和近代产业建设带来了巨大影响。这样的资本流动方向极大地改变了流入地区的经济面貌,1949年新中国成立前后大量的资本转移带来的战后香港的发展,乃至1978年改革开放以后中国经济的成长发展都是以广东资本为源动力的。

19世纪后半叶至20世纪前半叶,经由上海散往东亚地区的广东商人和其资本在战争期间不断整顿,在上海、香港,进而在美洲地区经历了再次的整编重组。曾一度在神户地区贸易领域呼风唤雨,在仁川地区占主导地位的广东商人而今已成为历史的回忆。旅居日本的华侨人数1945年有26373名,1951年有43377人,有大幅增长,但广东华侨人数所占比例不断下降。[2] 1959年横滨广东华侨有2200人,占当地华侨人数的41.5%,神户地区广东华侨有1800人,占21.7%,东京地区广东华侨有700余人,占5.3%。在日本华侨中,取广东人而代之的是台湾、福建籍华侨。[3] 韩国华侨1948年有17443人,到1953年增长到21058人,但从人口自然增长率来看,华侨人口比重实际上呈下降之势,而在韩国华侨中山东华侨人口有压倒性优势。[4] 直至20世纪初期还在东亚地区的广东人及其资本都转移去了何处呢?答案是他们还在流动。1961年香港人口的90%为广东籍,仅有6%为其他籍贯。[5] 在20世纪60~80年代美国逐渐开放移民门户之时,许多广东人经香港涌入美国。经上海而南下至香港再走向美国的广东资本在1978年之后,追随来路开始重新北上,以华侨资本的形式投资到上海,重

---

[1] 庄国土:《华侨华人与中国的关系》,广东高等教育出版社,2001,第234~235页。
[2] 安井三吉:《帝国日本和华侨——日本、台湾、朝鲜》,青木书店,2005,第279页。
[3] 龚伯洪:《广府华侨华人史》,广东高等教育出版社,2003,第166页。
[4] 安井三吉:《帝国日本和华侨——日本、台湾、朝鲜》,青木书店,2005,第278页。
[5] 黄绍伦:《移民企业家——香港的上海工业家》,上海古籍出版社,2003,第4页。

演了100年前的情景。在21世纪第一个10年里来到中国的海外投资有50%还经过香港,从中不难看出20世纪80年代之后广东资本回流的影子。

The Circulation of Cantonese Capital in Wartime East Asia, 1931 – 1949

Kang, Jin-a

(Hangyang University)

Abstract: This paper discusses the cycle of diffusion and convergence of Cantonese capital, one of the biggest transnational capitals in East Asia in the 20th century and focuses on the trend of its returning to China and greater China during the wartime. At first, Cantonese merchants following the shift of Western trading companies in large numbers migrated from their hometowns to Shanghai. Shanghai was the center of East Asia interregional trade. The successive openings of Japan and Korea gave new chances to Cantonese merchants in Shanghai. Western companies took Cantonese compradors to Japan and Cantonese merchants found their own business chances in the import trade from China to Japan. On the contrary, Korea saw Cantonese merchants at first in Incheon with the advent of political and military intervention of the Qing Dynasty in 1882. Accordingly, the defeat of the Sino-Japanese War of 1894 – 1895 made the Cantonese capital lose the economic interest in Korea. The Real blow on their business came with the tide of protectionism and nationalism in the 1920s. Moreover, when the full-scale war between Japan and China broke out in 1937, political enmity drove Cantonese merchants to withdraw from Japan and Korea. At first, most of Cantonese merchants in Japan and Korea returned to Canton or Shanghai as the wartime conditions got worse. However, Cantonese merchants in the mainland increasingly found Hong Kong attractive for a shelter to avoid the impact of war and political struggles. The civil war and the final triumph of Communist Party in the mainland China intensified the trend of capital shift from Shanghai to Hong Kong.

Keywords: Cantonese Merchants; Overseas Chinese in Japan; Overseas Chinese in Korea; Wartime Economy; Capital Circulation; Tongshuntai Company

(责任编辑:王格格)

文献推介

陈里特《中国海外移民史》

中国华侨华人历史研究所　路　阳[*]

一　陈里特先生及其《中国海外移民史》

本书是山西人民出版社"近代名家散佚学术著作丛刊"系列图书中的一种，最早由中华书局于1946年印行。作者陈里特先生1908年生于浙江永康。1926年至1927年就读于私立上海国民大学，1928年赴法留学，1933年毕业于巴黎大学。1945年在国民政府最高国防委员会任职，1948年当选为立法委员。新中国成立后，陈先生先后担任南京市政协联络处副处长，民革南京市委员、民革江苏省筹备委员会委员兼秘书处处长。

1948年的《华侨月刊》曾介绍道，"陈里特先生留法研究殖民政策及移民史等科目，现任职立法院，对于中国移民史之发掘，独具只眼，著作有意大利移民政策，中国移民史等行世。"[①] 除本书外，陈里特也在《时代公论》《海外月刊》《华侨月刊》《华侨半月刊》等杂志发表华侨史论述多篇，内容涉及中国政府移民政策、各国排华运动、欧洲华人和法国华商等主题。20世纪80年代初，陈先生曾根据早年在欧见闻和部分调查资料写成回忆文章《早期到欧洲的天门县华侨》，发表于中国华侨历史学会所办刊物《华侨历史学会通讯》1983年第2期。陈里特先生晚年失明后，以双手扶摸特别工具，撰写《欧洲华侨史》和《平凡生活八十年》回忆录，其孜孜以求之精神颇令人感佩。[②]

---

[*] 路阳，中国华侨华人历史研究所助理研究员。
[①] 《编者的话》，《华侨月刊》1948年第1卷第2期，第32页。
[②] 徐友春主编《民国人物大辞典（修订版）》，河北人民出版社，2007，第1145页。

二 《中国海外移民史》的主要内容

本书共分移殖、政策和史训三篇。在"移殖篇"中，作者将中国海外移民的历史分为胚结、萌芽、长成和中衰四个时期。在他看来，唐以前为胚结期，国人移出国外仅具行旅之意，并无移民之性质。唐代为中国海外移民之肇端，唐末经五代之乱以至宋代，为中国海外移民萌芽时期。明初，永乐帝注重海外事业，中国人因此大量移至海外，为长成期。明代中叶及清初，由于欧人势力东渐，中国海外移民更盛，但因国际情势变幻而入中衰时期。在"政策篇"中，作者强调指出中国移民对移住国家或地区之"劳绩"，对海外移民为祖国所做贡献也给予充分肯定。如他所说，除了华侨参与革命之功绩外，侨汇、侨捐对于国家经济财政贡献极大，也有助于国内文化、教育、慈善事业的发展。陈里特指出，"中国移民影响于人类世界政治，经济，文化虽不及欧洲各国移民之大，但中国移民筚路蓝缕以启山林胼手胝足以成基业之劳绩，殆为世界人士所公认者。"① 他指出，中国自有移民史实以来，不论任何时代之政府，均未采积极移民政策，有若干时代，竟施行取缔限制等手段，禁止人民移往国外。"史训篇"则按专题范围分为"惨案"、"猪仔"和"取缔"三节。"惨案"一节记述中国海外移民过程中，华侨所遭受之数次大惨案，如菲岛、巴达维亚等案。"猪仔"一节论述了契约华工出国之情况。"取缔"一节主要论及各国取缔限制华侨之苛例及具体事例，详述各国排华之苛刻。

三 历代政府海外移民政策之流变

陈里特将历代政府政策分为上国自尊（唐代至清鸦片战争）、崇拜外人（鸦片战争至民国初建）和自立自强（民国六年侨工事务局设立始）三个时期。唐代为国际移民之肇始，政府对于人口移出仍采取严禁取缔态度，并未对移民加以奖励与协助。而对于营求资财以及学官等出国，政府仅是不予干涉。宋代虽严令禁止人民外移，而对于国外贸易则十分注意，

---

① 陈里特编著《中国海外移民史》，山西人民出版社，2014，第42页。

并未因禁止人民外移而忽视对外贸易之展开。元代国际贸易发达,对移民也采取了较为自由的移民政策,不若唐宋时代之严。陈里特将清政府对海外移民的政策划分为前后两个时期。前期仍属闭关自守之上国自尊观念,后期经鸦片战争及外交失败而进入海禁开放之崇拜外人时期。清政府在第一次鸦片战争战败后,自知一贯相承之闭关自尊观念难复保持,乃一变而为崇拜外人。清代中叶以后,中外关系益形复杂,有识之士、贤明大吏尤以与外国时相接触之官员,认为潮流所趋,中国海外移民绝非采取自由政策不可,对于已移在海外之移民,亦竭力主张设法保护。清政府自薛福成奏后,大为感动,乃谕"外洋侨民听其归里,严禁族邻诋索,胥吏侵扰"[①]。清政府在崇拜外人观念之下,开始注重移民事业以保护移民利益为政策。如作者所言,"自立自强时期始于民国初建,在此时期内无论政府及人民,对于国外移民,已由注意而转入爱护阶段。惟移民政策尚付阙如耳。"[②]

四 影响与贡献

可以说,国人对华侨华人的关注始于明清时期。民国以来,学者逐渐重视对南洋等地华侨的研究。到20世纪20年代末,已有数十种相关书籍出版。30年代至抗战结束这一时期,可以说是华侨研究的高峰期,一方面不少成果相继出版,另一方面华侨与抗战问题为侨史学者所关注。抗战胜利后,国共内战及国内政治经济环境恶化,华侨研究有所衰落。《中国海外移民史》的出版,称得上是这一时期华侨研究的一部力作。本书一经出版,北平图书馆创办的《图书季刊》杂志,南京中央图书馆的《国立中央图书馆馆刊》都曾专门刊文加以推介。[③] 华侨史学界对该书在华侨史研究中的地位贡献也给予了肯定。知名华侨史专家、北京大学李安山教授曾给予该书以较高的评价:"值得一提的是,陈里特的《中国海外移民史》是继李长傅

---

① 陈里特编著《中国海外移民史》,山西人民出版社,2014,第58页。
② 陈里特编著《中国海外移民史》,山西人民出版社,2014,第61页。
③ 《中国海外移民史》,《图书季刊》1946年第7卷第3—4期合刊,第43~44页。舒心:《中国海外移民史(历史丛书)》,《国立中央图书馆馆刊》1947年第1卷第3期,第39~40页。

后另一部研究华人海外移民的综合性史学著作。"李安山教授指出该书有三大特点：一是统计数字和各类表格较多；二是注释详尽具体，史料丰富；三是对华侨为抗战所做贡献和侨营事业已有所涉及。①

笔者认为，陈里特先生这部论著史料丰富，引用精当，方法先进，在当时之时代环境下尤为难得。本书内容有两个方面值得注意：一是不拘泥于史料收集，对于移民产生的动因加以一定理论分析，这在当时已属难得。如他所言，"移民原为压力，推力，引力诸因素所构成。"他对近代欧洲科技革命对海外移民之关系予以关注："欧洲自十五世纪末叶至今，数百年来，杰出科学家如此之众，故能以科学力量，创造物质文明，扩大欧洲社会压力，推力，引力诸因素，形成近数百年来划时代移民事业之发达。同时，移民又将近代科学所开之花，传播于世界各地，促进欧洲近代科学与世界各地文化合流。"② 二是视野不局限于华侨移民史，对移民政策的制定及中西移民差异也给予一定关注。如陈里特所言，民国时期虽进入自立自强时期，但有待移民政策之制定，使之有利于海外移民及其权益之保障。"（政府）现正积极研究移民政策中，深盼能于中华民族复兴期中，以自立自强之精神，于最近期内，产生适合世界潮流，合于民族国家需要之新移民政策，使中国移民事业前途，得与世界各国的移民合流，促进人类间大同世界目的之实现。"③ 作者指出，"尤望中国政府与人民，效法欧美科学家之实践精神，迎头赶上，以科学力量，促动现代化移民事业之发展，使与世界各国之移民，步伐通趋，将中国数千年之固有文化，以移民为媒介，传播至世界各地，与世界各地之文化握手，创造人类大同康乐之新文化。"④

图1　山西人民出版社2014年版《中国海外移民史》封面

---

① 李安山：《中华民国时期华侨研究述评》，《近代史研究》2002年第4期。
② 陈里特编著《中国海外移民史》，山西人民出版社，2014，自序第1页。
③ 陈里特编著《中国海外移民史》，山西人民出版社，2014，第61页。
④ 陈里特编著《中国海外移民史》，山西人民出版社，2014，自序第3~4页。

Chen Lite: *History of Chinese Overseas Migration*

Lu Yang

(Chinese History Research Institute of overseas Chinese)

(责任编辑：王格格)

潘醒农《马来亚潮侨通鉴》

华侨大学　林伟铟[*]

《马来亚潮侨通鉴》一书由潘醒农先生于1948年前后编撰，1950年由新加坡南岛出版社出版。国学大师饶宗颐教授在该书序言中给予了"缔乡谊之厚，笃葭莩之亲，昭前烈而勖来者"[①]的高度评价。

图1　新加坡南岛出版社1950年版《马来亚潮侨通鉴》封面

一　潘醒农先生生平

潘醒农（Phua Chay Long），原名镜澄，字子淳，笔名醒农。1904年1月19日出生于今中国广东省潮州市潮安区庵埠镇潘陇村。1921年南下新加坡从商。1925年与其三兄子英创立"南声留声机店"。1930年始担任"义

---

[*] 林伟铟，华侨大学华侨华人研究院2013级硕士研究生。
[①] 饶宗颐：《饶序》，载潘醒农主编《马来亚潮侨通鉴》，新加坡南岛出版社，1950。

安公司"中文秘书，又担任新加坡潮州八邑会馆秘书和青年励志社义务秘书。1933 年创立"南岛出版社"编著华文书刊。1956 年任南洋潘氏总会文书及顾问，并且担任南洋孔教会理事。1986 年出任"世界科技出版社"社长及"南岛出版社"社长。1987 年 1 月 3 日逝世。

潘醒农先生一生致力于华族社团会馆的组建工作以及华文出版业的发展工作，收集整理与研究新马华人历史资料，先后撰写多篇文章刊载于报刊之中。编著甚丰，有《新加坡指南》（1932 年）、《马来亚潮侨通鉴》（1950 年）、《东南亚名胜》（1954 年）等 14 种。主编的刊物有《青年周刊》（1930 年）、《青年月刊》（1930－1935 年）、《南岛旬刊》（1934 年）、《南岛画报》（1947 年）、《马潮联会二十一周年纪念特刊》（1955 年）、《马潮联会二十九周年纪念特刊》（1963 年）、《新加坡潮州八邑会馆四十周年纪念特刊》

图 2　潘醒农摄于新加坡
（1938 年 12 月 1 日）
资料来源：潘醒农《潮侨溯源集》，八方文化企业公司，1993，彩页。

（1969 年）、《新加坡潮州八邑会馆五十周年金禧纪念特刊》（1979 年）、《新马潮人文汇编》（1986 年）等。

二　《马来亚潮侨通鉴》的主要内容

这部《马来亚潮侨通鉴》书首为主编潘醒农先生所撰的《编印〈南洋潮侨通鉴〉缘启》和郑振文博士、翁子光先生及饶宗颐教授序文。全书共计十编，各编皆系连贯，合则成秩，分可独立。撰述兼调查者多达数十人。

第一编"绪论"，介绍潮侨移居南洋之始末，尤其对潮侨初期移殖马来亚的艰苦发展历程做了分析。编者有感于潮侨对居留地及桑梓所做出的贡献，因而溯源沿流，穷本逐末，多方收集潮侨史料，编著本书，以达激励后进，继承先人意志，使其发扬光大的目的。

第二编"马来亚与潮州"，在第一章"马来亚概况"中，首先介绍马来亚的基本地理概况：气候、山脉、河流、海港，其次介绍马来亚生物、物产、人种、交通、宗教、人口、史略等，使读者对于马来亚的整体轮廓有了概要的认识。与此同时，作者还将潮汕侨乡"潮州概况"作为本编第二章，将潮汕地区的位置、岛屿、港口、山脉、河流、气候、人种、沿革、人口、物产、教育及胜迹等分述讨论，使旅外潮侨明悉侨乡史地状况。

第三编"马来亚潮侨南来发展史"，从潮侨迁移东南亚的滥觞讲起，回顾了潮侨移殖南洋的经过，介绍了潮侨航行南洋的交通工具（船舶）及初期潮侨南迁的梗概，将近世南迁华侨，划分为海盗、会党、猪仔及港主，并对这四种华侨分别做了深入探讨。除此之外，本编集中讨论了清同治八年（1869 年）迄民国三十八年（1949 年），80 年间马来亚各地潮侨分布人数情况，通过五份统计表的形式展现出来，使人一目了然，为读者勾画出潮侨移居马来亚的一幅整体画卷。

第四编"马来亚潮侨概况"，主编邀请马来亚各地潮侨领袖及文化界乡侨执笔负责撰述，以马来亚各地由南至北为序，始自新加坡，终以双溪大年共 16 个地方，每个地方以一篇文章介绍该地潮侨概况。文章虽然详略不同，取裁互异，但对各地潮侨之古今沿革、人口、生活状况、经营的事业、参与的公共事业等多有翔实之介绍，并且增配各地相关建筑物图片以及不少具体的描述，使读者似乎可以亲身感受到当年移居马来亚各地潮侨的生活情况。

第五编"马来亚古今潮侨人物志"，系统全面地记载了潮侨乡贤事迹，为后来者研究马来亚潮侨提供了重要文献。编者选取 19 世纪 40 年代至 20 世纪 40 年代百年间，那些躬兴拓荒的先驱，热心服务社会公益事业、有功于国家、对农商工各业著有建树、有专长者，各地乡侨领袖，其事迹稍详之人，共计 189 位潮侨的传略，且附照片以存真相留念。对于那些事迹未详的潮侨则以表格形式编辑为简录者，亦有 197 位，总共 386 位。编者对潮侨人物的籍贯、事迹均一一说明，尤其注重潮侨的出身奋斗与创业经过，这样一方面可以保存先进华侨的史实，同时可作后人楷范而资景仰；另一方面为读者了解当时海外华人社会的情形及各业状况提供翔实的资料。

第六编"马来亚潮侨文化事业"，介绍了马来亚潮侨创办学校的史实，潮侨的出版业，潮侨与新闻界，潮侨书业的沿革，潮侨美术界人物等。从本编中，我们看到旅马潮侨在提倡教育、创办学校，推动文化活动方面的热心，以及在华文教育及传承中华文化等方面所做出的卓越贡献。

第七编"马来亚潮侨之农商工业",该编叙述了潮侨在马来亚所从事的商业、工业的历史沿革,工矿业及渔业的现状等,使读者了解马来亚潮侨各业之史实及其梗概。值得一提的是,在介绍潮侨商业时,作者附录潮侨在马来亚各地经营的商号,这为后来者研究20世纪50年代以前马来亚潮侨商业史提供了研究资料。

第八编"马来亚潮侨之公共事业",编者首先对同乡团体、商业团体、氏族团体、慈善团体、文化团体、乐剧团体、娱乐团体等共计90个潮侨社团做出详略不等的介绍。其次,就潮侨宫庙、义山公冢的历史做了详尽记述,最后还将新加坡潮侨捐修潮安南堤,"八二风灾"捐款及抗战时期的义捐善举之事刊于本编。

在第九编"附录"中,作者选录唐宋明清四个朝代中,文章卓立,忠贞爱国,敏通古今及武功显赫的18位潮州先贤的像传,使海内外潮人观其像传,以达慎终追远。此外,还介绍了汕头的中山公园及潮州八景,可谓图文并茂,供潮人领略侨乡风貌。

最后一编刊载了许多"图表",内容广泛,不仅收录了马来亚与潮州各县市的地图,还刊载了潮州各县局乡镇名表、户口、耕地及教育统计表等,为潮侨及潮汕侨乡研究提供了不少珍贵材料。

由上可知,书中对1948年之前的马来亚潮侨的历史及发展状况,业已形成的潮侨文化、公共事业、农工商渔各业,都做了详尽系统的阐述,且汇编了近200位古今潮侨名人小传。该书体例完整严谨,内容充实,编章的结构清晰地反映了作者的整体思路。海外潮侨只要一册在手,就能把故国与侨居地联结起来,使重洋远隔家乡而产生的眷恋情愫得以慰藉;而对"未识庐山真面目"的潮裔后生,更有启迪作用。诚然,潘醒农先生的初衷还不止编撰马来亚的潮侨通鉴,他在该书卷首所写的《编印〈南洋潮侨通鉴〉缘启》中提到,"兹经先试编印《马来亚潮侨通鉴》一书矣,以后如有余力,得各地潮侨之助,当择要续编;是本书可视为《南洋潮侨通鉴》之第一部可也。"[①]潘氏是要总纂一部卷帙浩繁的《南洋潮侨通鉴》,马来亚之卷只是"试印"。可惜这个宏愿,后来未能实现。

---

① 潘醒农:《编印〈南洋潮侨通鉴〉缘启》,载潘醒农主编《马来亚潮侨通鉴》,南岛出版社,1950。

三 《马来亚潮侨通鉴》的影响与价值

《马来亚潮侨通鉴》出版后在新马泰潮人社群影响颇大,20世纪50年代以后,新马泰潮州会馆相继编印"纪念特刊"之类的专辑。此类特刊篇幅动辄在数百页以上者就有多种,如由潘醒农先生主编的《新加坡潮州八邑会馆五十周年金禧纪念特刊》(1979年),以潘氏为编辑顾问的《马潮联会金禧纪念特刊》(1984年),以及泰国潮州会馆在成立四十五周年与五十周年时出版的《纪念特刊》等等,其编辑体例虽无《马来亚潮侨通鉴》那样的系统性,但搜集的资料相当广泛,具有一定的价值。

近现代以来,大量潮人出国谋生,但集中反映新中国成立前潮人居住马来亚地区的相关文献则较少。本书收录了翔实的马来亚潮侨历史资料,除文字记载外,还附录多幅潮侨人物、马来亚景物照片及各式图表文献,从不同方面真实、详细地记叙了1950年以前潮侨先辈在马来亚开拓的历程和为当地经济、文化所做出的贡献。全面记载了1950年以前潮人在马来亚的生活情况,梳理了潮侨在马来亚的发展史,重点阐述了潮侨在工农商文渔等各业发展情况与成就,介绍了潮人在马来亚的公共事业及部分知名人士,从而勾勒出1950年之前马来亚潮人社会的全貌,是研究潮侨及海外潮人历史的珍贵文献。该书自1950年由新加坡南岛出版社出版以来,历经60多年,当前在国内难以找到,其历史文献价值更弥足珍贵。

Phua Chay Long: *The Teo-chews in Malaya*

Lin Wei-tian

(HuaQiao University)

(责任编辑:邓进升)

李安山《非洲华侨华人社会史资料选辑（1800－2005）》

华侨大学 杨柳夏[*]

《非洲华侨华人社会史资料选辑（1800－2005）》[①] 是北京大学李安山教授于2006年出版的重要著作，它是李教授另一重量级著作《非洲华侨华人史》[②] 的原始参考材料来源和补充。李安山是国际知名非洲研究专家，最早在加拿大多伦多大学研究加纳的农民问题，他的指导教授是曾担任美国非洲研究学会主席的马丁·克莱因（Martin Klein），取得博士学位后，在北京大学任教，迄今有三十余年。他一手打造了北京大学非洲研究中心，培

图1 李安山教授

---

[*] 杨柳夏，华侨大学公共管理学院科学社会主义与国际共产主义运动专业博士研究生。
[①] 李安山编注《非洲华侨华人社会史资料选辑（1800－2005）》，香港社会科学出版社有限公司，2006。
[②] 《非洲华侨华人史》是世界第一部论述全非洲华侨华人历史发展的著作。参见李安山《非洲华侨华人史》，中国华侨出版社，2000。

养了数十位研究非洲的硕士和博士,在国内外非洲研究相关的权威刊物发表了许多论文,奠定了国内非洲研究的基础。该中心发行《北大非洲电讯》(*PKU African Tele - Info*)已经办了233期,[1] 在国内外有广泛的影响力。面对非洲华侨华人史资料收集困难和研究边缘化的学术困境,他潜心收集、编注、出版了具有里程碑意义的《非洲华侨华人史》以及《非洲华侨华人社会史资料选辑(1800 - 2005)》。

一 《非洲华侨华人社会史资料选辑(1800 - 2005)》的主要内容

非洲的华人移民社区的形成是近代移民潮中的重要现象。在17世纪就有华人出现在非洲,但持续移民是在奴隶贸易和奴隶制废除以后,不少华人是作为欧洲在非洲的殖民地的劳工所引进的。他们在当地生活艰难,遭受各种歧视,历经千辛万苦,才在当地定居下来。该书收录了19世纪至20世纪200多年的史料,可以较为全面地了解华人社会如何在非洲形成与发展,共分为"文件与报道"、"回忆与访谈"和"附录"三个部分。

(一)"文件与报道"

作者把材料分为1800 - 1911年、1911 - 1949年和1950 - 2005年三个阶段,涉及了200多年间非洲华侨华人社会生活的各个层面,如华工的名单、伙食与抗议,华人社团与华人领袖,华文学校与华文报刊,当地针对华人的歧视法律,华侨华人对辛亥革命、抗日战争和中国和平统一事业的支持,华人与当地居民的关系等。

(二)"回忆与访谈"

主要是非洲华侨华人的一些相关回忆文章,例如中国驻约翰内斯堡总领事馆副领事邵挺就针对华人的种族歧视法律事宜与南非政府部门交涉的过程回忆,当地华侨对南非、莫桑比克和毛里求斯华人生活的回忆。记者对南非的王建旭和西非的胡介国的访谈,采访中国驻南非大使馆领事参赞

---

[1] 截至2015年7月7日。

陈玲、中国驻南非警务联络官参赞杨慧以及南非华人警民合作中心主任李新铸先生的实录。还有中国驻开普敦总领事陆苗耕先生关于南非华人庆祝澳门回归的回忆文章等。

（三）"附录"

收录了李安山教授已发表的关于如何利用非洲华侨华人史料的两篇文章：《论非洲华侨华人史的中文史料及其利用》《论非洲华侨华人史的外文史料及其利用》，其目的很明显，主要是引导读者如何应用该书所收集的材料。①

图2 《非洲华侨华人社会史资料选辑（1800－2005）》封面

二 《非洲华侨华人社会史资料选辑（1800－2005）》的特点

作为一项基础研究，该书的史料宏富、规模宏大，结构严谨。首先，李安山教授遵循历史学研究的基本规范，注重多边历史档案的相互印证，作为《非洲华侨华人史》一书的重要资料拾遗，该书刊载的大部分资料是没有人使用过的，其资料来源具有权威性，大多数是官方文件或档案资料。它为观察研究华工团体、早期党务、民国政府侨务和非洲侨团提供了珍贵的论据。其次，它还收录了大量非洲发行的中文报刊。当今世界各地侨刊刊载相当多的中国新闻，而少见当地新闻，而该书收集的早期非洲发行的华文报刊具有大量关于当地华人社区的消息报道，如中国设在非洲最早的外交机构——中国驻南非约翰内斯堡总领事馆于1931年创办的《侨声报》，报道范围涵盖了包括南非在内的多国华侨的情况。此外，华人社团和华文学校的内部存档也收入在该书之中，涉及华人社团和华文学校的起源与发展历程，章程设计和活动安排等。最后是非洲华人学者和侨领赠送给李安

---

① http://www.chinadaily.com.cn/gb/worldinfo/2006－03/03/content_526213.htm，登录日期：2015年7月14日。

山教授的宝贵材料。非洲华人历史学家叶慧芬女士和黄素珍女士，毛里求斯仁和会馆主席刘攸宪和南顺会馆主席黎永添先生，北京大学周南京教授等人在这个领域浸淫多年，他们赠送给李安山教授许多宝贵材料，李安山教授也不藏私，与读者共同分享。

尽管该书史料丰富，囊括200多年的材料，但结构清晰。作者在将史料归类为"文件与报道"和"回忆与访谈"两大部分的基础之上，以时间顺序为基本线索，梳理了经济、政治、法律、历史、文化、意识形态等学术领域的基础资料，主体层次覆盖个人、家庭、社会组织、政府、国际社会等，区域上遍及非洲东、西、南部。对研究者而言，可以迅速找到有用的材料。而且为了提高本书的工具价值，李安山教授对缺少明确国别（地区）的文献题目进行了注明，以括号国家（地区）的方式置于目录中，提高检索效率，如"（南非）另一批亚洲人的入侵"、"（索马里）意在粤招聘华工说"等。同时，为了给读者提供更加详尽的背景资料和后续文献追踪支持，书中大多数文献附有"编者按"辅助说明。在李安山教授独具匠心的编排下，《非洲华侨华人社会史资料选辑（1800－2005）》已不仅仅是一个材料汇总，从其架构已可观察出非洲华侨华人社会的大致发展脉络。

三 《非洲华侨华人社会史资料选辑（1800－2005）》的价值

21世纪以来，中非关系的快速发展既对现存的国际政治经济秩序产生了震荡性的影响，也激化了华侨华人与当地的诸多社会矛盾，如劳工问题、环境保护、社会责任、劳工待遇、群际关系，等等，从而引发了国际学术界的批评，但国内的学者的回应往往较缺乏说服力。李安山教授曾在不同场合指出国内学者这方面的问题，具体包括不核对原文，不标明真实出处和地名使用的随意性；在史料的挖掘上，缺少对为数不多的史料的有效利用和重视，重现状研究而轻历史分析。[①] 李安山教授认为，目前非洲研究的整体学术发展缺乏深入细致和具有功力的研究，也缺乏言之成理、持之有据的研究，更缺乏可上升为理论的系统研究。这与学者急于求成，满足于

---

① 李安山：《非洲华侨华人史》，中国华侨出版社，2000，第31~32页。

一得之见而缺乏长线和基础研究有关；或由于穷于解释，满足于空洞的说教或限于就事论事。当然国外有关中非关系的研究，对中非合作的评论既有理性的批评，也有对中国在非洲卷入程度的渲染、误解和偏见。[①] 要与国外学者对话，强而有力的材料支持是不可或缺的，从这个角度来说，《非洲华侨华人社会史资料选辑（1800－2005）》具有全面、翔实、权威的特点，与《非洲华侨华人史》相互补充和印证，填补了非洲华侨华人研究的空白，对于非洲研究而言具有重要的参考价值。它必将可以通过时间的检验，成为流传深远的大作。

Li Anshan：*Social History of Chinese Overseas in Africa：Selected Documents*（1800－2005）

Yang Liu-xia

(HuaQiao University)

（责任编辑：邓进升）

[①] 李安山：《中非关系研究中的方法论刍议——兼谈资料利用问题》，《西亚非洲》2012 年第 3 期，第 4～19 页。

槟城三都联络局及漳州会馆文献

华侨大学 陈景峰[*]

一 槟城三都联络局与漳州会馆

马来西亚槟城是英国海峡殖民地最早开埠的地区，自1786年开埠以来，在新马地区，槟城一直是华人聚居最为集中的地区之一。槟城的华人社会，主要分为福建帮、广府帮、潮州帮、客家帮和海南帮。在槟城福建帮中有五大姓，为邱、谢、杨、林、陈，组有福建公司，为槟城华人大会堂（其前身为平章会馆）早期组织者之一。而福建公司又与槟城广汀会馆共同辖有"超帮群和超地域性"[①]华人区域性联络中心兼地方性华人事务所"广福宫"。而五大姓中的邱、谢、杨、林其祖籍地为漳州府海澄县三都，即新江邱氏、石塘谢氏、霞阳杨氏、鳌冠林氏。

早在1881年，槟城邱、谢、杨三姓氏即组成具有资助家乡性质的"三魁堂"，据现任槟榔屿漳州会馆主席、三都联络局副主席拿督温子开回忆，原本"三魁堂"的印章是分成三个部分的，只有三姓同时盖章，才能组成一个完整的印章，所通过的决议也才能生效。鳌冠林氏则更早于1863年"至清同治二年，林让公之后裔在槟城组设敦本堂及缅述堂"[②]。远在南洋的海沧籍华侨守望相助，不仅组建同姓宗族组织，而且组建同乡不同姓的联合组织。而三姓在组建"三魁堂"的同时，也属于另外一个扩大村社范围

---

[*] 陈景峰，华侨大学华侨华人研究院2012级硕士研究生。
① 骆静山：《槟城华人宗教的今昔》，载《"槟榔屿华人事迹"学术研讨会论文集》，留台联总出版社，2002，第7页。
② 林忠忆：《槟城林氏敦本堂暨勉述堂一百周年纪念特刊（1863－1963）》，出版者不详，1963，第16页。

的组织——组建于 1896 年的 "三都联络局"，同时槟城三都乡贤在 "1928 年进一步发扬这种互助，互相扶持的精神，决定联合槟城漳州府七县人士共创办南洋漳州会馆（现改为槟榔屿漳州会馆），促成了漳州府人的大团结"①。在槟城，漳州会馆与三都联络局为同一办公地点，因此本文拟以三都联络局及漳州会馆馆藏文献为推介重点。

二 槟城三都联络局与漳州会馆文献简介

槟城三都联络局因 1941 年在日本南侵，槟城沦陷期间，日本滥杀抗日分子及华人，为恐危及乡贤性命，三都联络局一切记录及档案均被当时保管人烧毁，仅有乡贤蔡石心冒险保存一份手抄议案簿正日清簿。因此三都联络局 "二战" 前的资料大多已经遗失。现笔者根据在槟城三都联络局调查及多方收集资料所得，大致把槟城三都联络局及漳州会馆馆藏文献档案资料分为会馆章程、会议记录、年度账目、特刊、其他等。

（一）会馆章程

（1）槟榔屿三都联络局章程（中华民国二十五年季冬立）。

（2）槟榔屿三都联络局章程（1973 年 7 月 16 日第一次修改）。

（3）槟榔屿三都联络局章程（2011 年 11 月 23 日第二次修改）。

（4）槟榔屿漳州会馆章程（中华民国三十五年重订）。

（5）槟榔屿漳州会馆章程（2010 年 3 月 11 日第二次修改）。

除了以上章程外，三都联络局及漳州会馆还有部分内部管理或者同乡管理章程，

图 1 槟榔屿三都联络局章程（1936 年）

---

① 温子开：《槟榔屿漳州会馆八十周年纪念特刊（1928－2008）》，出版者不详，2008，第 60 页。

如旧时闽南华侨多爱打麻将，而麻将闽南语称"麻雀"，在打麻将时难免因规则的不一致等原因产生纷争，因此制定《雀战章程》来规范打麻将的规则。此外会馆设有客房供外地同乡借宿，制定《槟榔屿漳州会馆寄宿规则》等。

（二）会议记录

1941 年在日本南侵，槟城沦陷期间，槟城三都联络局一切记录及档案均被当时保管人烧毁，仅有乡贤蔡石心冒险保存一份手抄议案簿正日清簿。可惜笔者未能亲眼见到此份手抄议案簿正日清簿原件，仅见部分复印的材料，主要包含会馆成立之初序言。

（1）光绪二十二年《三都联络原序》。

记载光绪二十二年（1896 年）漳州府海澄县三都乡贤为抗拒盗匪，维护乡人利益而组织三都联络局，派员向本地及外洋乡人募捐的历史事实。全文见本文附录。

（2）光绪二十七年《槟城三都联络募捐善后序》。

载光绪二十七年（1901 年）槟城三都人士，在家乡三都联络总局派员催劝捐款之下，以"槟城三都联络分局"名义，在槟城募捐并将所得款项进行分配，放贷生息的历史过程与经营策略。全文见本文附录。

图 2　光绪二十二年（1896 年）《三都联络原序》

图 3　光绪二十七年（1901 年）《槟城三都联络募捐善后序》

（3）战后三都联络局第一次会议议案手抄本，即中华民国三十六年（1947 年）议案。

（4）槟城漳州会馆议案簿：中华民国三十四年（1945 年）议案。

（5）槟城漳州会馆议案簿：中华民国三十五年（1946 年）议案。

（6）槟城漳州会馆议案簿：中华民国三十六年（1947 年）议案。

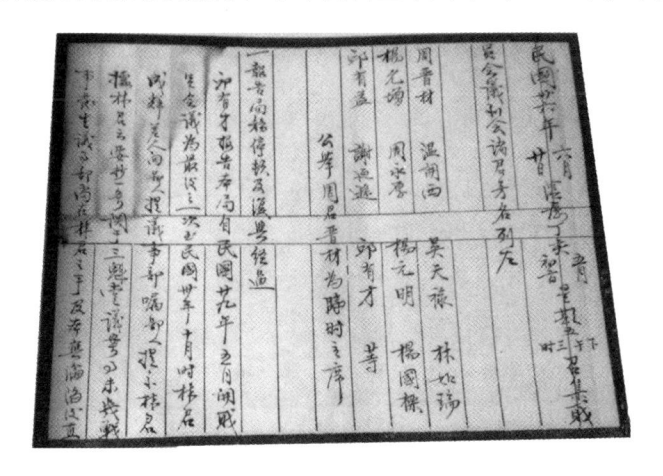

图 4　槟榔屿三都联络局 1947 年议案

（7）槟城漳州会馆议案簿第五本：中华民国三十八年（1949 年）议案。

（8）槟城漳州会馆议案簿第五本：1950 年议案。

（9）槟城漳州会馆议案簿第五本：1951 年议案。

（10）槟城漳州会馆议案簿第五本：1952 年议案。

（11）槟城漳州会馆：大会议案与职委会议（1992 年）。

（12）槟城漳州会馆会议记录簿：1982 年 9 月 29 日至 1987 年 12 月 31 日议案。

（三）账簿

（1）1950 年 – 1951 年年度二年进支账。

（2）漳州会馆联谊部 1984 – 1985 年报费记录。

（3）漳州会馆会议出席车耗津贴签收部（1985 年）。

（4）漳州会馆收益开支账目（1991 年）。

（5）漳州会馆总簿（1996 – 2001 年）。

（6）漳州会馆现金簿（1996 – 2002 年）。

（四）特刊

（1）2005 年《马来西亚三都联络局 105 周年纪念特刊（1900 – 2005）》。

（2）2008 年《槟榔屿漳州会馆八十周年纪念特刊（1928 – 2008）》。

（五）其他文献资料

（1）槟城南洋漳州会馆互助部：1950 年度账目报告书及大众会议传单。

（2）1951 年槟榔屿漳州会馆会员一览表。

（3）1955 年槟城漳州会馆召开会员大会通告（此通告包括 1955 年度全年进支账目）。

（4）1956 年槟城漳州会馆召开会员大会通告（此通告包括 1956 年度全年进支账目）。

（5）1957 年槟榔屿漳州会馆会员一览表。

（6）1979 年槟榔屿漳州会馆召开常年会员大会通告。

（7）1982 年槟榔屿漳州会馆常年会员大会传单。

（8）1987 年三都联络局局员名录。

（9）结婚证书，旧时槟城漳州会馆会员结婚除了领取政府的结婚证书外，也会到槟城漳州会馆领取一张会馆自制的结婚证书。

（10）音乐类资料，"二战"后槟城漳州会馆积极开展文艺及体育活动，如青空口琴、歌咏队、篮球队等，其中青空口琴留下了大量的自编琴谱，歌咏队亦有不少自编歌曲。

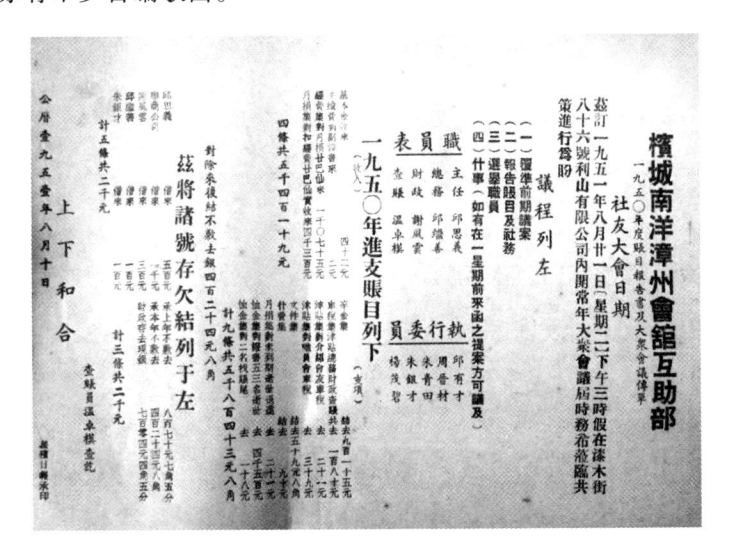

图 5　槟城南洋漳州会馆互助部 1950 年度账目报告书及大众会议传单

以上为笔者所发现的槟城三都联络局及漳州会馆文献，虽然历经"二战"的洗劫，"二战"前的相关文献资料绝大部分已经遗失，战后的文献材料也不尽完整，但我们也应该看到，槟城三都联络局的现存文献除了会馆章程、会议记录、年度支出等常规的海外华人会馆资料外，还有一些如《雀战章程》、结婚证书等与海外华人生活息息相关的资料。笔者在槟城三都联络局发现，现存文献的保存相对有限，保存条件也不佳，但据现任槟城三都联络局的负责人表示，他们将尽量收集之前的材料，把这些文献资料当作他们的重要遗产来管理。

附录

三都联络原序

海澄，海疆一僻壤也，为朝廷所亟备防御之处，又为不易修防御之处。自戚继光、郑成功后，沿涯石砦、土栅，累累在望，诸父老犹能指数道之。

烽烟之警，于斯也频数矣，而三都尤甚。三都东南背海，枕同安，腰厦岛。厦为中外停泊巨镇，轮蹄络绎，帆樯缤纷。山林啸聚亡命之徒，号召群不逞，乘而出没，穷无复之，则垂涎三都如屠上肉。时际秋冬，风霾云墨，闻有自西洋归、南洋、东洋归，穴辐重而尾之。手枪、刀、火炮，同安诸莽匪腰利械以助，虚布角逐之势，一炬号发，截门者、陷壁者、跳梁者、穴者、洞者，咆哮冲突。左右屏息蹑足以听，任捆囊去，战战不敢问谁何。即发朝犇暮者，突遭诸林谷，身骈累以货，告无事，不幸又往往以伤杀闻。说者曰："官有营汛，乡有守望，胡隔膜至此？"岂知官设兵以防盗，兵畏盗甚于官。邻里中，壮长者贾外。百十老弱，谁敢出剸虎狼牙？即有奋不顾身出喊救，被鱼肉，药米无资，瞪瞪号泣。一人失望，百族寒心。甚哉！先辈联络旧规，不可不举也。且联络之举，防盗亦以防官。澄邑自来、樊二公外，廉吏寥寥。妇孺睢盱，取法无人，势不得不讼。黠有力者，唆于前；愚无知者，陷于后。票签一掷，吏下乡，猛于虎，不问曲直，先问肥瘦。讼平，中人十家之产罄矣。此皆因文昌祠条款不行，诸绅耆无从措手。呜呼，凡我伯叔甥舅，走千万里风波，瘁数十年心力，无非为事父兄贻子孙计，岂知皆归盗囊，■①等谊关痛痒，爰邀诸绅耆之廉慎者，倡复募捐，略已就绪，不敢不赍送外洋，贻讥疏漏。如有同志助捐，点滴归公，帝天共鉴。此事行，庶可补朝廷未备之防御，息三都无端之讼狱，风俗人心，蒸蒸邹鲁。佥曰：猗欤休哉。是为序。

光绪二十二年四月■②日，合都绅耆公启。

董事

劝捐：举人邱炜菱、岁贡颜朝阳、岁贡林则张

劝捐：职员邱振祥、职员杨可见、职员周辉甫、职员谢寅恭

协董

生员：周萧杰、王春霖、谢鹏搏

董账目生员：陈炳煌

乡耆：周栋、林集贤、颜永远

---

① 原文此处空一格。
② 原文此处空一格。

槟城三都联络募捐善后序

三都联络募捐经费，数年前曾已陆续举行。适其时埠中外缘之来征劝者多，恐大众不能踊跃应募，故不得不暂时延缓，以舒财力。第以联络之举，裨益无穷，勿论人心可以和协，地方可以安谧，即讼事亦可少减，所关正巨，迥非区区捐题之比。缓者，正所以郑重其事也。然而诸多美举，固在当行，而捐款应需，势难终缓。适总局董嘱邱君慕齐来槟催劝，因以出为再募，所有未收者收，未捐者捐。经今业已就绪，共计集得缘金六千二百廿六元，举成数六千元存屿，余二百廿六元除屿开零费外，尽数寄交总局应用。而存屿之六千元，公议寄邱、谢、杨三公司轮流生息，递年将该利息寄交沧江联络总局以应经费为久远之计，庶乡邻于此睦，风俗于此淳矣，所设规条即列如左，望永远遵守于无替焉可。

规　条

一、本分局所收缘项计六千二百元，除开费及寄总局外，实存成数银六千元，即作为槟城本分局永远之公项，寄存龙山堂邱家大使爷、宝树社谢家福侯公、四知堂杨家使头公三公司生息，以垂久远，总局不得借端将此公项移动。兹经订定邱家作第一阄，谢家作第二阄，而杨家作第三阄，轮流当值，周而复始。公议每百元每月利息以六角伸算，递年逢十月值年者须将利息寄归沧江联络总局以资经费。若总局绅董办事不公，被本分局察出果属真情，此利息应行停寄，本分局合当具一公函前去总局诘问，待其重行整顿好势，然后依旧再寄。

二、本分局设日清账簿正副一样两本，凡出入银项均要载明在簿。值年者收银若干，须就正副簿上，结尾处盖该公司正印以为凭据。正簿存值年生息处，副簿存上阄收执，以昭公稳，庶无差错之患。

三、本分局设公印一颗，文曰"槟城三都联络分局印"等字样，将印剖分三角，邱、谢、杨三公司各执一角，凡事用印，必集三姓合而盖之，方能准行。

光绪二十七年阳月■[①]日　槟城三都联络分局董事邱天保、温文旦、邱

[①] 原文此处空一格。

有用、林有氾、林花鐕、杨忠万、蔡水义、谢自友、杨允两、谢应莱启。

The Documents of Penang Sam Toh Bean Lok Keok and Cheang Chew Association

Chen Jing-feng

(HuaQiao University)

（责任编辑：林伟钿）

集美传统侨乡社会文化数据库[*]

华侨大学　张恒艳[**]

目前，传统侨乡研究正面临着两大转型压力，一是侨乡社会的自身转型、侨乡本土理论建构和国家新兴战略构想的实施三大因素正日益成为传统侨乡研究的主要推动力。二是互联网技术的发展为侨乡研究提供了数量庞大的资料和获取资料的新途径。在学者构建"侨乡研究体系"和达致理论创新的过程中，侨乡资料体系建设成为学者必须面对的基础问题。"集美传统侨乡社会文化数据库"的建设是在当代社会变迁语境中建构侨乡资料体系的初步尝试。

一　传统侨乡社会文化数据库的建设背景

传统侨乡是相对新兴侨乡而言的，它是有悠久移民历史、密切跨国联系和鲜明文化特征的华侨移出地[①]。长期以来，相对于华侨华人研究，侨乡研究一直处于"历史背景"研究的从属地位，20 世纪 90 年代以后，随着个案研究增多，侨乡文书的现实存量激发了学者研究热情[②]，侨乡研究的关注焦点也从华侨移民和侨乡经济领域，迅速扩展到侨乡文化、侨乡教育、侨乡公益、侨乡社会变迁等内容，侨乡研究体系化、学科化的意识已在学界

---

[*] 本数据库是 2014 年华侨大学华人研究院与中共集美区委宣传部的合作项目"集美侨乡社会文化数据库的建设"的课题成果。
[**] 张恒艳，华侨大学华侨华人研究院助理研究员。
[①] 黄晓坚：《广东澄海侨情变化与思考》，《华侨华人历史研究》2001 年第 3 期；黄静《潮汕与中国传统侨乡：一个关于移民经验的类型学分析》，《华侨华人历史研究》2001 年第 12 期。
[②] 张国雄：《侨乡研究之路》，载张国雄主编《中国侨乡研究（第一辑）》，中国华侨出版社，2014。

悄然萌发。

21世纪以后，随着国际学术交流的增多，侨乡比较研究和本土理论创新的呼声也越来越高，跨国实践、多点调查、全球化与地方社会等侨乡研究角度在各种学术场合交响，[①] 不同背景的学者越来越多地在"侨乡研究"领域相遇，共同工作。与此同时，也将人类学、社会学、历史学等相关学科的资料收集与使用原则带入当代侨乡研究之中，大大拓展了侨乡研究的资料范围，并对资料的结构化和完整性提出了更高要求。

改革开放以来，地方政府为了发挥传统侨乡优势吸引侨资，对侨情变化、经济发展、侨务政策高度关注。随着华侨华人的代际更替、国家新兴战略构想的实施，政府部门转变工作方式，把涵养侨务资源作为工作的重点，也开始关注侨乡社会文化的其他研究成果。简而言之，侨乡研究的系统性也开始被决策层所期待。

值得深思的是，上述过程伴随着计算机信息技术的飞速发展，一方面21世纪初大量的历史文献、地方文献、民间文献和影音资料被专业机构（主要是各类图书馆、档案馆和博物馆）进行数字化整理和电子化典藏；近10年来，各类科研机构与相关单位合作尝试按照不同的学科规范，利用数据库手段对各类研究资料进行二次整理加工以便共享，如侨乡所在地的各级图书馆、大学和科研单位都成立"华侨华人研究文献资料"典藏机构并建设了相应的网站和文献目录系统。另一方面随着电子政务、电子商务系统的出现，侨乡社会的发展正在被"大数据"系统实时记录，据不完全统计，仅福建省侨办网站（"福建侨网"）的侨务动态专题2006年至今就累积了1.2万多条记录。另外，走在前列的地方政府也在利用侨办侨联系统的职能优势，建立自身的侨乡侨情记录数据体系，如"厦门市侨联侨情信息管理平台"。

无论是学术科研机构还是地方政府部门正在技术全球化日益深入的背景下，不约而同地对数量庞大、形式离散的侨乡资料进行加工整合，但因为目的与标准差异，双方尚难建立统一的整合标准。这对学政双方日渐统

---

① 李明欢：《"侨乡社会资本"解读：以当代福建跨境移民潮为例》，《华侨华人历史研究》2005年第12期；郑振满：《国际化与地方化——近代闽南侨乡的社会文化变迁》，《近代史研究》2010年第2期；陈志明：《迁徙、家乡与认同——文化比较视野下的海外华人研究》，商务印书馆，2012。

一的侨乡研究成果预期而言，必然形成不小的阻碍。另外，各种专业数据库的开发往往只针对特定用户，多元背景的专家很难借助同一数据库平台工作。传统侨乡社会文化数据库尝试结合现代学术原则与互联网技术克服以上困难。

二 传统侨乡社会文化数据库的学术逻辑、资料来源和数据结构

现代社会科学研究的宗旨可以分为两个方面，一是运用多种科学方法，结合复杂的时代社会背景对研究对象进行全面的概括、阐释和理论分析；二是在现代学术伦理中，研究者与被研究者进行协商，并达致双方的谅解，这不仅是检验社会科学研究结论"真实性"和"有效性"的重要方式，也是不断催生研究增长点的重要动力，是现实社会科学成果为地方社会服务目标的必经之路。传统侨乡社会数据库遵从以上学术逻辑处理资料多元重复、受众异质性强等基础问题，据此建立合理的数据结构。

作为初步尝试，本数据库选择闽南典型传统侨乡"集美"作为资料分析和数据建设的个案。通过初步的资料勘察可以发现，集美的侨乡资料根据其来源主要分为以下四种类型。

（1）图书馆系统典藏的地方文献。主要包括地方志、地方史、人物传记、个人文集、专题资料集、历史期刊、报纸、纪念册、图册等。

（2）研究机构和文化部门收集的民间文献和整理的田野调查资料。主要包括与华侨有关的族谱、碑刻拓片、侨批、契约、信件、日记、华侨社团组织的活动记录，以及各类访谈记录、口述史等。

（3）档案。主要是由档案局收藏的与华侨有关的各类档案。

（4）电子政务系统的信息。主要包括政策文件、政府侨务工作动态、政府统计、侨乡新闻等。

这些资料来源多样，覆盖了侨乡生活的各个方面，包含的内容也十分广泛。初步统计厦门市图书馆馆藏的 19 种地方文史资料就可以发现，1997~2001 年共有 200 篇与侨乡有关的作品。重点描述的华侨人物有 34 位，内容包括华侨的个人生平、家族概况、创业经历、侨乡捐献和价值观等；同时也大量记载了集美、杏林、后溪、灌口四个次级行政区内的侨乡

社会景物与事件，包括华侨举办的学校和慈善事业，华侨投资的侨乡公共设施与企业，华侨主导或参与的重要地方社会事件等。这些文章的作者主要是本土文史专家和高校学者，文史专家主要由地方政府官员、文化学者、民间艺术家、退休教师和地方社会知情人组成，大部分是土生土长的集美居民，有些还是归侨或侨眷。民间文献的来源、保存地点、记述内容和现存形式也有多元、复杂、零散、重复等特点。档案电子政务信息来源于官方记录，往往带有官方色彩和价值倾向，内容相对于其他资料更连续和完整。学者整理田野资料有更为科学的细节记录，但受到研究目的的约束，一旦形成便经过了人为的结构化。

总而言之，由于材料具有复杂的形成背景和表现内容，已经无法使用文献专业数据库的单一标准单纯表现文献信息内容；但也不能置文献的具体信息不顾只撷取内容，而是要采用网络数据结构同时表现侨乡社会文化和学术价值内涵，并通过建立分级存储和展示机制适应不同用户的需要，达到多类型用户信息共享和意见交互的目的。

具体说来，本数据库分为两个数据块，一个是传统侨乡社会文化子数据库，另一个是传统侨乡研究子数据库。第一部分具体包括华侨人物数据库、华侨建筑数据库、华侨碑刻数据库、华侨民俗数据库、华侨事件数据库、华侨事业数据库、侨乡社会数据库、华侨社团数据库、华侨文献数据库。第二部分包括侨乡文献数据库、侨乡文献篇目数据库、侨乡文化专家数据库。具体内容详见表1。

子数据库中的具体内容则依据历史学、人类学、社会学、文化学、宗教学和民俗学等相关理论进行社会历史解析，按照传统侨乡社会的历史文化特征确立相应的内容关键词，并据此形成数据字段（元数据）。其中侨乡人物和地点作为传统侨乡社会文化子数据库的超链接媒介，而"文献篇目"成为传统侨乡研究子数据库与传统侨乡社会文化子数据库的超链接媒介。具体结构详见图1。

如图1所示，利用相联性数据库技术，传统侨乡社会文化资料以及学术价值得以通过相互关联又彼此注释的关系体现出来。从某种程度上说，传统侨乡社会文化子数据库通过展示侨乡社会的关键人物和地点、社会景物和事件在虚拟层面上还原了侨乡社会的历史发展过程；而传统侨乡研究子数据库则从学术层面对这种历史过程做出记录与解释，同时也保证了虚拟

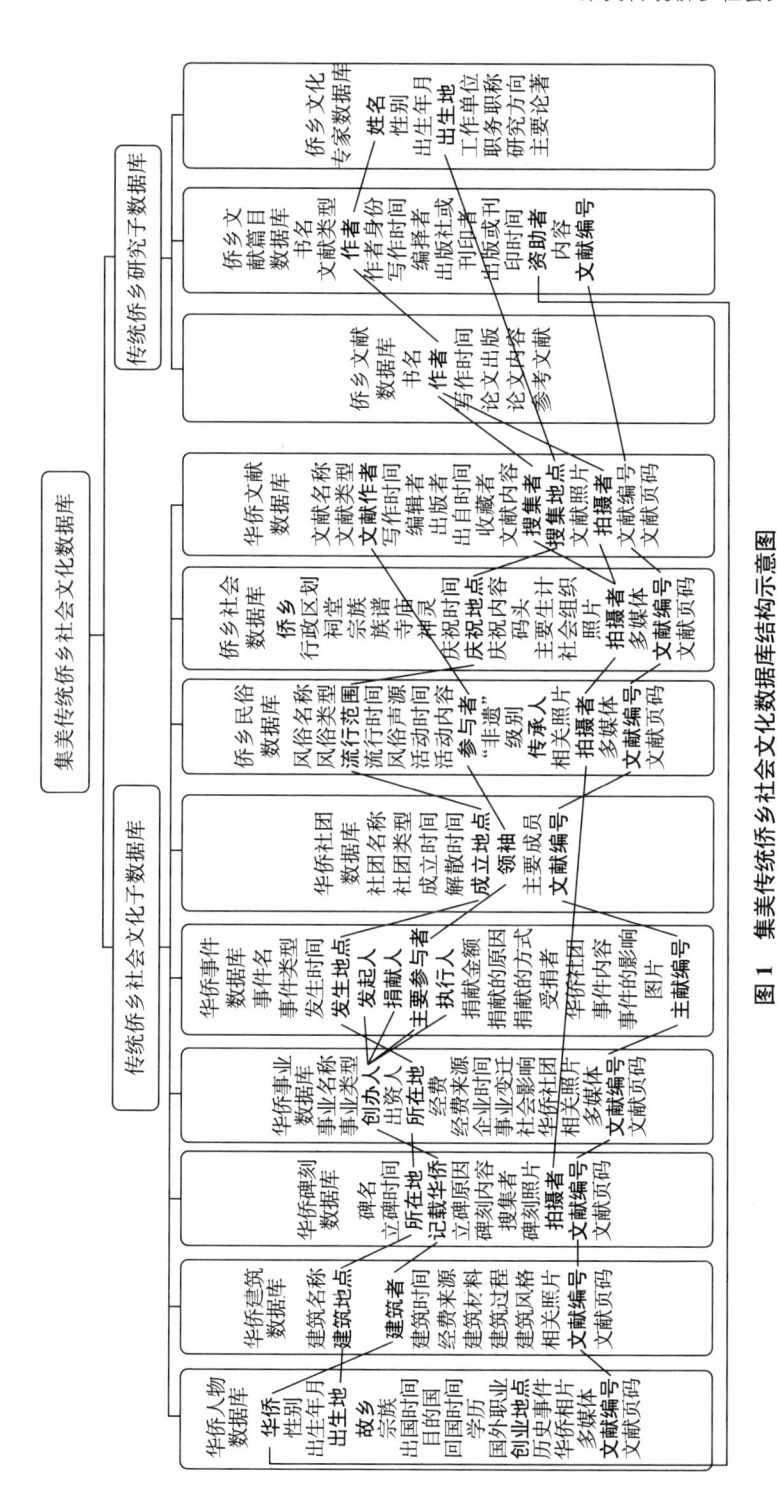

集美传统侨乡社会文化数据库 | 281

图 1 集美传统侨乡社会文化数据库结构示意图

注：图中粗字表示可作为超链接中介元素（数据库语称为"字段"），主要包括：人物、地点和论文，方框表示近期内有可能新拓展的内容。

还原过程的有效性。辅以网页制作技术，数据库还可以实现分级浏览功能。专家学者在数据库层面工作，实现数据的检索、阅读、统计、下载等多种研究功能，其研究成果也可以为数据库的建设提供进一步参考。一般读者通过网站的可视化阅读在"侨乡社会文化网"前台活动，共享侨乡文化资源，通过网站互动也可以检验相关的研究成果。

表1 集美传统侨乡社会文化数据库基础结构

数据块		子库名称	存储内容
集美传统侨乡社会文化数据库	传统侨乡社会文化子数据库	华侨文献数据库	由华侨创作、收藏和传承的文献，无论其内容是否与侨乡相关
		华侨事业数据库	华侨从事的事业
		华侨事件数据库	华侨经历的重大历史事件
		华侨人物数据库	华侨人物
		华侨碑刻数据库	与华侨有关的碑铭
		华侨建筑数据库	侨乡现存的由华侨建造的建筑
		侨乡社会数据库	侨乡社会中的公共设施与重要社会标志
		侨乡民俗数据库	侨乡风俗
		华侨社团数据库	在移民地和侨乡同时活动的社团
	传统侨乡研究子数据库	侨乡文献数据库	构成本数据库基础的侨乡地方文献
		侨乡文献篇目数据库	侨乡地方文献的具体篇目
		侨乡文化专家数据库	地方文献的作者、本土学者等

三 研究成果数字化的具体途径

根据上述设想，集美传统侨乡社会文化数据库和集美华侨文化网建设的具体途径主要遵循以下三个步骤。第一，在全面把握现有论文、以往研究成果并与相关作者研讨交流的基础上，建立现代数据系统，保证人文信息从文字到数据的科学转化。第二，利用现代软件技术对数据的存储、管理和安全等进行技术建设和管控。第三，将数据内容进行网页化转换，为多元化受众提供良好的浏览体验。

（一）华侨文化信息数据库的具体结构：从文字到数据体系

如前所述，将论文精确转化为有效数据有两个关键：一是运用资料与研究分列的学术原则对论文所涉及的地方文化领域进行整体把握，并据此设计数据的存储和管理结构；目前，我们已经确认集美华侨文化研究涉及的范围大致包括：华侨人物、华侨建筑、华侨碑刻、华侨事业、侨乡民俗、侨乡社会组织、侨乡文献。这些领域中华侨、侨乡与论文因其所指单一，且多次重复可作为数据关联的中介，详见图1中的粗体字段及其链接关系。二是依据跨学科方法并通过与作者协商的原则制定数据转化的具体规则，这些规则主要三方面：（1）忠实于原著，保持信息的原文属性。主要是指我们在数据采集时尽量沿用原文，不做改动。（2）保留细节，展示作者的研究与写作逻辑。是指尽量全面地采集相关信息，尽管有一些信息可能只是原文的次要内容或作者对其的论述较为简单。（3）补充关键人文信息的必要相关属性，阐释其地方内涵。如由于表述的习惯或文化逻辑的复杂性，论文中会出现不同类型的地名，大致可分为实际地名（西亭村）、传统地名（龙舟池）和观念地名（祖坟），在数据转化时，我们将会通过增加地理坐标、文字说明和图画示意等方式区别其不同，突出其特征。

另外，从更广阔的多学科学术研究的高度预测集美华侨文化发展的趋势，我们还预留和规划了数据扩展接口，图1中的黑框字段即是近期有可能扩展的内容。如华侨人物数据库将来可与"福建侨史工程"对接，族谱部分可与国家图书馆方志家谱数据库对接，"非遗"部分可与中国艺术研究中心的"非遗"数据库对接，村庙部分则可以同近期完成的文物调查数据对接。

（二）华侨文化信息数据的采集、管理方式和安全策略：从本地数据到云端运

本数据库利用现代计算机与网络技术从三个层面保证数据系统的长期有效运行和安全存储。一是利用SQL数据库语言建设后台数据系统，实现关联数据库的查询、存储和管理功能，同时也设置信息管理分级权限，管控数据建设环节存在的人为风险。二是利用PHP语言设计数据库的采集入口，优化数据管理的人机界面，优化数据采集步骤和维护方式，保障数据

采集工作的准确性以提升效率,以"专家数据信息数据库"为例,其采集界面如图 2 所示。三是利用互联网云端技术实现数据的云端存储、调用,同时进行本地备份,为数据安全存储与运作提供坚实保障,数据云端存储的形态则如图 3 所示。

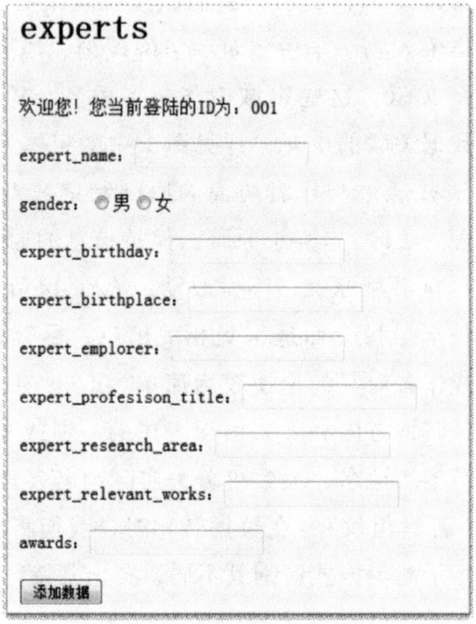

图 2　子数据库采集入口

图 3　集美侨乡社会文化数据库专家信息子数据库的数据存储表

（三）华侨文化网的建设：从单一数据到多元化视听方式

从后台数据到集美华侨文化网,还有两个必要步骤,一方面是前台网页设计和数据输出系统建设,该项工作由网络技术人员完成,主要内容包括网页版式设计、美化和动态网页程序编写。网站使用 Photoshop、CSS 语言进行网页界面和整体版式设计，利用 Html、Smarty 语言实现网页编程和动态网页输出。

另一方面，网站设计还考虑到受众需求和网络化时代大众的阅读习惯，还需要对后台部分文字数据进行多元信息扩展，在有条件的情况下，依据前述数据转换原则，为相关数据提供具象性表现素材，如本网为所有地点添加经纬坐标并提供地图关联查询；为重要的华侨人物、建筑、碑刻等补充图片或多媒体内容，达到增加网站的多元视听效果，提升论文表现力的目标，最大限度地激发受众的浏览兴趣。集美华侨文化网的初步版式设计见图 4 和图 5。

图 4　集美华侨文化网首页基本样式示意图

图 5　集美华侨文化网信息页面的层叠样式示意图

传统侨乡社会文化数据库立足于"社会－文化"线索，严格利用学术标准设计数据储存框架，不仅是为了记录和保存传统侨乡社会的文化资料，更主要的是为了重塑侨乡历史发展过程中存在的多元社会空间，并容纳不同用户进行阅读和工作。在侨乡研究的资料建设层面进行"现实与虚拟"、"研究者与被研究者"跨界讨论，也是为了适应当今时代社会和学术转型的双重需要。

The Social Cultural Database of Traditional Home Town of Overseas Chinese: Jimei

Zhang Hengyan

(HuaQiao University)

（责任编辑：邓进升）

机构简介

俄亥俄大学邵友保博士海外华人文献研究中心

俄亥俄大学　何　妍[*]

1993年，在俄亥俄大学图书馆馆长李华伟博士的推动下，来自香港的邵友保先生捐赠50万美元，帮助俄亥俄大学成立邵友保博士海外华人文献研究中心（以下简称邵氏中心）。1999年，邵友保先生的公子邵公全先生再捐赠20余万美元，设立了邵氏中心邵公全博士专项基金主任职位。

邵氏中心建立之初资料收藏和研究的重点区域是东南亚地区。这不仅因为当时全世界半数以上的海外华人集中此地并拥有举足轻重的经济力量，也因为俄亥俄大学图书馆拥有世界一流的东南亚资料收藏，为收集该地区海外华人资料奠定了基础。因为北美地区逐渐成为海外华人定居的主要目的地，在发展优势收藏后，邵氏中心很快扩展到对北美华人文献的收藏。直至今日，邵氏中心收藏的海外华人文献资料已包括全世界范围。邵氏中心未来将继续重点收藏有关海外华人的原始文献，包括政府档案、私人文件与手稿、家谱、碑铭、口述历史资料，以及重要的报纸杂志和专著等。与此同时，邵氏中心自建开放获取数据库（http://cicdatabank.library.ohiou.edu/opac/index.php）。数据库内容包括海外华人出版物、海外华人学者及图书馆员、全世界海外华人统计以及海外华人报纸及期刊。邵氏中心目前正积极与主藏海外华人文献资料的图书馆合作，建立开放获取的联合数字图书馆，目的是为学者查找海外华人方面的资料提供免费和便捷的服务。

除了为世界各地的学者提供文献资源和研究协助，邵氏中心也通过组织和资助学术会议等活动，不遗余力地推动该领域的国际交流与合作。2000年3月，邵氏中心发起并主办了首届"海外华人研究与收藏机构国际合作

---

[*] 何妍，美国俄亥俄大学邵友保博士海外华人文献研究中心主任、世界海外华人研究与文献收藏机构联合会秘书长。

会议"。来自世界各地（包括中国大陆、中国香港、中国台湾、日本、新加坡、菲律宾、欧洲、澳大利亚、加拿大及美国等）逾 50 家高校、研究所、图书馆、博物馆、学会和民间后援会的负责人及代表参加了这次会议。会议成立了"世界海外华人研究与文献收藏机构联合会（WCILCOS）"，旨在汇合集体力量促进海外华人的研究。邵氏中心被推选为该联合会的秘书处。其后，2003 年、2005 年、2009 年、2012 年，邵氏中心分别与香港中文大学、新加坡国家图书管理局、暨南大学图书馆、加拿大不列颠哥伦比亚大学图书馆合作，在中国香港、新加坡、中国广州、加拿大温哥华召开了第二至五届"海外华人研究与收藏机构国际合作会议"。历届会议均吸引了大批来自世界各地的学者和图书馆员参加。目前，邵氏中心与华侨大学华侨华人研究院、厦门大学南洋研究院合作，将于 2015 年 10 月在厦门召开第六届会议。除此之外，邵氏中心还曾资助过"世界海外华人学会（ISSCO）"年会以及其他海外华人研究相关的会议。总之，邵氏中心希望通过组织和支持学术活动促进各研究机构、图书馆与其他海外华人组织更紧密的合作，进而更有力地推动海外华人研究与资料的收藏、保存和利用，从而为全球海外华人研究做出贡献。

图 1　邵友保博士海外华人文献研究中心

1993 年邵氏中心建立之初，由李华伟馆长和国际收藏部主任郑莲花女士共同主管邵氏中心，俄亥俄大学历史系博士候选人刘宏（现任新加坡南洋理工大学人文社科学院院长）担任助理。同时，邵氏中心聘请南开大学的来新夏教授担任邵氏中心顾问和在华代表（1993 – 1998 年）。1998 年，郑力人博士（现为康奈尔大学东亚图书馆馆长）担任邵氏中心的首位主任。2007 年，郭根维博士（现为新加坡南洋理工大学人文社科学院助理教授）接手主任一职。2014 年，何妍博士开始担任邵氏中心的第三任主任。

Dr. Shao You – Bao Overseas Chinese Documentation and Research Center, Ohio University

He Yan

(Ohio University)

（责任编辑：林伟钿）

厦门大学东南亚研究中心图书馆

厦门大学　张长虹[*]

厦门大学东南亚研究中心图书馆的前身即厦门大学南洋研究所资料室，设立于1956年，其基础为厦门私立海疆学术资料馆的大量珍贵图书资料。南洋研究所是中国首个东南亚研究机构，也是中国最早建成的华侨华人问题专门研究机构之一。1996年，南洋研究所升格为南洋研究院。2000年3月，教育部人文社科重点研究基地东南亚研究中心成立，南洋研究院资料室更名为东南亚研究中心图书馆，亦名南洋研究院图书馆。

图1　厦门大学东南亚研究中心图书馆（张长虹摄）

目前，中心图书馆设有阅览室、书库、期刊库、报库、电子信息资料中心5个功能部门，面积逾1000平方米，其中报库位于翔安校区储存图书馆。本馆馆藏图书资料共10万余册。其中，图书类包括中文图书3万余册，外文图书2万余册。现有专题研究资料和剪报近6000份；国内外期刊1000余种，合订本2万多册；国内外报纸310余种，合订本2万多册。

---

[*] 张长虹，厦门大学南洋研究院副研究馆员。

本馆馆藏外文图书的语言种类有英语、荷兰语、俄语、法语、德语、日语、韩语、印尼语、越南语、泰语、马来语、缅甸语等，涉及东南亚小语种书籍约 1400 册，荷兰语书近 1300 册，中外文稀见善本 100 余卷。近 6000 册剪报和资料辑录所涉领域广泛，是研究 20 世纪初至 80 年代东南亚与华侨华人的重要专题文献。所藏东南亚小语种期刊 120 多种，近 2000 册；其他外文期刊约 750 种，7000 多册。共有东南亚语种报 95 种，东南亚华文报和侨报 131 种，其中部分东南亚华文报极为罕见。

厦门大学东南亚研究中心图书馆是立足于东南亚的区域研究型图书馆，以东南亚和华侨华人收藏为特色，重视与世界相关学术和文献收藏机构及海外华侨华人的联系，加强相互交流与合作。在厦门大学图书馆的全面协助下，中心图书馆积极开展资料分享与交换业务，接收海内外特色藏书捐赠，并逐年采购相关书刊和数据库，引进大型特藏文献。同时，不断发掘本馆特藏，开发书目、索引、专题数据库等文献信息产品，依托东南亚研究中心网站建设数字化图书馆，提高学术资讯的利用率，并辅以必要的技术保障，保护知识产权和信息安全，为东南亚与华侨华人研究者提供多层次、更便捷的专业服务，切实推动学术发展。

本馆已建成和在建的东南亚与华侨华人专业数据库，主要有东南亚与华侨华人研究索引、中国东南亚与华侨华人研究学位论文数据库、《南洋问题研究》和《南洋资料译丛》数据库、中国—东盟区域经济数据库、《东南亚地区发展报告》和《华侨华人发展报告》数据库等。

迄今，厦门大学东南亚研究中心图书馆已成为国内有关东南亚研究图书资料最丰富的专业图书馆，也是国际上公认的知名东南亚研究资料中心之一。

The Library of Center for Southeast Asian Studies, Xiamen University

Zhang Chang-hong

(Xiamen University)

（责任编辑：林伟铟）

华侨大学华侨华人文献中心

华侨大学 陈景熙[*]

华侨大学华侨华人文献中心是在华侨华人资料中心基础上设立的华侨华人文献收藏与研究的学术机构。

2007年7月24日,在华侨大学董事会资深董事、香港中文大学荣誉讲座教授、美国密西根大学教授杜祖贻先生的倡导和捐助下,华侨大学成立华侨华人资料中心,挂靠学校科研处,华侨大学副校长张禹东教授与杜祖贻教授为中心成立揭牌。华侨华人资料中心是华侨大学厦门校区设立的第一个人文社会科学研究机构,是立足闽粤侨乡社会,面向海外华人社会的海外华人暨侨乡文献特藏部门。

2009年华侨大学华侨华人研究院成立后,华侨华人资料中心隶属华侨华人研究院。2014年10月23日,经华侨大学社会科学研究处认定,本中心定名为"华侨大学华侨华人文献中心"。同年11月,本中心位于行政主楼12层的新馆址基本完成硬件配置工作,建立健全有关规章制度,于2014年11月27日举行开馆仪式,恭请华侨大学校董杜祖贻教授、华侨华人研究院院长张禹东教授联袂主礼。正式开放后,本中心开放阅览工作进入了常规化阶段。

本中心致力于征集、典藏海外华人文献、侨乡文献及华侨华人研究学术论著、侨务政策文献等纸版、电子版资料,并公之于众,与海内外华侨华人研究者共享。本中心先后获得杜祖贻校董、许丕新校董、新加坡魏维贤博士、新加坡李卓阳先生、马来西亚陈剑虹先生、香港蔡永业夫人、美国郑竹园教授、加拿大赵炳炽先生、泰国洪林女士、马来西亚沙捞越华族文化协会、国务院侨办、社会科学文献出版社等海内外热心人士、

---

[*] 陈景熙,华侨大学华侨华人文献中心主任。

机构的鼎力支持。目前，初步形成了以侨乡社会、海外华人社会和国际关系三大主题，以侨乡族谱、海外华人社团特刊、海外华人宗教文献、海外华人政党类书籍（马共、砂共、马来亚劳工党等）四类专题为特色的图书文献典藏系统。现藏中外文图书2万多册（包括海外华人社团特刊894种949册，侨乡族谱613种2129册），中外报刊合订本2000多册，电子书1万多种。

本中心致力于通过申报、承担研究项目，发表学术论著，出版学术集刊，举办学术会议等方式，开展学术研究与学术交流活动。2014年10月31日至11月1日，由中国历史文献研究会、广东省汕头市潮汕历史文化研究中心联合主办，本中心协办的"世界记忆遗产·侨批档案"国际研讨会在汕头市举行。2015年6月29日至7月1日，由泰国法政大学东亚研究所中国学研究中心主办，本中心协助组织的旨在恭祝诗琳通公主殿下60寿诞的"潮州：从故乡到异乡"国际学术交流研讨会在泰国曼谷成功召开。2015年10月15日至18日，本中心将具体承办由俄亥俄大学邵友保博士海外华人文献研究中心、厦门大学南洋研究院与华侨大学华侨华人研究院联合举办的第六届"海外华人研究与收藏机构国际合作会议"。2015年12月，由汕头大学基督教研究中心与本中心联合主办的"海外与侨乡：潮汕、闽南族群宗教信仰学术研讨会"也将在华侨大学厦门校区举办。

本中心乐意为海外华人研究国际学术领域效劳，期待着学界师友的赓续赐教与支持。

图1　2014年11月27日华侨华人文献中心新馆开馆合影
（左起陈景熙、李勇、杜祖贻、张禹东、陈巧贞、王蔚芳）

Overseas Chinese Documentation Center, HuaQiao University

Chen Jingxi

(HuaQiao University)

(责任编辑:林伟钿)

附　录

《华侨华人文献学刊》征稿启事

1. 《华侨华人文献学刊》是世界海外华人研究与文献收藏机构联合会（World Confederation of Institutes and Libraries for Overseas Chinese Studies, WCILCOS）会刊，由华侨大学华侨华人文献中心和俄亥俄大学邵友保博士海外华人文献研究中心联合主办。是以华侨华人文献为研究对象的国际化、学术性专题学刊，旨在为国际华侨华人研究学界提供有关华侨华人文献研究、华侨华人社会研究学术成果、华侨华人文献机构工作动态的发布平台，推动国际学界的学术交流与资源共享。

2. 本刊发表文章包括华侨华人文献研究论文，立足于第一手华侨华人文献基础上的华侨华人社会研究论文，以及华侨华人文献评介，新近出版的华侨华人研究书籍的书评，世界各地华侨华人文献典藏机构、华侨华人研究机构的介绍，华侨华人研究学术动态等文章。

3. 本刊为半年刊，定期在每年3月、9月由社会科学文献出版社公开出版。

4. 本刊实行匿名评审制，所有发表之论文均须经两名或以上评审人审阅通过。文稿中请勿出现任何显示作者身份之文字。

5. 本刊发表学术论文稿件一般不超过15000字。书评等文章稿件不超过3000字。

6. 来稿请注明中、英文篇名，作者中、英文姓名，所属院校机构，职称，通信地址、电话、电子邮件等联络资料，并附中英文摘要各约300字及中英文关键词各3~5个。文中注释请按《〈华侨华人文献学刊〉文稿格式》处理。

7. 来稿请通过电子邮件提供WORD文档。如文中包括特殊字符、插图，请同时提供PDF文档。文中插图请同时单独发送图片文件。

8. 来稿文责由作者自负。

9. 投稿后一般会在两个月内接到有关稿件处理的通知。为免邮误，作者在发出稿件两个月后如未接获通知，请向编辑部查询。（特别说明：请勿一稿多投。）

10. 本刊编辑部设在华侨大学华侨华人文献中心，联系方法如下。

邮政地址：中国，福建省，厦门市集美区集美大道668号，华侨大学行政大楼14楼，《华侨华人文献学刊》编辑部

邮政编码：361021

电子邮箱：15606092830@163.com

电话：086-15606092830　086-18506923467

《华侨华人文献学刊》文稿格式

一　来稿正文格式

1. 来稿请依题目、作者、摘要、关键词、正文之顺序撰写。摘要以300字为限，关键词3个至5个。

2. 正文每段起首缩排二字，独立成段之引文，不加引号，左边缩排二字，引文每段起首仍缩排二字；紧随独立引文之下段正文起首是否缩排，视其与引文之关系而定。

3. 句子中标点使用中文全角符号。除破折号、删节号各占两格外，其余标点符号各占一格。

4. 注释采用插入脚注方式，注释符号用①、②、③标示，注释号码单页起。

5. 正文中数字一般用阿拉伯数字，但具体情况应考虑前后文决定。

示例：二十多人，三十上下，上百人。

朝代年份用汉字数字，其后在圆括号内用阿拉伯数字注释公元年份。

示例：康熙十五年（1676年）。

二　注释格式

（一）引用近现代文献

1. 引用专书：作者，《书名》，出版者，出版年份，页码。

若没有出版者、出版年份，则注明"出版者不详""出版日期不详"。

示例：

郑振满：《明清福建家族组织与社会变迁》，湖南教育出版社，1992，第156~159页。

2. 引用论文集、文集文章：作者，《篇名》，论文集编者，《论文集名称》，出版者，出版年份，页码。示例：

宫崎市定：《宋代官制序说》，载佐伯富编《宋史职官志索引》，京都大学东洋史研究会，1963，第16~22页。

引用文献作者和文集编者相同时，后者可以省略。示例：

唐振常：《师承与变法》，《识史集》，上海古籍出版社，1997，第65页。

3. 引用期刊论文。

（1）以时间单位出版的刊物：作者，《篇名》，《刊物名称》，年份，卷，期，页码。示例：

汪毅夫：《试论明清时期的闽台乡约》，《中国史研究》2002年第1期，第9~25页。

（2）按卷期为单位出版的刊物：作者，《篇名》，《刊物名称》，卷，期（年份），页码。示例：

张兆和：《中越边境跨境交往与广西京族跨国身份认同》，《历史人类学学刊》第2卷第1期（2004年4月），第130~131页。

（3）引用期刊的刊名与其他期刊相同，应标注出版地点以示区别。示例：

费成康：《葡萄牙人如何进入澳门问题辨证》，《社会科学》（上海）1999年第9期，第17~35页。

4. 引用刊载于报纸的文章：作者，《篇名》，《报纸名称》，发表时间，第×版。示例：

郑树森：《四十年来的工作小说》，《联合报》1989年8月11日，第27版。

5. 引用会议论文：作者，《篇名》，×会议论文，会议地点，年份。示例：

中岛乐章：《明前期徽州的民事诉讼个案研究》，国际徽学研讨会论文，安徽绩溪，1998年。

6. 引用未刊学位论文：作者，《篇名》，×士学位论文，大学及具体院系，年份，页码。示例：

李丰楙：《魏晋南北朝文士与道教之间的关系》，博士学位论文，台湾政治大学中文所，1978，第 192 页。

7. 引用未刊手稿、函电、私人收藏等，标明作者、文献标题、文献性质、收藏地点和收藏者、收藏编号。示例：

陈序经：《文化论丛》，手稿，南开大学图书馆藏。

《蒋介石日记》，毛思诚分类摘抄本，中国第二历史档案馆藏。

《陈云致王明信》，1937 年 5 月 16 日，缩微胶卷，莫斯科俄罗斯当代文献保管与研究中心藏，495/74/290。

《傅良佐致国务院电》，1917 年 9 月 15 日，中国第二历史档案馆藏，北洋档案 1011~5961。

8. 采用作者访谈整理的口述史料，标明"口述史料"、访谈对象姓名身份及其出生年份，访谈时间、地点。示例：

口述史料：达濠从德善堂坛生、紫豪阁录文李明典（1920 年生），2005 年 6 月 7 日，汕头镇邦街李明典寓所。

9. 采用作者收集整理的碑刻材料，标注"碑刻材料"：置立时间、置立者《碑刻名称》，目前位置，抄录时间。示例：

碑刻材料：甲戌年（1934）江亢虎《饶山天洞》，汕头市礐石风景区汕头慈爱善堂，2012 年 8 月 30 日陈嘉顺抄录。

10. 采用互联网文献，标注"互联网文献"：责任者，《文章名称》，网站名称，网址。示例：

互联网文献：潮汕历史文化研究中心《潮汕历史文化研究中心征集青年委员会委员启事》，潮人网，http://www.chaorenwang.com/channel/whdt/show-dontai.asp? nos = 341。

(二) 引用古代文献

1. 采用影印版古籍，请标明影印版本信息。示例：

王鸣盛：《十七史商榷》卷 12，乐天书局，1972 年影印广雅书局本，第 1 页。

2. 古代文集的标注方式。

(1) 别集：先列书名，再列篇名。示例：

蓝鼎元：《鹿洲初集》卷 12《大埔县图说》，收入《近代中国史料丛刊》续辑第 403 册，文海出版社，1976 年影印光绪六年版，第 897 页。

（2）总集：先列文章作者（文集的名称看需要再考虑是否列出），再列总集作者以及总集名。示例：

陈一松：《为恳天恩赐留保宪臣以急救民疏》，收入冯奉初《潮州耆旧集》卷19，香港潮州会馆，1980年影印光绪三十四年版，第336页。

3. 古籍中部类的标注方式。示例：

赵尔巽等撰《清史稿》卷345《列传·永保》，中华书局，1977，第11166页。

4. 正史中人物传之附传的标注方式。示例：

《魏书》卷67《崔光传附崔鸿传》。

5. 引证编年体典籍，通常注出文字所属之年月甲子（日）。示例：

《资治通鉴》卷2000，唐高宗永徽六年（655年）十月乙卯。

6. 一些古籍的版本可以直接通过某丛书来反映，可省去具体出版情况。示例：

朱熹：《家礼》（《文渊阁钦定四库全书》版），卷1，第1页。

（三）引用英文文献

基本规范同于中文注释。

作（编）者姓名按通常顺序排列，即名在前，姓在后。作者为两人，两人姓名之间用and连接。

编者后加ed.，两人以上的加eds.。

期刊名称和书名使用斜体标注，论文和文章用引号""标注，主标题与副标题之间用冒号相隔。

页码方面，单页标注p.，多页标注pp.。

1. 专著的引用格式。

Kenneth N. Waltz, *Theory of International Politics*, McGraw-Hill Publishing Company, 1979, p. 81.

Hans J. Morgenthau, *Politics among Nations: The Struggle for Power and Peace*, Alfred A. Knopf Inc., 1985, pp. 389–392.

2. 编著的引用格式。

David Baldwin, ed., *Neorealism and Neoliberalism: The Contemporary Debate*, Columbia University Press, 1993, p. 106.

Klause Knorr and James N. Rosenau, eds., *Contending Approaches to International Politics, Princeton University Press, 1969, pp. 225 – 227.

3. 译著的引用格式。

Homer, The Odyssey, trans. *Robert Fagles*, Viking, 1996, p. 22.

4. 论文的引用格式。

Robert Levaold, "Soviet Learning in the 1980s," in George W. Breslauer and Philip E. Tetlock, eds., *Learning in US and Soviet Foreign Policy*, Westview Press, 1991, p. 27.

Stephen Van Evera, "Primed for Peace: Europe after the Cold War," *International Security*, Vol. 15, No. 3, 1990/1991, p. 23.

Nayan Chanda, "Fear of Dragon," *Far Eastern Economics Review*, April 13, 1995, pp. 24 – 28.

5. 报纸的引用格式。

Rick Atkinson and Gary Lee, "Soviet Army Coming apart at the Seams," *Washington Post*, November 18, 1990.

6. 政府出版物的引用格式。

Central Intelligence Agency, Directorate of Intelligence, *Handbook of Economic Statistics*, US Government Printing Office, 1988, p. 74.

7. 会议论文的引用格式。

Albina Tretyakava, "Fuel and Energy in the CIS," paper delivered to Ecology '90 conference, sponsored by the America Enterprise Institute for Public Policy Research, Airlie House, Virginia, April 19 – 22, 1990.

8. 学位论文的引用格式。

Steven Flank, *Reconstructing Rockets*: *The Politics of Developing Military Technologies in Brazil, Indian and Israel*, Ph. D. dissertation, MIT, 1993.

9. 互联网文献的引用格式。

Astrid Forland, "Norway's Nuclear Odyssey," The Nonproliferation Review, Vol. 4, Winter 1997, http://cns.miis.edu/npr/forland.htm.

10. 转引文献的引用格式。

F. G. Bailey, ed., *Gifts and Poisons*: *The Politics of Reputation*, Basil Blackwell, 1971, p. 4, quote from Paul Ian Midford, *Making the Best of a Bad Reputation*: *Japanese and Russian Grand Strategies in East Asia*, Dissertation, UMI, No.

9998195，2001，p. 14。

三 注释说明

1. 中文书名、期刊名、报纸、剧本的符号为《》；论文篇名、诗篇为《》；学位论文采用《》。

2. 撰著在作者姓名之后加冒号表示。如果是"编""主编""编著""整理""校注""校点"等其他责任形式，不加冒号。示例：

京族简史编写组编《京族简史》，广西民族出版社，1984，第84页。

3. 两个或三个责任方式相同的责任者，用顿号隔开；有三个以上时，只取第一责任者，其后加"等"字。示例：

徐寿凯、施培毅校点《吴汝纶尺牍》，黄山书社，1992。

许毅等：《清代外债史论》，中国财政经济出版社，1996。

4. 责任方式不同的责任者，用逗号分开，译著的翻译者，古籍的点校者、整理者可按此例。示例：

欧阳兆熊、金安清：《水窗春呓》，谢兴尧点校，中华书局，1984，第192页。

5. 书名原有的补充说明等文字，应放在书名号之内。示例：

任继愈主编《中国哲学发展史（先秦）》，人民出版社，1983。

6. 非公元纪年的出版时间应照录，其后加公元纪年，1949年后用公元纪年。示例：

陈恭禄：《中国近代史》，商务印书馆，民国二十四年，1935。

7. 引用图书版权页中表示版本的文字（如"修订本""增订本"等）应照录。示例：

蔡尚思、方行编《谭嗣同全集》（增订本），中华书局，1981。

8. 引证书信集、文件汇编及档案汇编中的文献，应标注原始文献形成的时间。示例：

蔡元培：《覆孙毓修函》，1911年6月3日，载高平叔、王世儒编注《蔡元培书信集（上）》，浙江教育出版社，2000，第99页。

9. 同一本书只需在第一次出现时标明版本，以后若用同一版本则可省略版本信息。

图书在版编目(CIP)数据

华侨华人文献学刊. 第 1 辑 / 张禹东,庄国土主编. —北京:社会科学文献出版社,2015.9
ISBN 978 - 7 - 5097 - 8000 - 8

Ⅰ.①华… Ⅱ.①张… ②庄… Ⅲ.①华侨 - 文集 ②华人 - 文集 Ⅳ.①D634.3 - 53

中国版本图书馆 CIP 数据核字(2015)第 208968 号

华侨华人文献学刊(第一辑)

主　　编 / 张禹东　庄国土
副 主 编 / 陈景熙　何　妍

出 版 人 / 谢寿光
项目统筹 / 王　绯
责任编辑 / 黄金平

出　　版 / 社会科学文献出版社·社会政法分社(010)59367156
　　　　　 地址:北京市北三环中路甲 29 号院华龙大厦　邮编:100029
　　　　　 网址:www.ssap.com.cn
发　　行 / 市场营销中心 (010)59367081　59367090
　　　　　 读者服务中心 (010)59367028
印　　装 / 三河市东方印刷有限公司

规　　格 / 开　本:787mm × 1092mm　1/16
　　　　　 印　张:20.5　字　数:331 千字
版　　次 / 2015 年 9 月第 1 版　2015 年 9 月第 1 次印刷
书　　号 / ISBN 978 - 7 - 5097 - 8000 - 8
定　　价 / 85.00 元

本书如有破损、缺页、装订错误,请与本社读者服务中心联系更换

版权所有 翻印必究